Rotraud A. Perner
ERFOLG FEMININ

Rotraud A. Perner

ERFOLG FEMININ

Anleitung zum Selbstmanagement

SERVICE FACHVERLAG
1993

Diesen Leitfaden widme ich

Maria Rauch-Kallat und Ridi Steibl,
Renate Brauner und Erika Stubenvoll,
vier Frauen, denen Frauensolidarität nicht nur
Phrase, sondern auch Verpflichtung ist.

Die Deutsche Bibliothek – CIP-Einheitsaufnahme

Perner, Rotraud A.:
Erfolg feminin : Anleitung zum Selbstmanagement /
Rotraud A. Perner. – Wien : Service Fachverl.
an der Wirtschaftsuniv., 1993
ISBN 3-85428-261-3

Impressum

Umschlaggestaltung: Gisela Scheubmayr
Datenkonvertierung: Laudenbach, Wien
Druck: REMA*print*, Wien
Printed in Austria 1993

INHALTSVERZEICHNIS

Ich schlief und träumte,
das Leben wäre Freude.
Ich erwachte und sah,
das Leben war Pflicht.
Ich handelte und siehe:
Die Pflicht ward Freude.
Rabindranah Tagore

ZUM START

„Wozu ein Karriereratgeber für Frauen? Die sind doch ohnedies durch Antidiskriminierungsgesetze und Quotenregelungen bevorzugt!" So oder ähnlich lauteten die meist männlichen Reaktionen, wann immer ich erzählte, daß ich nun für einen Verlag meine Fachkenntnisse schriftlich festhalten würde.

Ich will mit diesem Buch die wesentlichsten Blickwinkel und Sichtweisen, Zugänge und Techniken für den Erfolg im beruflichen Konkurrenzkampf, die ich bisher nur im Unterricht, in Seminaren und Einzelberatungen weitervermittelt hatte, aufzeigen.

Wie sich doch die Zeiten geändert haben! Ich erinnere mich noch genau an die Sätze zahlreicher Väter und leider auch Mütter meiner Jahrgangskolleginnen, wenn es um die Zukunftsgestaltung ihrer Töchter ging: „Was brauchst Du denn eine Berufsausbildung – Du heiratest ohnedies! Lern lieber ordentlich kochen!"

Und ich erinnere mich an den Schock, den ich 1962 erlebte: damals begann ich an der Wiener Universität Rechtswissenschaft zu studieren, nachdem ich als einziges Mädchen unter zwölf Burschen mit Auszeichnung für „reif zum Besuch einer Hochschule" erklärt worden war. In der allerersten Vorlesung – „Einführung in das juristische Denken" – bekam ich vom Professor die „aufbauenden" Worte zu hören: „Ich sehe schon wieder so viele Damen! Meine Damen, was wollen Sie denn hier? Wenn Sie ein Visitkartendoktorat wollen, so studieren Sie doch Theaterwissenschaften – aber sitzen Sie nicht Ihren Kommilitonen die Plätze weg!"

Das klang ganz anders als im Gymnasium. Dort waren wir immer wieder darauf hingewiesen wurden, wie weit uns die Berufswelt offen stünde. Daß das wohl auch nur für die „Kommilitonen" gemeint war, wurde mir erst viel später klar.

Von denen hörte ich dann, daß die „Mädels" Prüfungserfolge nur ihrem Sex Appeal oder ihrem Charme zu verdanken hätten, bestenfalls noch ihrer ameisenhaften Beflissenheit und Streberei.

Aber auch die Väter erfolgreicher Studentinnen versagten nur zu oft Anerkennung. So haftet in meiner Erinnerung, wie der Vater meiner besten Studienfreundin – selbst clanfremder Manager eines bekannten Familienunternehmens – sie nach der Promotion bedrängte, unbedingt einen Sekretärinnenkurs zu absolvieren. Heute ist sie Rechtsanwältin. Ihren dazumal an der Hochschule für Welthandel eher bummelnden Bruder brachte er selbstverständlich sofort in „seinem" Betrieb unter.

„Sexismus" war damals noch kein Begriff. Und weil, was keinen Namen hat, auch nicht benennbar ist, wußten sich viele studierenden Frauen nicht zu wehren, wenn ihnen anzügliche Witze erzählt wurden. Etwa der, in dem die Studentin im zwölften Semester seufzt: „Jetzt habe ich noch immer keinen Doktor – also muß ich ihn wohl selber machen . . ."

Die nächsten Einschüchterungsstrategien erlebten viele Jungakademikerinnen bei ihren ersten Gehaltsverhandlungen. „Was braucht denn die so viel zu verdienen, ein lediges Mädchen!" hörte ich einen Firmenchef voll Empörung über das Starthonorar seiner Tochter herziehen. Sein Weltbild kam offenbar ins Wanken. So wird wohl klar, was Wilfried WIECK meint, wenn er formuliert, Männer benötigten Frauen als „minderwertige Vergleichsmenschen".

1970 begann in Österreich die Frauenbewegung mit kontinuierlicher Aufklärungsarbeit und politischer Aktion. Was vielfach schon die Pionierinnen zu Ende des vorigen Jahrhunderts artikuliert hatten, wurde in den Siebziger Jahren Gesetz: Befreiung vom Gebärzwang durch Einführung der Fristenlösung (Strafrechtsreform 1975) und Abschaffung des Grundsatzes „Der Mann ist das Haupt der Familie" (Familienrechtsreform 1978). Beide Rechtsreformen konnte ich mitgestalten.

Ich hatte nämlich bald nach meinen ersten Berufsschritten bei Gericht, in der Schadensabteilung der Wiener Städtischen Versicherung und in der Volkswirtschaftlichen Abteilung der Oesterreichischen Nationalbank begonnen, politisch aktiv zu werden. Zunächst im „Arbeitskreis Mitbestimmung", später im „Arbeitskreis Emanzipation der Frau" und in der AUF (Aktion Unabhängiger Frauen).

1973, noch im Karenzjahr nach der Geburt meines ersten Sohnes, wurde ich Bezirksrätin des mit rund 220. 000 Einwohnern bevölkerungsstärksten Wiener Gemeindebezirks, Favoriten. Für Landtag und Gemeinderat wurde ich auf unwählbarer Stelle kandidiert. Von beiden Positionen verabschiedete ich mich 1987: meine persönliche Entwicklung ließ eine parteipolitische Polarisierung nicht mehr zu.

1975, im Karenzjahr nach der Geburt meines zweiten Sohnes, gründete ich entsprechend den „flankierenden Maßnahmen zur Fristenlösung" die Familien- und Partnerberatungsstelle im Sozialtherapeutischen Institut in Favoriten. Allerdings wurde mir bald klar, daß die Ratsuchenden keine juristischen Problemlösungen wie Unterhalts- oder Scheidungsklagen wünschten, sondern Konfliktregelungen. So begann ich, dazu notwendige Kenntnisse und Fähigkeiten zu erwerben und absolvierte im Laufe der Jahre etliche psychotherapeutische Aus- und Weiterbildungen. (Diesen entsprechend bin ich primär tiefenpsychologisch, nämlich nach FREUD und JUNG sowie neurolinguistisch und personzentriert orientiert.)

Als Mandatarin einer Partei hatte ich die Gelegenheit, an unterschiedlichsten Schulungen und Trainings teilzunehmen: Fachseminare zur Stadtplanung, Bau- oder Gewerbeordnung, sowie Rhetoriksemiinare oder Schulungen in Öffentlichkeitsarbeit und Zeitungmachen.

Später habe ich dann selbst solche Seminare gestaltet. Und noch später, wissend, was Menschen psychisch – und im Sinne der leibseelischen Ganzheitlichkeit auch körperlich und geistig – schädigt, habe ich mich von deren Zielen (Sieger zu werden über „die Anderen") und Methoden (wie man ein applaudierendes Publikum auf seine Seite bringt) kritisch distanziert.

Ich habe stattdessen die effizientesten Kommunikationsformen der mir vertrauten psychotherapeutischen Schulen zu leben und vorzuleben versucht. Reginald FÖLDY (mit dem ich gemeinsam „Die starken Zweiten – Träger des Erfolges" verfaßt habe), als Mediziner, Psychologe, Kommunikationswissenschafter und Ökonom übrigens einer der letzten Generalisten, zitiert häufig Kardinal Franz KÖNIG: „Worte bewegen, Vorbilder reißen mit". Mir war beides ein Anliegen: Anstoß geben – „rühren" – und zur Entfaltung motivieren.

Auch wenn ich heute neben meiner therapeutischen Praxis und Lehrtätigkeit Manager/innen wie Politiker/innen berate und trainiere, kann ich es doch nicht ganz lassen, selbst Führungsfunktionen auszuüben. Mein Hauptinteresse galt und gilt nach wie vor Machtungleichgewichten und damit auch Außenseiterproblemen. Wobei ich letztere an beiden Polen der Bandbreite gesellschaftlicher Positionen wahrnehme: als diejenigen, die mit der Etikettierung „kriminell“ oder „geisteskrank“ ausgegrenzt werden, weil sie zuviel Angst oder Umstände machen. Und als diejenigen, die sich als „Elite“ verstehen, mit Privilegien weitab vom „gemeinen“ Volk – auch eine Form der Ab- und Ausgrenzung.

Ich bin mir dieses Spannungsverhältnisses sehr bewußt und versuche nicht, mich ihm zu entziehen. Ganz in der Tradition C. G. JUNGs halte ich die Integration des „Schattens“ – all dessen, was wir aus unserem Bewußtsein abspalten, weil es unser Selbstbild bedroht – für einen notwendigen Schritt zur Entwicklung der eigenen Persönlichkeit.

Wir leben in einer polaren Welt.

Die christliche Religion spricht vom „Sündenfall“ – dem Herausfallen aus der All-Ein-heit in (mit) Gott in die zweigeteilte Welt mit Gut und Böse und damit auch der Ver-zwei-flung. In der östlichen Tradition wird präziser vom Yin und Yang und dem Tao, der „goldenen Mitte“ gesprochen.

Im Mittelalter beschäftigten sich die Alchimisten mit der Aufhebung der Gegensätzlichkeit, sie suchten die „coincidentia oppositorum“. Und heute lehrt uns die moderne Physik dieses Wechselspiel der Gegensätze vor dem Hintergrund von Minuspol und Pluspol.So können wir verstehen, daß alles, was existiert, als verdichtete Energie im Raum-Zeit-Gitter erklärt werden kann. Granitsteine: sehr dicht, Bimsstein: schon weniger, Pudding: fast schon undicht, Rauchwolken:fast so locker wie gar nichts – und irgendwo dazwischen wir, mit unserem Körper (dicht). Unsere Seele ist wiederum weniger dicht. Ich definiere sie als Resonanzraum für innere und äußere Energieeinwirkungen. Unser Geist ist reine Energie (gar nicht dicht), daher überwindet er ja auch – theoretisch – alle Grenzen. Wir bestehen also auch aus Energie und besitzen daher ein bioelektrisches Kraftfeld, und sind mal so, mal so „geladen“.

Wir können uns diese innerlichen Spannungen zwischen unseren Yin- und Yang-Anteilen bewußt machen. Wir können beide erfühlen, beiden nachspüren und versuchen, sie in Balance zu bekommen. Oder wir können das jeweilige unerwünschte Gegen-Teil abspalten und nach außen projizieren. Genau das ist die Mechanik der klassischen Geschlechterpolarität: die Frau hat nur Yin zu sein, also passiv, schwach, flexibel, langsam, friedlich und empfangend . . . kurz „weiblich".

Dann ist klar, daß alles Gegensätzliche dem Mann zugeteilt wird: er ist dann nur Yang, also aktiv, stark, starr, schnell, kämpferisch und abwehrend . . . kurz „männlich". In diesem geistigen Bewußtseinszustand – der auch leibseelisch „verkörpert" wird – würde für ihn jedwedes wohlwollende Entgegenkommen eine Gefährdung seiner „Männlichkeit" bedeuten: daher muß ängstlich und starr an der einmal erhaschten Position festgehalten werden.

Mit diesen Überlegungen gewinnt auch die so vielfach angestrebte „Perfektion" eine andere Dimension: so wird THOMAS VON AQUIN meist so übersetzt: „Das Weib verhält sich zum Mann wie das Unvollkommene und Defekte (imperfectum, deficiens) zum Vollkommenen (perfectum)." Meine Interpretation klingt so: „Das Weib verhält sich zum Mann wie das, was noch Entwicklung, Verbesserung zuläßt, zu dem, was bereits abgeschlossen (verschlossen) ist."

„Rührt vielleicht auch davon der Horror vacui, die Angst vor der Leere?" schrieb ich 1991 in „Die Frauenseele: Licht ins Dunkel?" Und diese Angst vor dem Unstrukturierten, Unabgeschlossenen, vor der „Lücke", haben nicht nur Männer. Auch viele Frauen übernehmen diese Reaktionsformen, *„Weil sie die vielen Möglichkeiten des Erfülltwerdens vor Augen führt all denen, die keine Visionen – oder keine Visionen mehr haben?"*

Spätestens seit den Forschungen von C. G. JUNG wissen wir, daß die große Goldmacherkunst nicht bedeutet, schlichtes Blei zu veredeln, sondern das wir selbst diejenigen sind, um deren Veredelung es geht; daß Märchen Hinweise geben, auf welche Art unser innerer König (unsere männliche Seite) seine Königin (die Ergänzung durch die weibliche Seite) finden kann; und daß zur psychischen Vollkommenheit gehört, daß die vier Grundfunktionen des Bewußtseins – Denken und Fühlen, Intuieren und Empfinden – nicht im krassen Ungleichgewicht (z. B. durch Überwiegen des – „männlichen" – Denkens zu Lasten des Gegenpols – „weibliches" – Fühlen), sondern weitgehend ausbalanciert sind.

Heute, in einer Zeit, in der die meisten Menschen mit Grauen auf die Auswüchse extremer „Männlichkeit" (z. B. in Staatswesen mit Führerkult oder einer fanatischen Ideologie, Andersartige ausrotten zu müssen) blicken, ist vielen die Notwendigkeit des „Aus-Gleichs" bewußt geworden. Auch wenn sich einige Frauen so assimilieren konnten, daß sie nicht von den Futtertrögen verjagt wurden.

Zukunftsforscher weisen immer wieder darauf hin: die Lösung der drängenden Zukunftsprobleme – Arbeitslosigkeit und soziale Unruhen, neue Seuchen und zunehmende Suchtkrankheiten, Umweltzerstörung und Abfallbeseitigung – wird nicht mehr mit digitalen, „linkshemisphärischen", „männlichen" Techniken gelingen. Es ist hoch an der Zeit, daß Manager sich die komplementären analogen, „rechtshemisphärischen", „weiblichen" Zugangsweisen erarbeiten. Nebeneffekt: sie würden dadurch selbst ganzheitlich gesünder, wie auch in ihrer Wirkung auf andere.

Frauen wurden nur zu oft wegen eben dieser Eigenschaften verspottet. Vom „sechsten Sinn" über „weibliche Intuition" bis zur „weiblichen Logik" spannt sich die Bandbreite mehr oder weniger liebevoller Pointierungen. Die Gehirnforschung hat nachgewiesen, daß bei Frauen der Balken stärker ausgeprägt ist, daher beide Gehirnhälften besser integriert sind und daher die linke Gehirnhälfte nicht so stark dominiert – wohl die Folge ihrer weniger einseitig auf technische Fertigkeiten zielenden Erziehung. Liegt in diesem Phänomen auch eine mögliche Erklärung ihrer größeren (gesundheitlichen) Belastbarkeit und höheren Lebenserwartung?

Wenn wir ganz kraß formulieren, können wir behaupten, daß es „dem Arbeitgeber" (der eigentlich der Arbeitnehmer ist, denn er schluckt ja die hingegebene Arbeitskraft des sogenannten „Arbeitnehmers") egal ist, ob seine Angestellten psychisch gesund sind. Eine ähnlich polare Paradoxie sehe ich darin, daß jahrhundertelang christliche Vordenker den Frauen kollektiv unterstellten, die Verkörperung des „Bösen" zu sein. Im Sinne der durchdachten Polarität von Yin und Yang ist augenscheinlich, daß zu Yin ruhig, kühl, Himmel, Engel gehört und zu Yang wildbewegt, heiß, Hölle, Teufel. Beides zusammen bildet erst die Einheit in Gott.

Unternehmungen haben Gewinn zum Ziel. Schulungen für Manager und potentielle Führungskräfte in Richtung bilaterales Denken werden erst dann ökonomisch relevant, wenn das Fehlen einen Wettbewerbsnachteil ausmacht. Sei es in weniger Kreativpotential, oder in unzureichender externer Kooperationsbereitschaft, oder in mangelnder Unterstützung der Mitarbeiterschaft.

Frauen, die viele der Eigenschaften und Fähigkeiten gerade aus der noch immer vorhandenen rollenspezifischen Erziehung erworben haben, meinen oft, wie Männer sein zu müssen, um Erfolg zu haben. Wenn es abgesehen der jeweiligen Erfordernisse an Fachkenntnissen darum geht, die traditionellen Spielregeln der Männerwelt zu beherrschen, stimmt das. Es stimmt aber nicht mehr, wenn daraus der Irrglaube abgeleitet wird, Erfolg haben heiße, sich in allen Fällen wie der durchsetzungsstarke Durchschnittsmann verhalten zu sollen.

Auf der Welt gibt es nichts,
was weicher und dünner ist als Wasser.
Doch um Hartes und Starres zu bezwingen,
kommt nichts diesem gleich.
Daß das Schwache das Starke besiegt,
das Harte dem Weichen unterliegt,
jeder weiß es,
doch keiner handelt danach.
LAOTSE

Ganz im Gegenteil: es geht darum, Erfolg (was auch immer wir darunter verstehen wollen) zu haben, ohne sich durchsetzen zu müssen. Denn „durch-setzen" bedeutet Druck ausüben, wenn es sein muß bis zur Zerstörung (z. B. der Sitzgelegenheit). Wenn schon „durchsetzen", dann in dem Sinn, daß die eine Frau den Weg für die nächste bahnt, bis die ganze Gruppe von Frauen durchsetzt ist.

Im Sinne der SHELDRAKESCHEN Erkenntnis von den morphogenetischen Feldern kommt das, was eine erarbeitet hat, auch den anderen zugute (sofern frau die „anderen" Frauen nicht als Konkurrentinnen sieht, sondern als Mitbetroffene, Gleiche).

Mein Anliegen mit diesem Buch ist es, diejenigen Sicht- und Verhaltensweisen, sowie Interventionsformen aus dem technischen Repertoire psychotherapeutischen Schulen (Psychoanalyse nach FREUD und C. G. JUNG, Personzentrierter Ansatz nach ROGERS, Focusing nach GENDLIN, Sexualtherapie nach MASTERS & JOHNSON und SINGER KAPLAN, Hypnotherapie nach ERICKSON, Systemische

Familien- und Paartherapie und Neurolinguistisches Programmieren), für die tiefenpsychologische Selbstprogrammierung im Berufsalltag nutzbar zu machen. Diese helfen nach meiner eigenen Erfahrung als Managerin, Unternehmerin und auch als Mandatarin sowie als Coach für einzelne (Frauen wie auch Männer) und Gruppen, erfolgreich und gesund zu sein.

Zum Weiterlesen:

Rüdiger DAHLKE, „Der Mensch und die Welt sind eins“, Heyne 1987

Edward DE BONO, „Taktiken und Strategien erfolgreicher Menschen“, mvg 1988

Jolande JACOBY, „Die Psychologie von C. G. Jung“, Fischer 1971

Rotraud A. PERNER, „Die Frauenseele: Licht ins Dunkel?“ in: Startbahn 5/Jänner 1991, ÖVP-Landesparteileitung OÖ

Rupert SHELDRAKE, „Das Gedächtnis der Natur“ Scherz 1992

Rupert SHELDRAKE, „Die Wiedergeburt der Natur“, Scherz 1991

ZIELE ANVISIEREN

Von der Macht geistiger Bilder und Töne

Der Mensch hat dreierlei Wege klug zu handeln:
erstens durch Nachdenken, das ist der edelste,
zweitens durch Nachahmen, das ist der leichteste,
und drittens durch Erfahrung, das ist der bitterste.
KONFUZIUS

Wenn wir uns etwas „vornehmen", haben wir auch – bewußt oder unbewußt – ein geistiges Bild davon: wie es aussehen soll, wenn es fertig ist und meist auch, wie wir aussehen werden, wenn wir Erfolg haben. Viele Menschen werden sogar durch dieses Bild ihrer persönlichen Gloriole motiviert.

Seltener hingegen haben wir ein geistiges Bild, wie wir aussehen, wenn wir unser Ziel verfolgen: Es fehlt Erfahrung. Es fehlen aber oft auch Vorbilder, eben Vor-Bilder. Das ist ein typisches Frauenproblem – vor allem dann, wenn ihre Aktionsfelder nicht Kinder, Küche, Kirche oder moderne Kleider, Kosmetik und Konsum sind, sondern Kreativität, Können und Karriere.

Aber auch den Menschen, mit denen wir zusammenarbeiten wollen oder müssen, fehlt oft eine visuelle Vorstellung davon, wie eine Frau einen „Männerjob" ausfüllt. Das macht es den weniger kreativ Denkenden schwer, sich eine Frau als „Gleiche" vorzustellen.

Dementsprechend plump sind dann auch ihre Umgangsformen. Nur zu viele Frauen lassen sich davon abschrecken und ziehen sich von der Startbahn zurück.

Ich habe jetzt viel vom „Sehen" und von „Vor-Bildern" geschrieben; immerhin lernen wir von Vorbildern, ahmen sie nach und wiederholen, wenn wir gelobt – „positiv verstärkt" – werden.

Für unsere unbewußten Erfolgsstrategien zeichnet nicht nur dieses „Sehen" verantwortlich. Auch Fähigkeiten wie „schnell Übersicht erzielen", „selbst in chaotischen Situationen Überblick bewahren", „sich etwas Unangenehmes genau anschauen trauen" oder „Visionen entwickeln", nehmen dabei besonderen Stellenwert ein.

Auch das „Hören" prägt uns: wir hören und horchen, gehorchen und werden manchmal sogar hörig. Dementsprechend bestimmen uns eingespeicherte Mottos, Leitsätze, die sich nur zu oft als Leidsätze entpuppen.

Bitte Vorsicht! Zumeist handelt es sich dabei um gar nicht unbewußt eingesetzte Suggestionen! Alle suggerieren: Eltern, Freunde/innen, die Werbung ... Vor diesen „geheimen Verführern" sollte frau sich hüten – oder zumindest sollte ihr auffallen, welche Zielbotschaften hineinverpackt sind.

Achtung vor Suggestionen

Gleich zu Beginn ihres Wegweiser für Frauen in ein erfolgreiches Berufsleben, „Karriere ist weiblich", schreibt etwa Ruth MARKEL über eine Diskussion mit Teilnehmerinnen eines ihrer Seminare über Managerqualifikationen zu den *„möglichen Motivationen für Frauen, außerhalb der Familie einen Beruf auszuüben"*: *„Ich wies in diesem Zusammenhang darauf hin, daß heutzutage die meisten Frauen vor allem aus materiellen Gründen arbeiten, um sich die verschiedensten Wünsche erfüllen zu können"*. Damit nährt sie die Suggestion von der „Frau, die es nicht nötig hat, arbeiten zu gehen". MARKEL fördert also die Sichtweise einer arbeitsteiligen Wirtschaft – den Männern die Außen-, den Frauen die Innenwelt – in der Frauen Zaungäste darstellen, die gelegentlich auch einmal mitspielen dürfen.

Berufstätigkeit als Selbstverständlichkeit, als Basis der Sicherung des Lebensunterhalts und damit der Unabhängigkeit und nicht nur als vorübergehenden Ersatz für Versorgung in der Ehe, wird in dieser Formulierung nicht angesprochen – und wohl auch nicht gedacht.

So schleicht sich fast unmerklich manche alte Denkweise wieder ein, die nur oberflächlich neu überdeckt schien; vielleicht steckt dahinter aber auch Strategie oder sogar eine Auftragsarbeit. Auf jeden Fall lohnt sich Achtsamkeit.

Will eine Frau in Top-Positionen aufsteigen, muß sie lernen, derartige Suggestivsätze zu erkennen und nach ihren innewohnenden Ideologien zu decodieren.

Suggestionen sind eine der Strategien, jemanden dazu zu bringen, was man(n) will. Es gibt noch andere – vor allem die archetypischen Kriegsgesten der Männer. Mit ihnen muß frau lernen, elegant fertig zu werden: Kriegsbemalung (Unzufriedenheits- und Distanzierungsmimik), Kriegsgeschrei (abwertende oder sexistische Bemerkungen), Fallenstellerei (Vorenthaltung von Informationen oder Arbeitsmitteln etwa).

Sie darf sich von derartigen „Interferenzen" nicht irritieren lassen – genau das soll ja damit erreicht werden!

Sie darf aber auch nicht einseitig nur von männlicher Seite Gefahr erwarten: Auch Frauen bekämpfen unerwünschte weibliche Konkurrenz. Das beginnt oft bereits bei der Mutter, bei Schwestern sowieso, aber auch bei Pädagoginnen. Auch sie berufen oft die „weibliche Natur", wenn es gilt, zu verhindern, daß eine Geschlechtsgenossin neue Wege wagt.

So schreibt Volker Elis PILGRIM: *„Das ‚Natur-Etikett' vor einem Verhältnis, einem Vorgang oder einem Verhalten hat den Zweck, dessen kritische Beleuchtung zu verhindern. Die Natur wird zum Weihnachtsmann gemacht, den man nicht fragen darf, wer hinter ihm steckt. Das meiste, das als natürlich ausgegeben wird, soll unwidersprochen hingenommen, darf nicht als vom Menschen selbst künstlich eingerichtet entlarvt und noch weniger als veränderbar erkannt werden . . . Wenn eine Gesellschaft etwas als „natürlich" erklärt, will sie damit nur ausdrücken, daß sie etwas als unangreifbar wünscht. Dagegen bedeutet das Etikett „unnatürlich", daß das damit gekennzeichnete Verhalten mißbilligt wird und von jedermann angegriffen werden kann."*

Will frau im Beruf also schneller weiterkommen oder über die vorgezeichneten und zugestandenen Aufgabenbereiche hinaus, braucht sie außer der selbstverständlichen fachlichen Qualifikation Klarsicht und ein Gehör für Geheimbotschaften. Sie braucht weiters Ausdauer, Unerschrockenheit, Gelassenheit und ein Instrumentarium von Problemlösungstechniken zum Selbst-Coaching.

Planen heißt oft Selbsteinschränkung

Was frau nicht unbedingt braucht, ist ein „Karriereplan" – selbst wenn dieser von zahllosen „Karriereratgebern" beschworen wird.

„Erstens kommt es anders – und zweitens: als Du denkst" können wir immer wieder hören, oder auch: „Der Mensch denkt und Gott lenkt". Und bei Bert BRECHT heißt es: *„Ja, renn nur nach dem*

Glück, doch renne nicht zu sehr, denn alle rennen nach dem Glück, das Glück rennt hinterher!"

Das sind keine Platitüden. Zwar macht es Sinn, sich entsprechend den Kunstregeln des „Positiven Denkens" ein präzises Bild vom erwünschten Zukunftszustand zu machen (und nur ja nicht vom Gegenteil!) – aber auch nicht mehr. Sonst stellen wir uns zu starr auf nur EINE Zukunftsvariante ein!

Die Kunst des Positiven Denkens

Wenn ich Sie auffordere: „Denken Sie NICHT an einen Schäferhund!" – woran denken Sie? Eben!

Wenn ich also will, daß Sie nicht an einen Schäferhund denken, muß ich formulieren: „Denken Sie an einen Pudel!" oder an eine Katze oder was auch immer.

Anhand dieses Beispiels merken Sie:

- Unbewußt denken wir primär in Bildern.
- Unbewußt denken wir primär wortwörtlich.
- Unbewußt denken wir „positiv". „NICHT" wird nicht registriert. Negativappelle werden in Positivappelle umgewandelt.

Deshalb wird im Autogenen Training auch nicht formuliert „Ich will (oder werde) nicht mehr rauchen", sondern „Rauchen ganz gleichgültig". Und noch stärker: begleitend zur Suggestion wird „visualisiert" – ein geistiges Bild erdacht –, wie beispielsweise eine Zigarette angeboten und gelassen dankend abgelehnt wird.

„Man soll den Teufel nicht an die Wand malen" unkt der Volksmund. Das ist weise! Sonst ist er nämlich in unserem Denken da. Daher formuliere ich: „Man soll einen Engel an die Wand malen!" – als Zukunftsbild, das wir realistischerweise erhoffen dürfen.

Skeptiker argwöhnen, so würde Selbstverdummung betrieben: „Da redet man sich doch etwas ein!" So können wir die Methode auch sehen, nur – wir reden uns immer etwas ein. Wenn auch unbewußt.

Unverbesserliche Optimistinnen reden sich ein, daß schon alles ganz von selbst funktioniert. Sie sind möglicherweise grenzenlos enttäuscht, wenn alles schiefläuft, weil sie vor lauter Einfalt verabsäumen, für Störungen Vorsorge zu treffen. Überzeugte Negaholikerinnen dagegen lassen keine Gelegenheit aus, sich selber als unfähig zu definieren.

Daher ist auch der sogenannte Zweckpessimismus eine klassische „Zwick-Mühle“ und keine Erfolgsstrategie: Man jammert sicherheitshalber. Entweder gelingt alles, dann hat man zumindest Neider und Störer abgelenkt. Oder es gelingt nichts, dann hat man zumindest recht behalten. Frau profiliert sich entweder als Jammerlappen oder als unsicher.

Bestenfalls bekommt sie dann Mitleid, aber sicher keinen Respekt. Eher ist anzunehmen, daß eine Erinnerung haftenbleibt, wie frau in dieser Jammer-Situation ausgesehen oder wie sie sich angehört hat. Und diese Erinnerungen haften!

Deswegen sollten Sie sich auch bemühen, ein möglichst positives Bild zu vermitteln. Das tun Sie über Ihre (Geistes- wie Körper-) Haltung und auch über Ihre Atmung, Ihren Muskeltonus, Ihren Energiefluß.

Auch die Technik des Positiven Denkens wirkt um so effizienter, je entspannter frau dabei ist. Es verändern sich so unsere Gehirnstrommuster und frau gelangt möglicherweise in den Bereich der Alpha-Wellen. Das bedeutet direkten Kontakt zum Unbewußten, zur Kreativität (die ja auch zwischenmenschliches Verhalten erfindet!) und zu all den Eigenschaften und Fähigkeiten, die in der Seelentiefe schlummern.

Ich propagiere deshalb eine „Haltung“, die ich „Wachstumshaltung“ nenne; sie sollte mit der Zeit zu Ihrer Lebenshaltung werden.

● Üben Sie fürs erste im Sitzen. Wenn Ihnen die Wirkungen vertraut sind, können Sie auch im Stehen, Gehen, Liegen „Haltung bewahren“.

● Setzen Sie sich „aufrecht“ hin. Bitte nicht hudeln! Aufrecht ist nicht gleich aufrecht.

○ Stellen Sie Ihre Beine im Abstand Ihrer Hüftknochen nebeneinander. Sie können dann wahrscheinlich Ihre waagrecht aneinandergelegten Hände auf Kniehöhe gerade dazwischenhalten. Vermeiden Sie jegliche Schieflage.

○ Achten Sie auf guten Bodenkontakt Ihrer Füße. Wackeln Sie ruhig ein wenig mit Ihren Zehen oder spannen und entspannen Sie Ihre Beinmuskulatur, bis Sie wirklich das Gefühl haben, gut „gegründet“ zu sein. (Falls Sie Schuhe mit hohen Absätzen tragen: achten Sie besonders, daß Ihre Fersen nicht frei schweben, sondern sicheren Kontakt zur Basis haben.)

● Jetzt bringen Sie Ihre Wirbelsäule ins „rechte Lot“. Manche stellen sich dabei eine Holzperlenschnur vor, die sie innerlich vom Scheitel hinunterfallen lassen; religiöse Menschen bevorzugen manchmal die Gedankenhilfe, sie würden wie eine Marionette von Gott an Kraftseilen gelenkt. Wie auch immer: wichtig ist, daß Sie die Schwerkraft wirken lassen – auf diese ist Verlaß; sie gibt Sicherheit.
○ Vielleicht spüren Sie jetzt allerlei Verspannungen – meist im Nackenbereich, oft in der Taillengegend. Dehnen und strecken Sie sich, „renken“ Sie sich „ein“.
● Wenn Sie sich nun in aufrechter Wachstumshaltung befinden, beginnen Sie gleichmäßig sanft und ruhig zu atmen.
Verzichten Sie auf Luftanhalten oder Hecheln. Atmen Sie ganz einfach so wie es Ihrem Gefühl entspricht. Wenn Sie meinen, Sie wären zu schnell, stellen Sie sich vor, in welchem Rhythmus eine Kammerschauspielerin „Friede“ sagen würde. Oder denken Sie an Amneris in VERDIs „Aida“, wenn Sie im Schlußbild „Pace“ singt.
○ Selbstverständlich können Sie begleitend an Musik im passenden Rhythmus denken, Barockmusik etwa: Sie gleichen dann Ihre persönliche (akustische) „Wellenlänge“ jener der Musik an; das ist übrigens eines der Geheimnisse, weshalb Kühe bei Mozartberieselung mehr Milch geben oder Hühner mehr Eier legen, was einschlägige Untersuchungen ergeben haben: nicht daß sie so große Musikliebhaber wären, es sind die Schallwellen mit spezifischer Bandbreite, die beruhigende und konstruktive Wirkung haben. (Im Sinne der Polarität wird jetzt auch klar, welche Musik zum destruktiven Gegenpol gehört, Marschmusik, Heavy Metal etc.)
● Wenn Sie nun einatmen, stellen Sie sich bitte vor, Sie holen bei jedem Atemzug mit Ihrem Atem Kraft aus dem Boden, sozusagen von Mutter Erde. Lassen Sie diese Kraft mit Ihrem Atem an der Rückenseite Ihres Körpers die Wirbelsäule hoch steigen bis Sie Ihren Scheitelpunkt erreichen.
○ Halten Sie wenige Sekunden inne, so wie es für Sie gerade angenehm ist. Nicht mit Krampf, sondern so, als ob Sie beim Autofahren schalten; Sie schalten nämlich wirklich um.
○ Atmen Sie jetzt aus und stellen Sie sich dabei vor, Sie lassen Ihren Atmen an der Vorderseite Ihres Körpers wieder zu Boden fließen. Er nimmt alles mit, was Sie nicht mehr brauchen. Sorgen und Kummer, Erledigtes, aber auch Unnötiges, das vielleicht irgend jemand anderer

brauchen kann. „Mutter Erde“ wird’s schon dorthin transportieren, wo es hingehört. (Klartext: es ist gar nicht notwendig, daß Sie alles kontrollieren, alles besorgen . . . Sie dürfen Ihrem individuellen genauso wie dem kollektiven und sogar dem kosmischen Unbewußten vertrauen . . .)

○ Halten Sie anschließend wieder zum Umschalten inne, holen Sie dann wieder Kraft aus dem Boden . . .

Durch die begleitenden Visualisierungen geben Sie sich ein positives Zielbild: Nützliches aufnehmen, Unnützes abgeben. Eine klassische (leibseelische) Stoffwechsel – und damit auch Reinigungs- und Erneuerungssuggestion.

Wann immer Sie nun in einer Situation sind, in der Sie sich Zukunftssorgen machen, in der Ihnen etwas fehlt (egal ob es eine Idee, eine Fähigkeit oder nur eine passende Antwort ist), in der Sie also Gefahr laufen, verzagt stehen oder stecken zu bleiben,

● machen Sie sich ein Bild von der Situation, in der Sie gerade sind: treten Sie sozusagen wie Ihre beste Freundin gedanklich hinter sich. Sie haben damit eine undeutliche Vision von sich selbst in der Augenblickslage.

● Stellen Sie sich jetzt vor, Sie sind die Souffleuse eben dieser „Darstellerin“ und wissen bereits, wie das „Schauspiel“ gut ausgehen wird. Sie sehen das Happy-End schon vor sich. Daher können Sie leicht Regieanweisungen geben: sie sagen ein oder lenken körperlich oder lassen einfach gedanklich den kommenden Film (mit seinem guten Ende) ablaufen.

● Wenn Sie Ihre gedanklichen Anweisungen geben, benützen Sie Sätze wie: „Sicher und gelassen werde ich diese Aufgabe bewältigen“ oder „Es werden mir alle Einfälle rechtzeitig in den Sinn kommen“. – Also möglichst vage, unspezifische Sätze, damit Ihr Unbewußtes Bilder aufsteigen lassen kann.

● Viele Lebenshilferatgeber geben derartige Sätze vor, keiner erklärt den Mechanismus. Ich vermute deshalb, weil derartige Autoren von erfahrenen Psychotherapeuten/innen abkupfern, ohne selbst ordentlich ausgebildet und in Praxis supervidiert zu sein. Meist sind es Journalisten/innen, die Fachwissen aus Büchern oder allgemein zugänglichen Seminaren beziehen, nicht aber aus jahrelanger Tiefenarbeit im klinischen Bereich, auch wenn sie solches gerne vortäuschen. Das ist auch immer wieder an der dilettantischen Verwendung der Begriffe

„Unterbewußtsein“ und sogar „Oberbewußtsein“ zu merken. Beide sind inkorrekte Wortschöpfungen von Laien, die keine Ahnung von Tiefenpsychologie haben.

An Mechanismen bei der Formulierung von Suggestionen im Bereich des Positivdenkens unterscheide ich:

- Möglichst präzise Formulierungen und daher auch Visualisierungen dann, wenn es um die Vorgabe von Eigenschaften und/oder Verhalten geht, die bereits in der individuellen Schatzkammer vorhanden sind. (Beispiel Sozialangst „eine Treppe hinuntergehen und alle schauen zu“: Suggestion und Erinnerungsbild: „wie ich damals so gelassen die Treppe hinuntergeschritten bin“ und losgehen. Die Verwendung des Wortes „schreiten“ gibt zusätzliche Ruhe.)
- Möglichst unbestimmte Formulierung, wenn überhaupt keine Idee des künftigen Verhaltens da ist. (Beispiel: „Wie wird das wohl aussehen, wenn ich . . .“ Jetzt müßte schon das geistige Bild auftauchen.)
- Wenn dennoch ein Negativbild kommt (Beispiel: die Treppe hinunterfallen), sofort ein Gegenbild einspielen (die Treppe gelassen hinunterschreiten).

Ich verwende diese Technik immer, wenn ich um einen meiner Söhne Angst habe, wenn einer zum Beispiel auf Schikurs ist und auf meiner geistigen Leinwand Szenen von Unfällen und Verletzungen auftauchen. Dann stelle ich mir meinen Sohn vor, wie er im Sommer braungebrannt und frech (realistisches Bild entwickeln!) am Küchentisch lümmelt; er muß also sein Schitraining überlebt haben.

Anderes Beispiel: eine Klientin litt unter heftigen Konkurrenzgefühlen und hatte in Ihrem geistigen Kino andauernd einen Film, wie erfolgreich und akklamiert ihre Rivalin war. Auf meine Anregung hin veränderte sie das „Drehbuch“ und baute ihr kleine (realistisches Bild!) Pannen ein. (Große wären unglaubwürdig, das Unbewußte würde sich dagegen wehren.) Anschließend ließ sie sich selbst als „dea ex machina“ („Supergirl“) auftreten und die Situation hilfreich und akklamiert zum guten Ende zu bringen.

Wichtig: allein wenn sich die Seelenlage von „eng“ (ängstlich, neidig, eifersüchtig, verzweifelt, . . .) auf „offen, was passiert“ weitet, ist bereits der wesentliche Schritt aus der Blockade gelungen.

Angst kommt von Enge – der des Brustraumes nämlich, wenn wir in der Schrecksekunde den Atem anhalten (uns tot stellen). Oder wenn wir zu hecheln beginnen, um uns fluchtbereit zu machen. Die (polare)

Gegenbewegung ist wiederum das ruhige, tiefe Atmen, das auch für eine bessere Sauerstoffversorgung des Gehirns sorgt und damit hochkomplexes cortikales Denken ermöglicht. Überlegen schafft Überlegenheit!

- Wenn nun aber absolut keine Idee von dem Verhalten besteht, dann die Frage stellen: „Wen kenne ich, die/der diese Tätigkeit souverän ausführen würde". Dann sollte frau zuwarten, wer ihr in den Sinn kommt; das kann jemand aus der Bekanntschaft sein oder ein Star oder eine Figur aus Geschichte und Literatur. Es kann auch das eigene Totemtier sein.
- Wenn noch immer keine Idee auftaucht (weil Sie zu angestrengt denken anstatt Ihre Gedanken frei schweben zu lassen), schauen Sie auf die nächste Tür. Suggerieren Sie sich, die Tür geht auf und herein kommt die Person, die das kann ... (Übrigens: überproportional häufig kommt dann bei meinen Klientinnen die Lieblingsgroßmutter.)
- Eine andere Variante wäre: Sie schalten (geistig) den Fernsehapparat ein und am Bildschirm taucht jene Person auf, die das alles kann ...
- Wenn wider alles Erwarten noch immer nichts kommt, bedanken Sie sich bei Ihrem Unbewußten und gestatten Sie ihm eine Erholungspause. Bitten Sie es nur ganz beiläufig, Ihnen dann, wenn die Zeit passend ist, die gesuchte Information zu senden.

Wiederum wichtig: keine Ärgerreaktionen sich selbst gegenüber zulassen! Sie verspannen sich nur dabei. Es geht aber darum, in den Optimalzustand zu kommen, und der ist nun einmal einer, der näher der Entspannung (Yin) als der Anspannung (Yang) ist.

Ob Superlearning, ob Meditation, ob Autogenes Training, Hypnotherapien oder andere Formen von Trancearbeit und Entspannungstechniken – immer wird versucht, der Spannung der Polarität zu entkommen und zur All-Einheit zu gelangen – ein weiblicher Zugang zum Leben.

Geschlechterdifferenz – biologisch betrachtet

Problemlösung durch gezielte Anspannung hingegen, läßt wenig Spielraum. Es gibt ein Ziel und einen Weg. Umwege oder gar „Umgehen" wird als wenig mannhaft diskriminiert. Ein klassisches Beispiel der Diskriminierung von zu viel „Offenheit" (Mehrdeutigkeit) finden wir in der Odyssee: der listenreiche Odysseus kann eben wegen seiner mangelnden Geradlinigkeit – polar könnten wir von Ideenreichtum sprechen – nicht den direkten Weg nach Hause (zur „anziehenden" weiblichen Hälfte und damit zu seiner Mitte) finden.

Die klassisch männliche „Einstellung" (Ein-Stellung) ist direkt und zielorientiert. Sie entspricht der biologischen Programmierung zur Erfüllung der männlichen Geschlechtsrolle: zu zeugen. Das Ziel vor Augen (z. B. ein Weibchen), das Blickfeld eingeengt – zielgerichtet erstarrt (erigiert) – und losgestürmt: alle Kraft voraus! Dieser Zustand mag zwar ein Optimum an (Zeugungs-) Kraft enthalten, ein Optimum an Aufmerksamkeit und Flexibilität enthält er nicht!

Überlegen wir, welche Anleitung wir aus der biologischen Programmierung zur Erfüllung der weiblichen Geschlechtsrolle (primär Brutpflege und Fürsorglichkeit, die wesentlicher Bestandteil jedweder förderlichen Menschenführung darstellt) ableiten können: Wachsamkeit gegenüber Gefahren, größtmöglichen Überblick und soziale Phantasie, und damit auch die Motivation zur Entwicklung einer Variationsfülle von Verhaltensmöglichkeiten. Das reicht vom Kampf und Ruf nach Unterstützung bis zur Flucht und dem Totstellen, die Suche nach bestmöglichen Niederlassungsgegebenheiten, die Wahl der erfolgversprechendsten Partner ...

Was motiviert uns dann noch, den männlichen Lebensstil zu kopieren?

Die Kunst des Pirschens

Im Ausprobieren der unterschiedlichen, männlichen wie weiblichen, Taktiken und Strategien zur Verfolgung erreichbarer (!) Ziele, hat sich mir vor allem ein Zugang als effizient erwiesen. Ich nenne ihn in Anlehnung an John SELBY „Die Kunst des Pirschens": so wie Fischerinnen oder Jägerinnen – aber auch Künstlerinnen, Ärztinnen oder Psychotherapeutinnen – sich auf ihr Ziel fast medidativ „einstimmen", sollten wir unseren „inneren Radar" möglichst umfassend, möglichst vage und erst in späterer Folge konkreter bis fokussiert einstellen.

- Vorerst groben Überblick über das Zielgebiet, seine Möglichkeiten, seine Hindernisse (dazu gehört auch die Konkurrenz) nehmen.
- Dann den bestmöglichen Beobachtungsstandort sowie die dazu ge-

hörende Ausrüstung (dazu gehört auch der passende Bewußtseinszustand, z. B. abwartend, z. B. startbereit) wählen,

- dann Informationen sammeln!
- Diesen entsprechend mehrere Einsatzpläne entwerfen und
- dann auf den „Kairos", den richtigen Zeitpunkt, warten, und
- erst wenn der da ist, handeln.

„Das dauert doch alles viel zu lange! So komme ich doch NIE zum Erfolg!" höre ich oft verzweifelte Seufzer.

Achtung: Erstens ist bereits die Verwendung des Wortes und Gedankens „NIE" eine Negativsuggestion. Sie verhindert, daß wir in unserem Denksystem überhaupt nur die geringste positive Möglichkeit zulassen!

Zweitens mißachtet dieser Satz, daß alles – jede Entwicklung, jede Arbeit – ihre Zeit braucht. Ich formuliere gerne „Ein Kind bekommen, dauert neun Monate – und wenn es schneller vor sich geht, ist es weder fürs Kind gut noch für die Mutter!"

Wissen, „wann es Zeit ist"

In der Bibel findet sich der richtungweisende Psalm 127, in dem es heißt:

„Wo der Herr nicht das Haus baut, so arbeiten umsonst, die daran bauen.

Wo der Herr nicht die Stadt behütet, so wacht der Wächter umsonst . . ."

Zu glauben, alles sei erzwingbar – „machbar" –, leugnet die Sinnhaftigkeit vieler Widerstände: sie deuten nur zu oft darauf hin, daß „die Zeit noch nicht reif" ist, und daß funktionelle Gleichgewichte gestört werden.

Üblicherweise denken wir, wir hätten zu wenig unternommen und müßten uns „mehr" anstrengen. Das entspricht einerseits den verinnerlichten Leistungsappellen von Bezugspersonen, die an uns herumerzogen haben, andererseits aber dem Lebensstil einer Yang-überbetonten Zeit: die Lösung wird auf der Plus-Seite gesucht, also mit mehr Kraft, mehr Druck, mehr Anstrengung, mehr Tempo . . .

Paul WATZLAWICK hat in „Vom Schlechten des Guten" diese Denkweise des „mehr desselben" als häufig begangenen Weg in die

Selbstblockade entlarvt. Die Erkenntnis, daß es sich dabei um einen typisch „männlichen“ Zugang handelt, hat er als Mann verständlicherweise nicht bedacht.

Wenn wir nun einen Yin-Zugang suchen, könnte der im Verlangsamen bis Innehalten, Nachforschen, was alles in Beziehung steht und Überdenken der möglichen Folgen für alle Beteiligten bestehen.

„Männliche“ Strategie will möglichst allein möglichst schnell möglichst viel Raum (Revier) erobern. „Weibliche“ Strategie will eher langsam Raum eröffnen, damit alles und alle ihren Platz finden.

Zeitdimensionen abschätzen können, „Gegnern“ so viel Respekt entgegenbringen zu wollen, daß ihre Bedenken oder Ängste verstanden und vielleicht auch beseitigt werden können, oder auch auf eigene Vorhaben zu verzichten, wenn dadurch gravierende Nachteile für andere verbunden wären, erfordert natürlich Geduld. Und Instinktsicherheit sowie Kommunikationsbereitschaft. Das alles erfordert wiederum Geduld, nämlich Bereitschaft zur eigenen Verlangsamung.

Schneller zu sein zählt zu den klassischen männlichen Kampfstrategien. Schneller sein ist meist (wenn nichts anderes trainiert wurde) von beschleunigtem Atmen begleitet – und wer hechelt, denkt nur eingeschränkt.

Versuchen Sie selbst:

● Gehen Sie in dem Raum, in dem Sie sich soeben befinden, umher und nehmen Sie sich vor, irgend etwas Verborgenes zu finden (etwas, das nicht sogleich sichtbar ist, sondern erst durch etliche Handgriffe hervorbefördert wird).

● Stellen Sie sich jetzt vor, Sie stehen unter extremen Zeitdruck, alles muß ganz, ganz schnell gehen . . . Wie fühlen Sie sich? Wie atmen Sie? Wie empfinden Sie Ihren Körper?

● Und jetzt machen Sie alles noch einmal und stellen Sie sich dabei vor, Sie hätten alle Zeit der Welt. Genießen Sie jeden Handgriff- lassen Sie alle Gegenstände, die Sie berühren, in Ihrer Handfläche verweilen. Spüren Sie das Material, die Form, betrachten Sie das Aussehen, lassen Sie die Farbe auf sich wirken . . . Wie fühlen Sie sich nun? Wie atmen Sie jetzt? Was empfinden Sie dieses Mal in Ihrem Körper?

Merken Sie, wie wesentlich es von Ihrem Bewußtsein und damit auch von Ihrem Atemrhythmus abhängt, wie Sie sich fühlen? Kommt

Ihnen jetzt auch in den Sinn, daß Sie ja ganz genau wissen, daß Ihren körperlichen Möglichkeiten Grenzen gesetzt sind? Selbst wenn Sie wie eine Supersportlerin trainieren – Sie stoßen immer wieder an Grenzen; manches geht einfach nicht schneller. Wenn Sie es trotzdem versuchen, häufen sich nur die Fehlleistungen. Wozu also?

„Männliche" Erfolgskriterien

Wenn Frauen sich selbst fördern und nicht überfordern wollen, sollten sie darauf achten, daß häufig Gefahr besteht, vorgegebene Bewertungen zu übernehmen ohne sie kritisch zu hinterfragen. Zumeist sind es Kategorien, die als „typisch männlich" bezeichnet werden können: schneller, stärker, schwerer, größer, . . .

So listen Wirtschaftsmagazine als Merkmale erfolgreicher Unternehmerinnen

- die Größe des Jahresumsatzes bzw. den Marktanteil und
- die Anzahl der Mitarbeiter/innen.
- Seltener, weil fast nur durch Selbstangabe erfahrbar, wird der Kundenstock als Kriterium begutachtet. (Und hier kann es traditionell eher als Zeichen von Seriosität gewertet werden, wenn „erste Kunden" nicht geoutet werden)
- Allenfalls folgt noch der Bekanntheitsgrad, den aber zu erheben ist umständlich.

Ähnlich erarbeiten BOCK-ROSENTHAL, HAASE und STREECK in ihrer Studie „Hochqualifizierte Frauen in typischen Männerpositionen", die ihrem Buch „Wenn Frauen Karriere machen" zugrunde liegt, den Index „Erfolg": dieser *„berechnet sich als Addition aus den für die Berufsgruppen standardisierten Werten für das Jahresnettoeinkommen, der Zahl der Untergebenen mit akademischer Ausbildung sowie einem Wert, der die Positionen in der organisierten Hierarchie angibt."*

Tiefenpsychologisch interpretiert stellen sich diese Kriterien als Imponiergehabe dar. Ähnliches kennen wir von kleinen Kindern in der Sandkiste (die damit bekanntlich ihre Kleinheit und Machtlosigkeit überkompensieren wollen) und von den Revierkämpfen zwischen Vätern und Söhnen (wo es den Älteren darum geht, zu verhindern, daß ihnen die nachfolgende Generation „über den Kopf wächst"): „Meiner ist größer!“, „Ich hab’ mehr!“, „Zu mir kommen die Besseren!“ und „Ich bin viel berühmter als Du!“

Ich sehe in diesen traditionellen („männlichen“) Konkurrenz- und Kampfkategorien keinerlei Vorteil für das Zusammenleben oder die Lebens- und Leistungsfreude von Menschen. Das gilt sowohl für Zweierbeziehungen als auch für Teams, für Betriebsgemeinschaften und auch für die gesamte Gesellschaft (von Völkern ganz zu schweigen). Im Gegenteil: Sie bringen uns auseinander und gegeneinander auf.

Wenn wir von dieser destruktiven Einseitigkeit der Bewertung mit ihren Negativfolgen auf das Selbstwertgefühl und damit die psychische Gesundheit wegkommen wollen, müssen wir (suggestiv?) andere Bewertungskategorien propagieren. „Weibliche?“

Weg vom Kain-und-Abel-Syndrom

Ich möchte hier an dieser Stelle bewußt auf die Herausforderung verzichten, „weibliche“ Erfolgskategorien zu formulieren. Ich würde damit nur wiederum im Spiel der Gegensätze, der Konkurrenz, der Sieger und Verlierer, mitagieren.

So dient meiner Erfahrung nach die – mediengerecht betitelte – Unterscheidung von „Schornsteinkarrieren“ (immer in derselben Firma geradlinig hochgedient) und „Fleckerlteppichkarrieren“ (Job Hopping von Branche zu Branche, von Aufgabengebiet zu Aufgabengebiet) bei Frauen nur deren Verunsicherung. Ich selbst habe in der Zeit meiner Firmengründung oft den Vorwurf des Job Hopping erlebt. Ich habe ihn immer mit dem Hinweis auf den zur selben Zeit hochbejubelten Berufspolitiker Mag. Leopold GRATZ beantwortet. Dieser hatte seine Laufbahn als Jurist im SPÖ-Parlamentsklub begonnen, war dann Klubobmann im Parlament, Zentralsekretär (und Abgeordneter), Unterrichtsminister, Landeshauptmann und Bürgermeister von Wien und zuletzt Außenminister. Auch er wurde als Job Hopper bezeichnet, allerdings mit Bewunderung.

Ob ich ein Glas Wasser „halb voll“ oder „halb leer“, positiv oder negativ, Yang oder Yin, bezeichne und daher auch werte), hängt von meinem (bewußten) Ziel und meiner (meist unbewußten) Lebenseinstellung ab.

Soll jemand daran gehindert werden, ihre/seine Berufsposition durch Veränderung zu verbessern, wird Firmentreue hoch bewertet werden; soll jemand vom Verbleib im Nachfolgekarussel abgehalten werden, wird berufliche Mobilität propagiert. Soll jemand abgewertet werden, findet sich immer ein Detail, das angeprangert wird. „Wer einen Hund prügeln will, findet einen Stecken" heißt es im Volksmund. Im Kapitel „Strategien" werden wir Abwehrtechniken beleuchten.

Ich sehe einen möglichen Ausweg aus diesem „Kain-und-Abel-Syndrom" darin, daß wir Frauen, jede für sich, überlegen:

- Was will ich eigentlich? Was ist mein Ziel? Langfristig? Mittelfristig? Kurzfristig?
- Falls Sie das noch gar nicht wissen (weil Sie überhaupt erst eine Zukunftsvision brauchen, z. B. als Studentin oder in einer Neuorientierungsphase, z. B. nach Trennungen), nützen Sie eine der Techniken aus dem Kapiel „Perfektion".
- Wenn Sie sich über Ihre Ziele im Klaren sind, entwickeln Sie bitte Ihre eigenen Bewertungsspielregeln:
- Was wäre für mich ein Erfolg?
- Welche Kriterien sind mir dabei wichtig? Welche fördern meine persönliche Entwicklung? Und welche die meiner Umwelt?
- Habe ich dabei Suggestionen von anderen übernommen? Von wem? Welche? Wem nützen diese? Und will ich sie auch wirklich behalten? Oder mag ich sie lieber zurückgeben? Oder für allfälligen späteren Einsatz aufheben?
- Wann empfinde ich mich als „erfolgreich"?
- Woran würde ich merken, wenn ich erfolgreich bin?
- Und wie würde ich mich fühlen – wie würde ich aussehen, mich anhören, auf andere wirken, wenn ich erfolgreich bin?
- Sollten Sie jetzt in einen Zustand gelangt sein, wo Sie sich so richtig erfolgreich und damit wohl fühlen, so merken Sie sich bitte, welche „Haltung" Sie jetzt (körperlich, seelisch und geistig!) haben. Geben Sie ihr einen prägnanten Namen (damit Sie auch „schnell" daran denken können!) und
- üben Sie, so oft Sie können, diese Haltung einzunehmen!

Zum Weiterlesen:

Erika BOCK-ROSENTHAL, Christa HAASE, Sylvia STREECK, „Wenn Frauen Karriere machen“, Campus 1978

Ruth MARKEL, „Karriere ist weiblich. Wegweiser für Frauen in ein erfolgreiches Berufsleben“, Rowohlt 1989

Rotraud A. PERNER, Hg., „Zeit(t)räume. Vom Denken, Fühlen und Spüren“, Löcker 1993

Volker Elis PILGRIM, „Dressur zum Bösen. Warum wir uns selber und andere kaputt machen“, Rowohlt 1986

John SELBY, „Einander finden“, Rowohlt 1986

Paul WATZLAWICK, „Vom Schlechten des Guten“, Piper 1986

SKRIPTANALYSE

Wie wir programmiert werden . . .

der Wunsch
ist der Vater
der Gedanken

die Phantasie
ist die Mutter
der Tat.
Traude ZEHENTNER

Wir alle leben nach einem unbewußten Drehbuch, das unsere Eltern für unser künftiges Leben entworfen haben. Natürlich gibt es auch Eltern, die ihren Kindern spontane oder auch gar keine Regieanweisungen geben; die Folge ist dann zumeist aber eine mehr oder weniger starke Verwahrlosung.

Von Sigmund FREUD stammt das Beispiel vom Eisberg: nur zirka 10% davon sind oberhalb der Wasserfläche sichtbar. Das entspricht auch dem Anteil unseres Wachbewußten; 90% dagegen befinden sich unter Wasser – so wie auch der Großteil unserer Wahrnehmungen und Reaktionen unbewußt sind. In unseren Träumen, Fehlhandlungen (z. B. Vergessen, Versprechen, Verschreiben) und Symptomen tauchen ab und zu solche unbewußten „Strebungen" auf. Strebungen sind Wünsche oder Ängste, die wegen des zugrundeliegenden Konfliktpotentials nicht bewußtseinsfähig sind. Sie lösen dementsprechend heftige Gefühlsreaktionen aus: z. B. lachen oder erschrecken, wundern oder sich schämen etc.

Erinnern Sie sich an das Märchen vom Dornröschen? Da lädt das Königspaar die Feen des Reiches zur Taufe der Tochter, weil es weiß, daß ihr jede einen guten Wunsch mitgeben wird. Weil es aber nur zwölf Gedecke hat, lädt es die dreizehnte Fee nicht ein. Die kommt aber dennoch und verflucht das Mädchen. Die Zwölfte aber, die ihren Segen noch nicht ausgesprochen hatte, mildert alles.

Nun, so ähnlich ergeht es auch den Kindern in der realen Welt: von klein auf bekommen sie Segenswünsche und Flüche mit. Nur sind dabei die Verteilenden nicht irgendwelche Zaubergestalten, sondern Pappi und Mammi, die Kindergartentante, der Pfarrer, die Lehrerschaft . . .

„*Gib einer Gruppe einen schlechten Namen, und sie wird ihm nachkommen*“ heißt es bei Norbert ELIAS. All diese Zuschreibungen sind wiederum Suggestionen.

Die Lust des Klonens

Ein kleines Kind hat weder das Wissen noch Überblick. Über- Blick setzt, wie das Wort schon andeutet, eine gewisse Körpergröße – oder ein Mittel zur Erhöhung – voraus. Ein Kind hat schon gar nicht die Kraft, Fremd- Definitionen auf ihren Wahrheitsgehalt zu überprüfen und sich gegebenenfalls zu wehren. Aber auch Erwachsene kennen die Folgen solcher Zuschreibungen: positive motivieren und bauen auf, negative verunsichern zumindest und bauen meist ab.

Viele Frauen schleppen ihr Leben lang elterliche Suggestionen mit: „Komm Dir nur nicht gut vor!“ oder „Bilde Dir nur nichts darauf ein!“ Kleine Kinder versuchen – außer in den sogenannten Trotzphasen, die besser Selbstbehauptungsphasen heißen sollten – nach besten Kräften, den Aufforderungen ihrer Eltern nachzukommen. Andernfalls bekommen und bewahren sie Schuldgefühle – und genau die sollen sie durch solche Suggestivsätze auch bekommen.

Bitte Mutter!
Laß mich doch selber
die Erfahrung machen
daß meine Beine noch zu kurz sind
um über die Bank zu steigen

sonst bleibt mein Verstand zu kurz
auch wenn die Beine wachsen.
Traude ZEHENTNER

Bewußt glauben Eltern und Elternersatzpersonen, das Beste für ihre Pflegebefohlenen zu tun, wenn sie verhindern, daß diese „eitel“, „überheblich“ – oder wie auch immer Ich-Stärke negativ benannt werden kann – werden. Unbewußt geben sie im „Wiederholungszwang“ (FREUD) an die nächste Generation weiter, was ihnen selbst angetan wurde. Sie versuchen, Kinder klein zu halten. Damit schützen sie sich zwar selbst davor, daß Kinder gegen unverständliche oder unangenehme Anweisungen Widerstand leisten und späterhin, wenn sie größer und stärker sind, Machtkämpfe, Konkurrenzen, austragen. Sie verhindern aber auch, daß Kinder aufrecht groß werden können.

Frauen sind insofern meist benachteiligt, als viele Eltern sie noch immer nach dem veralteten Frauenrollenbild des 19. Jahrhunderts erziehen. Damals gab es kaum Arbeitsmöglichkeiten für bürgerliche Frauen – und für Bäuerinnen oder Arbeiterfrauen stellte sich die Frage, Berufsfrau oder Hausfrau ohnedies nicht, zu eindeutig lag das Energieschwergewicht auf der Sicherung der wirtschaftlichen Existenz.

Die bürgerliche Frau war auf die Existenzsicherung durch die Ehe angewiesen: auch wenn Dichter von weiblicher Schönheit und Lieblichkeit schwärmten – der „Marktwert" der Frau war weitgehend von ihrer Fähigkeit zur Reproduktion männlicher Arbeitskraft abhängig: so wie auch in der Bedürfnispyramide von MASLOW die existentiellen Bedürfnisse die unterste Hierarchiestufe (und Selbstverwirklichung die oberste) einnehmen, stellte der Ehemann des vorigen Jahrhunderts primär Anforderungen an Befriedigung seiner Bedürfnisse nach Nahrung und Kleidung, waren doch deren Beschaffung noch nicht durch industrielle Massenfertigung gesichert.

Aus diesem Blickwinkel betrachtet, erklären sich auch die langen Verlobungszeiten. Da mußte doch die Aussteuer (Bett- und Tischwäsche) genäht und gestickt werden. Das Rechtsinstitut der Mitgift wird als Beitrag des Brautvaters zur künftigen Unterhaltspflicht des Ehemannes verständlich. Und die Grundlagen für die „bürgerliche Doppelmoral" (die Forderung nach ehelicher Treue für beide Geschlechter bei gleichzeitiger Toleranz des Treuebruchs durch den Mann). Sexuelle Treue als Pflicht für die Frau sollte primär die Legitimität der Nachkommenschaft (und sekundär die Unvergleichlichkeit des Ehemannes) sichern. Sie wurde daher mit der Verfügbarkeit sicherer Empfängnisverhütungsmittel für die Frau fragwürdig. Ein Triebleben zu haben, war Privileg des Mannes. Mit Berufung auf diese seine Besonderheit konnte jegliches Ausbrechen aus gesellschaftlichen (und rechtlichen) Normen entschuldigt und gerechtfertigt werden. Diese Strategie zur Sicherung von Machtansprüchen wird auch heute noch angewandt, wenn es um Verharmlosung von sexuellen Belästigungen oder Gewalttaten geht.

Das ABGB bekam nicht zu Unrecht den Namen „Allgemeines ‚*Bürgerliches*' Gesetzbuch": damit wurde die Zielgruppe ausgewiesen.

Und dementsprechend hieß es auch 1812 in § 91: *„Der Mann ist das Haupt der Familie. In dieser Eigenschaft steht ihm vorzüglich das Recht zu, das Hauswesen zu leiten;“* und in § 92 über die Gattin: *„Sie ist verpflichtet, dem Manne in seinen Wohnsitz zu folgen, in der Haushaltung und Erwerbung nach Kräften beizustehen, und soweit es die häusliche Ordnung erfordert, die von ihm getroffenen Maßregeln sowohl selbst zu befolgen, als befolgen zu machen.“*

Entsprechend dieser Sichtweise vom erwünschten Geschlechterverhältnis in der Ehe war klar, daß „Er“ allen Raum für sich beanspruchen konnte und Frau und Kind sich mit Eckchen begnügen mußten, die „Er“ anwies. Ganz klar, daß Frauen auf diese Beschränkung (und Beschränktheit) hin „erzogen“ werden mußten – stand sie doch im Widerspruch zu jeder Wachstumstendenz. Selbstbild und Selbstverwirklichungsstreben der jeweiligen Frau war unerheblich, Hauptsache sie entsprach dem männlichen (Fremd)Bild.

Mit der Familienrechtsreform 1978 wurde dieses „Haupt“ der Familie geköpft. Seitdem ist auch im Privatbereich Partnerschaft angesagt, auch wenn das die ewig Gestrigen nicht zur Kenntnis nehmen wollen.

Buben erlebten in ihrer Erziehung wesentlich mehr Freiheit als Mädchen – immerhin sah das traditionelle Männerrollenbild vor, daß ein künftiges Familienoberhaupt herangebildet werden sollte. So zeigten soziologische Untersuchungen, daß schon kleinste Knaben wesentlich mehr im Freien spielen durften als Mädchen; den Unterschied in der Leibeserziehung (Kraft als Ziel für die Burschen, Schönheit für die Mädchen) kennen wir alle – nur hinterfragen wir ihn nicht.

Erst bei der Ableistung der Wehrpflicht wird der bisherige „Sieger“ zum Befehlsempfänger umdressiert – außer er ist schon früher in eine der zumeist konfessionellen Eliteschulen geraten.

Frauen auf „small is beautiful“ zu trainieren, bringt allen Personen Vorteile, die eine Vormachtstellung beanspruchen: Eltern und Pädagogen bauen ein Fundament, auf dem später Ehemänner und autoritäre Bosse aufbauen können – solange frau sich nicht weiterentwickelt, wächst und mehr Raum zur weiteren Entfaltung beansprucht.

Konditionieren Sie sich durch fördernde Konditionen!

Wachsen, größer und stärker werden wollen, beginnt mit der Analyse des Ist- Zustandes:

- Wie klein/groß bin ich derzeit? (Selbstbild)
- Werde ich angemessen eingeschätzt? (Fremdbild)
- Falls es eine Diskrepanz gibt: Nützt sie mir und/oder meiner Selbstachtung? Schadet sie mir und/oder meiner Selbstachtung?
- In allen Fällen: Soll es so bleiben? Oder will ich etwas daran ändern?
- Und um mögliche Widerstände im voraus bedenken zu können: Wer hat den Nutzen aus der bisherigen „Ordnung"? Und welchen?

Nehmen Sie sich Zeit, folgende Fragen in Ruhe (und wenn möglich schriftlich) zu beantworten:

- Was und wer hat mich in meiner Entwicklung gefördert?
- Was und wer hat mich in meiner Entwicklung behindert?
- Wie konkret ist das abgelaufen? Wie läuft es derzeit?
- Wie kann ich mir wieder solche fördernden Bedingungen schaffen?
- Was muß ich tun, um solche hemmenden Bedingungen zu vermeiden oder abzustellen?

Je präziser Sie die Umstände erkennen, unter denen Ihnen in der Vergangenheit etwas gelungen ist, desto eher können Sie solche Bedingungen neuerlich konstruieren!

- Versuchen Sie auf jeden Fall, sich ein geistiges Bild zu schaffen.
- Achten Sie, beim Anblick welcher Details Sie angenehme Gefühle bekommen!
- Genau diese Details sollten Sie sich wieder verfügbar machen.

Die Kunst des „Ankerns"

Vielleicht haben Sie in der Schule gehört, daß Friedrich SCHILLER immer überreife Äpfel in der Schreibtischlade hatte (positive Formulierung! negativ würde ich „faule" schreiben), weil er bei deren Duft besser dichten konnte: ein klassischer „Anker"! In diesem Fall ein „olfaktorischer".

Anker sind prägende Sinneswahrnehmungen: sie lösen immer wieder selbe Reaktionen, Gefühle, Stimmungen, Verhaltensweisen aus. Es gibt

- visuelle Anker: ein realer Anblick wie „Herzerl in den Augen“ oder Sonnenuntergang oder das Victory-Zeichen, ein geistiges Erinnerungsbild aus der Vergangenheit, eine Vision in die Zukunft.
- auditive Anker: bestimmte Geräusche, Töne, Musik, Worte, Sätze etc. (Ich beispielsweise bin auf „Laras Lied“ aus dem Film „Doktor Schiwago“ geankert, weil ich mich zu dessen Klängen in meinen Ehemann verliebt habe; er braucht mich also nur daran zu erinnern und selbst der größte Zorn verfliegt im Nu und ich bekomme ein weiches Herz!)
- kinästhetische Anker: bestimmte Körperempfindungen (das Streicheln eines sanften Windes), auch Schmerzen, Bewegungen, Berührungen ...
- olfaktorische Anker: bestimmte Gerüche. Fast alle Menschen sind auf den Duft von Keksbäckerei oder soeben verlöschter Kerzen geankert und kommen dadurch in kleinkindliche Weihnachtsstimmung.
- gustatorische Anker: bestimmte Geschmacksempfindungen, etwa der Geschmack eines Kusses, der an einen Verflossenen erinnert. Allerdings sind mir derartige Anker in meiner Praxis kaum untergekommen.

Wir können davon ausgehen, daß kaum jemand, der nicht in NLP – Neurolinguistischem Programmieren, darüber nähere Auskunft am Ende dieses Buches – ausgebildet wurde, bewußt Anker setzt; unbewußt tun wir es immer:

- Wenn Eltern (schauspielernd) ihrem Kind sagen „Wehe Du tust das!“ und dabei den bösen Blick aufsetzen und ihre Stimme drohend machen, versuchen sie, einen visuellen und auditiven Anker anzubringen. Wenn Sie wirklich wütend sind, setzen sie zusätzlich noch einen kinästhetischen: dann empfindet ihr Kind nämlich noch ihre aggressive Energieaufladung (und wird dadurch in seinem Energiegleichgewicht beeinträchtigt und zumindest in seiner psychischen und sozialen Gesundheit geschädigt).
- Wenn Politiker mit Mimik, Gestik, Körpersprache und Stimmeinsatz versuchen, zu beeinflussen und zu überzeugen, wollen sie ihre Programmaussagen verankern. Sie reihen sich damit nahtlos in die Reihe derjenigen ein, die Donnersätze von der Kanzel herablassen, Lernappelle vom Katheder, Urteile vom Richtertisch oder Bonmots von der Showbühne.

Meist wird Angst verankert.

Es werden aber fahrlässig auch andere unerwünschte Gefühle verankert. Sorgen beispielsweise: Wenn eine Klientin zur Sozialarbeiterin kommt und tief deprimiert ist, die Sozialarbeiterin ihr auf die Schulter klopft und etwas Aufmunterndes sagt, dann baut sie sie eine Stunde lang auf – und klopft ihr zum Abschied genau so auf die Schulter; dann kann der Erfolg der Arbeitsstunde weg und die Depression wieder da sein. Deswegen ist es bei Arbeit im sozialen Feld – und dazu gehört auch Menschenführung – wichtig, erwünschte Zustände zu ankern, nicht die gegenteiligen!

NLP – geschulte Verkäufer/innen versuchen manchmal durch Berührung positive Gefühle mit Kaufwünschen zu ankern um die Kaufentscheidung leichter herbeiführen zu können. Achten Sie darauf, welche Kommunikationsformen erfolgreicher Verkaufsprofis bei Ihnen welche Gefühle auslösen!

Lernen Sie, bewußte oder unbewußte Manipulationen zu erkennen:

- Achten Sie auf Ihre Gefühlsreaktionen im Zusammenhang mit Intensivbotschaften.
- Erkennen Sie, worauf Sie am leichtesten reagieren: auf visuelle, auditive, kinästhetische, olfaktorische oder gustatorische Anker.
- Wenn Sie etwas Derartiges wahrnehmen, sagen Sie sich im Stillen (suggestiv): „Aha, der/die probiert jetzt . . ." und beobachten Sie die Person bei Ihrem Tun. Damit distanzieren Sie sich emotional und Ihre Gefühlsreaktion kann nicht intensiv genug werden, daß ein Anker tief gehen kann.

„Erfolg heißt für mich mit allen Sinnen leben:
Ansatzpunkte ertasten,
Visionen erschauen,
Einwände hören,
riechen, was verwirklicht werden will,
und schließlich:
sich den Geschmack des Erfolges
auch genießen trauen."
Rotraud A. PERNER

Lernen Sie aber auch, sich selbst auf erwünschte Reaktionen zu ankern; die Grundstruktur der Selbstprogrammierung kennen Sie ja bereits:

● Wenn Sie ein Erlebnis haben, das Ihnen wundervolle Gefühle vermittelt (z. B. eine Arbeitssituation, in der Sie Ängste überwinden konnten und jetzt zufrieden mit Ihrem Erfolg aufatmen), versuchen sie die Situation GANZHEITLICH zu genießen, was bedeutet, daß
● Sie BEWUSST und GLEICHZEITIG versuchen zu schauen, hören, empfinden, riechen, schmecken, atmen und Ihre Haltung und allenfalls Bewegung zu spüren,
● und GLEICHZEITIG Ihren Seelenzustand zu fühlen
● und einen passenden Suggestivsatz zu denken (zum obigen Beispiel etwa „Ich merke, daß ich die Fähigkeit habe, solch schwierige Situationen zu meistern!") und dann wiederholen Sie innerlich das Schlüsselwort Ihrer Suggestion (hier: „Meistern!") und koppeln es noch einmal mit der ganzheitlichen Selbst-Wahrnehmung.
● Zur Kontrolle können Sie an eine zukünftige Situation denken, die auch schwierig werden kann. Stellen sich diese möglichst genau (und daher selbstverständlich wieder visuell!) vor und sprechen sich, wenn unerwünschte Gefühle hochkommen wollen, wieder Ihr Codewort vor. Wenn die erwünschten Gefühle auftauchen, haben Sie Gewißheit, daß Ihr Anker sitzt.
● Sollte diese Übung noch nicht geklappt haben, machen Sie eine kleine Pause. Loben Sie sich selbst, daß Sie so eifrig und liebevoll an Ihrer Selbstvervollkommnung arbeiten und probieren Sie später alles nochmals.

Wichtig: Ich habe formuliert „noch nicht geklappt". Bauen Sie bitte immer derartige Worte wie „noch" ein, die Ihnen eine Perspektive der Veränderung bieten. Wenn Sie sich innerlich verzweifelt anjammern „Es klappt schon wieder nicht!" oder „Es wird nie klappen!" suggerieren Sie sich Ihr garantiertes Scheitern.

Sie wissen nicht, was die Zukunft bringt!

Sie haben bestenfalls Ahnungen von Schwierigkeiten und Widerständen und davon, was Sie alles noch lernen müssen (positiv formuliert! negativ würde dieselbe Botschaft lauten „was Sie nicht können", besser „was Sie noch nicht können"). Es liegt an Ihnen, ob Sie sich nun ärgern, daß Sie noch etwas lernen sollen oder daß Sie sich freuen, draufgekommen zu sein, wie Sie wieder etwas verbessern können.

Sie sind die Regisseurin Ihrer geistigen Bilder!

Sie allein entscheiden, ob Sie eine Tragödie, eine Komödie oder einfach nur eine Inszenierung programmieren. Es liegt an Ihnen, ob Sie das Drehbuch, das Ihnen Ihre Eltern mitgeliefert haben, ohne Korrektur in Szene setzen, oder ob Sie es nach Ihren Wünschen umschreiben.

Erlauben Sie nicht, daß alte „Selbstwertkiller“ (Personen oder deren Worte) weiterhin ihr Unwesen treiben.

Alles, womit wir in Kontakt kommen, was wir „erleben“, versorgt uns mit Information: der Boden, auf dem wir stehen, die Kleidung, die unsere Haut umhüllt. Was wir uns einverleiben, informiert uns . . . nicht nur, was wir sehen oder hören oder auch spüren. Information bedeutet aber auch Veränderung: wenn ich eine Information aufgenommen habe, hat sie mich bereits zumindest unbewußt verändert. Aber auch wenn ich sie verarbeitet habe, ist Bewußtheit noch nicht unbedingt die Folge.

Je bewußter wir uns damit beschäftigen, welche Informationen wir an uns heranlassen – auch wenn das Angst auslösen mag und/oder zu Konflikten führt –, desto eher können wir Kontrolle ausüben und Schädigungen verhindern. Unbewußtes ins Bewußtsein heben, das lautet in den Worten FREUDs: „Wo Es war, soll Ich werden.“

Das beginnt schon mit den Märchen, die uns vorgelesen werden.

Auf ihrer tiefsten Bedeutungsebene sind sie Informationen zur Bewältigung archetypischer Konfliktsituationen. Auf höherer, „oberflächlicher“ Ebene geben sie eine Alternative zur Bewältigung alltäglicher Konfliktsituationen, z.B Neid und Konkurrenz, und helfen kleinen Kindern, sich in der Welt zu orientieren. Und ganz vordergründig sind sie elterliche Suggestionen zur Lenkung des Verhaltens ihrer Kinder.

- Und was ist Ihr Lieblingsmärchen?
- Um welchen Konflikt geht es darin?
- Welche Lösungsmöglichkeit wird propagiert?
- Haben Sie die nachgespielt? Oft?
- Haben Sie damit Erfolg gehabt?
- Hat das Märchen Drehbuchqualität in Ihrem Leben?
- Vermittelt es Hoffnung?
- Wenn nicht, löschen Sie es aber schleunigst! Wie, wissen Sie bereits: durch eine Gegensuggestion. Dichten Sie Ihr Märchen nach Ihren Wünschen um und verankern Sie den neuen Inhalt.

Denken Sie aber auch darüber nach, wer Ihnen dieses Märchen vermittelt hat und was der Inhalt mit dem Leben dieser Person zu tun hat. Ob da wieder einmal jemand versucht hat, Sie zu klonen. Wählen Sie Abstand.

So wie es Früchte gibt, die giftig sind, selbst wenn sie nicht so aussehen, und wie Speisen verderben können und damit giftig werden, so gibt es auch Worte, Sätze, die reines Gift darstellen. Und es gibt Menschen, „Brunnenvergifter", die so viel Gift eingespeichert (bekommen) haben, daß ihre Sprache davon trieft, selbst wenn dies nicht ihrer Absicht entspricht.

Wenn Sie erkannt haben, daß Ihnen der Kontakt mit diesen Menschen nicht gut tut – gehen Sie in schützende Distanz. Eine Qualle umarmen wir ja auch nicht und freuen uns, wenn wir dann Quaddeln bekommen, sage ich häufig überspitzt, damit sich endlich einprägt, daß es schon in unserer Verantwortung liegt, wie wir mit Negativinformationen umgehen.

Viele Frauen neigen dazu, wie brave kleine Mädchen auszuhalten, höchstens ein Klagelied anzustimmen, und zu warten, daß von irgendwoher ein Held und Retter erscheint. Sie verzichten darauf, ihren „inneren Helden" zu entwickeln oder zu aktivieren, weil ihnen dies „unweiblich" erscheint. Sie bleiben lieber „weiblich" = kindlich und damit „liebenswürdig" und lassen um diesen Preis anderen die Qualität des Handelns, sprich: die Macht (welches Wort ja bekanntlich von „machen" stammt).

Aus der Fülle der möglichen Verhaltensweisen die passende zu wählen, grenzt an Kunst – und die kommt bekanntlich von Können.

Erwin RINGEL zitiert immer das Gebet der Anonymen Alkoholiker. Es stammt vom schwäbischen Theologen ÖTINGER aus dem 18. Jahrhundert und lautet:

„Gott, gib mir die Gelassenheit,
die Dinge hinzunehmen, die ich nicht ändern kann.
Den Mut, die Dinge zu ändern, die ich ändern kann.
Und die Weisheit, das eine vom anderen zu unterscheiden."

Bedenken Sie aber auch, daß anscheinend negative Erlebnisse zumeist auch positive Effekte zeitigen!

Wir erkennen zumeist nur, welchen Erfolg im Sinne von „Sieg" wir nicht hatten – und bedenken nicht, welchen Lernerfolg wir erzielen könnten oder konnten.

Jeder Fehler ist eine Gelegenheit, etwas besser zu machen!

In jeder Negativerfahrung steckt auch eine positive; wesentlich ist, daß Sie

- erstens die Bandbreite zwischen den beiden jeweiligen Polen erkennen (in unserem Beispiel: der Feigheit/Selbstunsicherheit, sich nicht gegen einen „Brunnenvergifter" abgegrenzt zu haben, steht die Großmut/Selbstsicherheit gegenüber, auf Abgrenzung verzichten zu können),
- zweitens wissen, welche der beiden Randpositionen die Ihnen vertraute ist (hier brauchen Sie nichts dazuzulernen) und
- drittens: welcher kleine Wachstumsschritt in dieser Situation angebracht (gewesen) wäre – damit Sie weiter üben können.

Auch Unterliegen will gelernt sein; das weiß jeder Sportler. Vielleicht liegt darin auch das Geheimnis, wieso Manager mit vergangenen Sportkarrieren so erfolgreich sind.

Die einseitige Ausrichtung auf Sieg kommt wohl daher, daß wir das Schimpfen unserer Eltern verinnerlichen und so wie sie an uns selbst herumnörgeln, wenn wir in Konkurrenz zu anderen Kindern „versagen". Es gibt allerdings auch das Gegenteil: Immer sind nur die Anderen schuld, die Lehrer aufsässig oder bestochen und wir vermeinen, die unschuldigen Opfer zu sein. Auch diesen Blickwinkel erlernen wir von unseren Bezugspersonen der frühen Kindheit.

„Das Tun des Einen ist das Tun des Anderen" lautet der Titel eines Buches von Helm STIERLIN. Zu glauben, allein der/die andere sei „schuld" und man/frau selbst „unschuldig", heißt an der Polarität von Täter und Opfer festzuhalten. Wer die Ordnung stört, muß weg. Wieder ein klassisch „männlicher" Glaubenssatz und traditionelle Spielregel im Gerichtssaal.

Carol GILLIGAN hat in ihrer Studie zum Unterschied von männlicher und weiblicher Moral (deren Existenz ja lange Zeit grundsätzlich bestritten wurde) beeindruckend nachgewiesen, wie schon kleine Buben linear in Entweder-Oder-Kategorien denken, während Mädchen nach mehr als zwei Lösungen suchen und dabei erstaunliche Kreativität beweisen.

Leider glauben manche Frauen, dadurch Erfolg zu erlangen, daß sie männliche Verhaltensweisen kopieren. Sie erscheinen dann oft „päpstlicher als der Papst“ und fallen ihren Geschlechtsgenossinnen voll in den Rücken.

Alleinige Schuldzuweisungen können zwar kurzfristig erleichtern, vermitteln aber weder Einsicht noch ein Erfolgsmodell. Daher lohnt sich ein Abgehen von der üblichen linearen Betrachtungsweise von Ursache und Wirkung hin zu einer komplexen: was alles wirkt wie und weshalb aufeinander ein?

Scheuen Sie sich nicht, Ihre Fehler – Ihre „weniger guten“ Verhaltensweisen – zumindest vor sich selbst zuzugeben (was nicht mit Beklagen gleichzusetzen ist!). Das ist ja Voraussetzung jeder Analyse.

Denken Sie komplex: bleiben Sie nicht bei Ihrem eigenen Verhalten hängen, sondern bedenken Sie, daß Sie eine Biographie voller Suggestionen haben. Sie agieren nach (erlernten) gesellschaftlichen Spielregeln und wollen bestimmten Personen und -gruppen gefallen. Vieles, was diesem unbewußten Drehbuch entspricht, widerspricht aber den inneren Wachstumskräften. Das berühmte mulmige Gefühl – „es magerlt mich“ – ist nichts anderes als ein körpersprachliches Signal, daß Ihr Selbstwertgefühl verletzt wurde; möglicherweise sogar durch Sie selbst!

Das Unbewußte kennt keine Zeit.

Erinnern Sie sich an die Metapher vom Eisberg? All die Indoktrinationen, die wir seit unserer Geburt von all den Personen, die uns erziehen wollten, durch Medien und sonstiger kommerzieller oder ideologischer Propaganda erfahren haben, lagern unter der „Wasseroberfläche“ Bewußtheit. Sie tauchen ab und zu auf, meist dann, wenn wir nicht damit rechnen.

- Das Unbewußte ist immer achtsam, auch wenn es das Bewußtsein nicht beachtet. Es speichert alle Informationen ohne daß wir das merken.
- Das Unbewußte weiß alles, was wir wissen können, auch wenn uns dieses Wissen bewußt nicht zugänglich ist. Dieses „Archiv“ an Erfahrung kann in Tiefentspannung abgerufen werden.

- Das Unbewußte kennt keine Zeit. Daher können vergangene verletzende Erlebnisse mit tiefenpsychologischen Methoden – „Erinnern, wiederholen, durcharbeiten“ (FREUD) – im Hier und Jetzt gelöscht und anders neu erlebt werden.
- Das Unbewußte denkt in Bildern. Daher bedeutet Visualisieren ebenso wie Zeichnen und Malen direkte Zugangsmöglichkeit zum Unbewußten. (Es gibt aber noch andere.)
- Das Unbewußte denkt wortwörtlich. (Beispiel: eine Klientin träumt, der Karlsplatz in Wien ist öd und „leer“; ihr Freund, der sie soeben ohne klärende Gespräch verlassen hat, heißt Karl: Karls Platz ist leer.)
- Das Unbewußte gibt Sinneswahrnehmungen und Gefühlen wesentlich mehr Wirkungskraft als unser Bewußtsein. (Beispiel: eine Klientin träumt, sie fährt mit ihrem Auto und bekommt Panik, daß es immer schneller werden und ein Unfall passieren könnte: in der Realität muß sie aufgrund ihrer Arbeitsüberlastung immer schneller arbeiten. Die ersten körperlichen Ausfälle will sie nicht wahrnehmen.)
- Das Unbewußte denkt positiv. Negationen werden unbearbeitet verworfen.
- Das Unbewußte will immer nur unser Bestes, auch wenn wir das oft nicht erkennen können. (Jeder körperliche oder seelische Schmerz ist ein körpersprachliches Warnsignal und will beachtet werden – so wie wenn beim Autofahren das rote Lämpchen aufleuchtet: es will uns sagen, daß wir den Öldruck kontrollieren sollen, nicht, daß wir es herausschrauben sollen, damit es uns nicht mehr stört!)
- Im Unbewußten wirken die psychischen Instanzen „Es“ (unsere „ungebildeten“ Triebe), „Ich“ (unser reifes, selbstbewußtes, verantwortliches Entscheidungsvermögen nach „Realitätsprüfung“) und „Über-Ich“ (die verinnerlichte Eltern-Instanz, das „Gewissen“).
- Innerseelische Konflikte bestehen grob gesagt darin, daß Über-Ich und Es widerstrebende Ziele verfolgen: eines will und das andere verbietet oder leistet Widerstand. Mit zunehmender Ich-Stärke gelingt es uns, diese interne Polarität auszugleichen: „Wo Es war, soll Ich werden“.

Eben weil unser Unbewußtes zeitlos ist, ist es nie „zu spät“, vergangene Situationen, von denen Sie „spüren“, daß sie nicht optimal bewältigt wurden, nochmals durchzuarbeiten.

Nutzen Sie Ihre Gedankenkraft (und die Vorteile, die sich zeigen, wenn Sie Ihre Gedanken aufschreiben) und üben Sie immer wieder die Grundtechnik zur Selbst-Bewußtheit:

- Analysieren Sie, wer Ihnen in welcher Situation welche Suggestivbotschaft (Worte, Verhalten, dazu zählt auch Ignoranz!) gegeben hat.
- Welchen Vorteil hatte diese Person davon? Was wollte sie damit verhindern?
- Wie haben Sie damals darauf reagiert? War das im Sinne dieser Person? Dann haben Sie zumindest bewiesen, daß Sie (unbewußte) Forderungen erfüllen können.
- Überlegen Sie jetzt weiter: welches Verhalten hätten Sie setzen können, das zu Ihrem Vorteil gewesen wäre? (Mehrfachnennungen erwünscht) Und wie hätte Ihr Gegenüber darauf reagiert? Hätten Sie diese Reaktion ausgehalten? Nein? Dann haben Sie zumindest Weitsicht und Überlebenskunst bewiesen.
- Stellen Sie sich jetzt vor, was Sie damals gebraucht hätten, um sich anders verhalten zu können: vielleicht mehr Information, vielleicht mehr Beharrungsvermögen, vielleicht Helfer . . .
- Geben Sie sich jetzt Bestätigung: „Mit meinen damaligen Informationen/Kräften/Möglichkeiten . . . habe ich mich zu meinem größtmöglichen Schutz verhalten. Heute habe ich mehr Information/Kraft/Möglichkeiten . . ., deshalb kann ich mich . . . (anders) verhalten."
- Spüren Sie den Unterschied zwischen damals und heute.

Körperlich: „Verkörpern" Sie Überlegenheit: Richten Sie sich auf, atmen Sie tief, spüren Sie Ihre Energie fließen.
Seelisch: Fühlen Sie sich überlegen – wohlinformiert, kräftig, sicher.
Geistig: Denken Sie an Ihre Fähigkeiten, zu überlegen: Sie haben so viele Möglichkeiten, Fehlendes zu besorgen.

- Spüren Sie, wie Sie wachsen.

Erlauben Sie sich, zu wachsen.

- Sollten Sie Hemmung oder Angst verspüren, denken Sie bitte daran, daß es ganz normal ist, daß Wachstum von Wachstumsschmerzen begleitet wird. „Angst" kommt von „Enge". Jene im Brustraum etwa, die sich aus flacher Atmung oder dem Anhalten der Luft ergibt. Hören wir auf, den Atemfluß einzuschränken – und dieses Gebot können wir uns willentlich geben – folgt mit dem nächsten Einatmen unweigerlich Weitung, Weite.

Diese Erfahrung macht deutlich, weshalb erste Emanzipationsschritte unserer Ahninnen auch die Verweigerung des Korsetts mit sich brachten – und auch später erkannten immer mehr Frauen, wie sie durch angeblich modische Einschnürungen in ihren Wachstumsmöglichkeiten behindert werden: Gürtel trennen Oberleib und Unterleib und verhindern so einen ungestörten Energiefluß (und damit auch allzu sexuelle Unterleibssensationen), Riemchenschuhe betonen die Fesseln – welch gefängnisträchtiger Name! – und lösen damit möglicherweise durchaus erwünschte Phantasien aus, verhindern aber auf jeden Fall Standfestigkeit und Fluchtvermögen.

Körper, Seele und Geist bilden eine Einheit. In diesem Sinne formuliert auch die Weltgesundheitsorganisation WHO Gesundheit nicht nur als Fehlen von Krankheit, sondern als „vollkommenes körperliches, psychisches und soziales" und neuerdings auch „spirituelles Wohlergehen". Vollkommene Gesundheit bedeutet, daß Denken und Seelenleben auch „verkörpert" wird. Störungen werden demnach nicht nur im Körper spürbar und sichtbar, sondern – wie Gerda BOYESEN erforscht hat – auch hörbar. Sie verändern auch die seelische Befindlichkeit wie auch die geistige Ausrichtung verändern. Daraus ergibt sich, daß eine Veränderung unserer Körperhaltung ebenso Wirkung zeigt wie eine Änderung in unseren Denk- und Fühlmustern.

Lernen Sie Polaritäten zu auszugleichen!

Unter den vielen Denkmustern finden wir als häufigste folgende Polaritäten:

- Lineares versus Komplexes Denken:

Lineares Denken sucht nach *einer* geradlinigen Verbindung von Ursache (A) zu Wirkung (B). Typische Beispiele finden wir in der Juristerei; beispielsweise beim Verursacher-Prinzip im Schadenersatzrecht. Wer linear denkt, sucht meist *einen* Schuldigen.

Komplexes Denken sucht nach Vernetzungen: was alles (A1, A2, A3, ...) auf B wirkungsvoll Einfluß hat und welche Auswirkungen von B ausgelöst werden. Wer komplex denkt, verzichtet auf die Suche nach Schuldigen, sondern konzentriert sich auf Verbesserungsmöglichkeiten.

- Negatives versus Positives Denken:

Erinnern wir uns an ein zu 50% gefülltes Trinkglas – ein Pessimist wird

es als „halb leer" wahrnehmen, ein Optimist wird sich über „noch halbvoll" freuen.
Negatives Denken „malt den Teufel an die Wand" – und dann ist er auch gegenwärtig. Positives Denken skizziert einen Engel.
Wer negativ denkt, wird sich etwa als „schlampig" orten.
Wer positiv denkt, wird dasselbe Verhalten als „großzügig" bezeichnen.

- Strukturiertes versus unstrukturiertes Denken:

Strukturiertes Denken geht nach vorgegebenen Mustern vor oder versucht solche aus dem konkreten Vorgehen zu formen. Es ist damit leicht nachvollziehbar und kontrollierbar und kann als Methode oder Technik gelehrt und gelernt werden.
Unstrukturiertes, sogenanntes „chaotisches" Denken folgt scheinbar keinerlei Ordnungsmustern, gilt daher als wirr, unlogisch oder bestenfalls originell. Herauszufinden, wie es funktioniert und damit kopierbar wird, ist Ziel der Kreativitätsforschung.

- Hierarchisches Denken versus Teamdenken:

Wer sein (selten ihr!) Denken auf Hierarchien ausrichtet, sucht immer eine vertikale Rangordnung: wer ist Erster, wer schafft wem an, wer kann welche Sanktionen anordnen?
Entscheidungen sollen nach diesem Denkmuster einsam fallen und verantwortet werden.
Diejenigen, die sich als Teil eines Teams von Gleich-Berechtigten verstehen, suchen immer Gleichheit auf einer horizontalen Ebene: niemand soll sich hervortun, alle sollen sich immer einigen, Störungen sollen vorrangig mitgeteilt werden, damit gemeinsam eine Lösung gefunden werden kann und Sanktionen nicht notwendig werden.
Entscheidungen trifft und verantwortet man gemeinsam, auch wenn das viel Zeit braucht.
Sozialwissenschaftliche Forschungen haben ergeben, daß Männer zu hierarchischem Denken tendieren. Frauen hingegen streben vorrangig nach Harmonie. Allerdings ist nach wie vor strittig, wie weit diese Geschlechterdifferenz genetisch bedingt oder anerzogen ist; dieses „entweder – oder" stellt allerdings schon wieder ein Beispiel für klassisches (männliches?) Hierarchiedenken dar!

- Handlungsorientiertes versus reflexives Denken:

Auch diese polaren Denkmuster weisen nach soziologischen Untersuchungen auf eine Geschlechterdifferenz hin: Männer denken bei auftauchenden Problemen eher „Was ist zu tun?“, Frauen hingegen geben Raum und Zeit, die damit verbundenen Gefühle zu äußern; die Erfahrung – vor allem auch aus der lebensberatenden und psychotherapeutischen Arbeit – zeigt, daß nach solch einem Gefühlsausdruck der vorerst fehlende Handlungsimpuls spontan auftritt.

Auch unsere Denkmuster lernen wir an den Vorbildern der frühen Kindheit. Ist etwa ein Elternteil ein linearer Schwarzmaler, braucht es schon kräftiger Alternativmodelle und/oder Trainings, um zum Überblick und Positivdenken zu gelangen. Und wer auf Struktur und Hierarchiegehorsam dressiert wurde, erlebt meist ein innerseelisches „Stirb und werde“, wenn verschüttete Kreativität und Wünsche nach Nähe aufbrechen.

Der psychisch gesunde Mensch hat alle Denkmuster zur Verfügung und wählt je nach Anlaßfall bewußt, geplant, oder unbewußt, spontan, das passende aus. Leider ist er eine Kunstfigur. Denn so wie es niemand gibt, der nicht etliche kleinere oder größere Narben hat, gibt es auch niemand, der nicht psychische Verletzungen erlitten hätte. Allerdings besteht ein wesentlicher Unterschied darin, ob jemand mit Narben lebt oder mit tief klaffenden, blutenden Wunden.

Auch Fühlen unterliegt dem Modellernen!

Nehmen wir beispielsweise eine Frau, die entdeckt, daß eine Kollegin sie kopiert. Sie entscheidet, ob sie sich darüber ärgern will, ob sie rachsüchtig wird, ob sie sich nur wundert oder gar amüsiert. Sie wählt das passende oder unpassende Gefühl, mit dem sie reagiert. So wie wir beim Schifahren die Wahl haben, in der Spur unserer Vorläuferin nachzufahren oder unsere eigene zu bahnen, so können wir auch bei unseren Gefühlen Vorbildern nacheifern – und wir tun's auch. Leider.

So toben viele Frauen der Teenagergeneration der Fünfziger Jahre in direkter Nachfolge von Gina Lollobrigida oder Anna Magnani bei Partnerschaftskonflikten, weil sie es so aus dem Kino in (visueller) Erinnerung haben. Die dazugehörigen Männer spielen James Dean oder John Wayne, schweigen, schlucken alles runter und züchten Magengeschwüre. Eltern wie auch Moviestars bieten fast nur Modelle fürs Privatleben – für den Beruf fehlen sie völlig, zumindest für Frauen.

Überprüfen Sie Ihre Begabung zur Selbstprogrammierung:

■ Erinnern Sie sich an eine kleine Traurigkeit – und schon werden Sie sie fühlen. Lassen Sie nur die Schultern hängen. Richten Sie den Blick depressiv gegen den Boden, suchen Sie mit Ihrer Inneren Achtsamkeit nach weiteren Wundgefühlen – keine Schauspielerin könnte sich besser in stille Verzweiflung hineinsteigern. Anleitung zum Unglücklichsein in Reinkultur, diesmal aber bewußt inszeniert. Unbewußt programmieren wir uns nach demselben Muster: wir üben eine bestimmte Mimik, Gestik, Wortwahl, die wir in ähnlichen Situationen schon erlebt haben. Und natürlich strahlen wir dann großteils dasselbe aus wie unsere seinerzeitigen Vorbilder.

Ebenso können wir uns aber auch bewußt auf die Gefühle hin programmieren, die wir gerne erleben wollen:

● Variante A: Wir dokumentieren eine Situation, wie wir uns üblicherweise konkret verhalten – wie wir uns körperlich halten und atmen, wie wir schauen und reden, gestikulieren etc. Dann gehen wir Punkt für Punkt durch, was wir daran verbessern könnten. Dann „probehandeln" wir geistig und verbessern weiter. Wenn wir mit unserer Regie zufrieden sind, debütieren wir bei nächster Gelegenheit.

● Variante B: Wir suchen in unserem Erfahrungsschatz ein geeignetes Vorbild. Dann spielen wir es einfach nach.

● Variante C: Wir suchen in unserer biographischen Erinnerung nach einer Situation, in der wir genau die Gefühle hatten, die wir jetzt so gerne hätten. Entspannte Selbstsicherheit etwa. Dann erlauben wir uns einen Tagtraum:

○ Wir holen das geistige Bild jener Situation,

○ sehen uns, wie wir damals aussahen.

○ Vielleicht hören wir auch, was wir damals gehört haben (lobende Worte zum Beispiel),

○ oder wir riechen den Duft des Ambiente,

○ und erinnern möglicherweise sogar einen Geschmack.

○ Auf jeden Fall aber rufen wir das Gefühl, das wir damals hatten,

○ und die Körperempfindung wach.

○ Wenn wir das alles wieder so richtig gegenwärtig haben, kontrollieren wir unsere augenblickliche Körperhaltung und Atmung und passen sie der seinerzeitigen an. Wir erlauben uns, die damaligen Gefühle wieder und wieder zu genießen,

○ und verknüpfen dieses Wohlgefühl vielleicht auch noch mit einem Codewort, damit wir in Zukunft „aufs Wort“ hin wissen, welche Gefühle wir aus der Erinnerung abrufen wollen.

Listen Sie abschließend noch einmal auf:

- In welchen Berufssituationen ist Ihr Verhalten verbesserungswürdig?
- Ist eine Verbesserung sinnvoll/notwendig/lohnt sich der Energieaufwand für eine Veränderung überhaupt?
- Welches erlernte Denk- und Fühlmuster steckt hinter dem bisherigen Verhalten? Was bekommen/bekamen Sie als Preis dafür? (z. B. Streicheleinheiten, weil Sie diejenige sind, mit der es keinen Ärger gibt?)
- Wenn Sie auf diesen Profit verzichten: was tauschen Sie – kurzfristig und langfristig – dagegen ein? (Vielleicht Autonomie gegen Streicheleinheiten?)
- Spricht etwas gegen die geplante Veränderung? Gäbe es schwerwiegende Nachteile? Oder sind solche Befürchtungen nur Mythen, die auch wieder von den Bezugspersonen Ihrer Kindheit erdichtet wurden?

Zum Weiterlesen:

Hedwig v. BEIT, „Symbolik des Märchens“, Francke 1952

Bruno BETTELHEIM, „Kinder brauchen Märchen“, DVA 1975/1977

Gerda BOYESEN, „Über den Körper die Seele heilen“, Kösel 1985/1987

Roswitha BURGARD, „Wie Frauen ‚verrückt‘ gemacht werden“, Orlanda Frauenverlag 1988

Norbert ELIAS/John L. SCOTSON, „Etablierte und Außenseiter“, Suhrkamp 1990

Iring FETSCHER, „Wer hat Dornröschen wachgeküßt? Das Märchen-Verwirrbuch“, Fischer 1972

Marie-Louise v. FRANZ, „Psychologische Märcheninterpretation“, Kösel 1970/1986

Carol GILLIGAN, „Die andere Stimme“, Piper 1982/1984

Abraham MASLOW, „Motivation und Persönlichkeit“, Rowohlt 1954/1981

Alice MILLER, „Am Anfang war Erziehung“, Suhrkamp 1980

Michael MITTERAUER/Reinhard SIEDER, „Vom Patriarchat zur Partnerschaft“, C. H. Beck 1977

Rotraud A. PERNER, „Die Kunst, Frauen verrückt zu machen“ in: Ursula ACHTSNIT, Hg., „Wieviel halten Frauen aus?“ IWK 1993

Rotraud A. PERNER, Hg., „Menschenjagd. Vom Recht auf Strafverfolgung“, Donau Verlag 1992

Erwin RINGEL/Alfred KIRCHMAYR, „Religionsverlust durch religiöse Erziehung“, Herder 19865

Traude ZEHENTNER, „Bauchgedanken Kopfgefühle“, Frischfleisch

SCHATZKAMMER

Erkenne Dich selbst und bestätige Dich!

„Nicht links im Gehirn, wo die Ratio sitzt,
sondern rechts, wo die Phantasie wohnt,
muß der Manager es haben."
Joachim PREUSS

Unser Gehirn stellt einen enorm leistungsfähigen Informationsspeicher dar, das wissen wir aus der Gehirnforschung; eine komplexe Verkabelung auf elektrochemischer Basis mit Hilfe besonderer Botenstoffe, den Neurotransmittern, ermöglicht unvorstellbare Kapazitäten der Informationsverarbeitung und Kommunikation der Systeme im Körper untereinander.

Diese unermeßliche Kapazität unseres Biocomputers nützen wir aber kaum aus.

In jüngster Zeit können wir oft in der Populärpublizistik vom „links"- und „rechtshemisphärischen Denken" lesen. Eigentlich ist diese Formulierung irreführend. Denn naturgemäß denken wir stets mit beiden Gehirnhälften. Aber die Gehirnforschung hat aus der Beobachtung von Ausfällen nach Gehirnverletzungen herausgefunden, daß bestimmte Fähigkeiten in bestimmten Gehirnarealen loziert sind: So ergaben Untersuchungen, daß Menschen, deren linke Gehirnhälfte in bestimmten Bereichen lädiert war, beispielsweise für den Gegenstand „Schlüssel" den Namen nicht sagen konnten. Sehr wohl „wußten" sie aber, was damit anzufangen sei; befand sich aber solch eine Läsion in der entsprechenden Region des Rechtshirns, wußten sie zwar die Bezeichnung „Schlüssel", konnten aber mit dem Instrument nicht mehr umgehen.

So wurde die linke Gehirnhälfte, die die rechte Körperhälfte steuert und die rechnerischen und sprachlichen Fähigkeiten beherbergt, die in der Schule in den sogenannten Hauptfächern unterrichtet werden, als „digitale" bezeichnet. Die rechte Gehirnhälfte gab lange Zeit Rätsel auf, bis erkannt wurde, daß sie für Intuition, Erfindungsgabe, Kreativität, Künste, Musik und Bewegungsgefühl sorgt. Sie wurde mit dem Namen „analoge" versehen.

Frauen wurden lange Zeit wegen ihres sogenannten „sechsten Sinnes“ belächelt. Heute wissen wir aufgrund ausgiebiger Studien, daß Frauen besser „integriert“ denken. Sie sind weniger einseitig linkshemisphärisch übertrainiert sind als Männer. Die Ursache sehe ich darin, daß sich die Unterrichtsziele seit der Industrialisierung weitgehend nach den Erfordernissen einer auf Wettbewerbsvorteile und die Erschließung neuer Märkte orientierten Wirtschaft richten. Damit sollen vor allem Techniker produziert werden.

Mädchen wurde lange Zeit die Eignung für „Männerberufe“ abgesprochen. Sie galten als „technisch unbegabt“ und dementsprechend wurden „höhere Töchter“ – Fremdsprachen ausgenommen – einseitig rechtshemisphärisch „gebildet“: Ballettstunden und Klavierspielen, Poesie erdichten und Aquarelle malen . . .

In der Zwischenzeit haben Zukunftsforscher recht behalten, die schon vor Jahren vor einer einseitig linkshemisphärisch ausgebildeten Elite von Managern warnten: sie würden die Probleme der Weltwirtschaft der Zukunft mit ihren digitalen Methoden kaum lösen können. Seitdem werden Männer in Führungspositionen zur Entwicklung dieser lange Zeit vernachlässigten „weiblichen“ Fähigkeiten trainiert.

Frauen hingegen haben Nachholbedarf an „Männlichkeit“ wie Aktivität, Selbstbehauptung, Durchsetzungskraft, Härte.

Was jungen Männern traditionell in Sportausbildungen oder bei der Ableistung des Wehrdienstes „beigebracht“ wird – die Bezwingung des eigenen wie auch des fremden Körpers – ahmen Frauen heute nicht nur in Befolgung mancher „Modediktate“ nach. Sie unterliegen auch der Fehleinschätzung, es zeuge von Karrierequalifikation, nach intensivem Arbeitseinsatz keine Erholungspausen zu brauchen.

Nicht so gut wie möglich, sondern so gut wie nötig!

In jungen Jahren betreiben Frauen vielfach noch ohne gravierende Folgen Raubbau an der Hardware „Körper“: sie hören nicht auf die (rechtshemisphärisch gesteuerte) „innere Stimme“, die den klassischen „Disstress“, die Überbeanspruchung, meldet. Aber auch weniger erfolgsorientierte Frauen entkommen dem „Verfolger Streß“ nicht. Sie neigen oft dazu, sich zu wenig herauszufordern. Ein Motor, der andauernd untertourig gefahren wird, geht aber auch kaputt.

Achten wir wiederum auf die allgegenwärtigen Suggestionen, die Software: gelobt – „positiv verstärkt" – wird, wer nie im Krankenstand war. Wer locker einen Vierzehnstundentag durcharbeitet, wer Arbeit mit nach Hause nimmt, wer zusätzliche – kostenlose – Helfer organisieren kann, wird anerkannt. Solche Eigenschaften werden vor allem in Selbstdarstellungen hervorgehoben. Solche Eigenschaften nützen vor allem dem Arbeitgeber (und sicherheitshalber erinnere ich noch einmal an die paradoxe Suggestion der Verwechslung von Nehmen und Geben.)

Wenn wir nun die Frage stellen, wer besonders leicht diese Vorgaben als „Held der Arbeit" erfüllen kann, kommen wir wiederum auf den Prototyp des Mannes, der seinen Haushalt nicht selbst führen muß. Denn dies nimmt ihm die treu sorgende Mutter, Ehefrau, Freundin oder Haushälterin ab. Er hat daher nicht das Problem, daß der Eiskasten gefüllt und die Kleidung für den nächsten Tag gebügelt ist. Er kann Bedienung einfordern, wenn eine Postarbeit volle Aufmerksamkeit erfordert. Er kommandiert seine Heinzelweibchen, wenn ein Kind krank ist und konsumiert sicher nicht Pflegeurlaub oder einen eigenen Krankenstandstag. Das ist sein übliches Rollenverhalten.

Wenn frau sich ebenso verhält, bekommt sie kein Lob. Da stellt man(n) die Frage, wieso kann sie das? Wieso läßt ihr Mann das zu? Ah, sie hat keinen! oder: Ah, sie hat eine Mutter! Kauft sie professionelle Dienste zu, läuft sie Gefahr, in der Achtung als „richtige Frau" zu sinken.

Stellen wir aber die konkrete Frage: In wessen Achtung?, so zeigt sich: in jener der Kolleginnen, die Konkurrentinnen sind. Von ihnen ist kaum Fairneß zu erwarten, denn sie wollen in ihrer eigenen Entscheidung, auf derartige Organisationsformen zu verzichten, nicht in Frage gestellt werden. Sie haben ein massives Interesse, andere Lebenskonzepte herunterzumachen. Auch die meisten Männer, die Frauen in der traditionellen Hausfrau- und Mutterrolle sehen wollen, werden ihre Strategie der Verdammung nicht aufgeben.

Gehen Sie ökonomisch mit Ihren Ressourcen um!

Bevor Sie beginnen, sich anzustrengen, sollten Sie sich daher fragen:

- Was will ich damit bezwecken?
- Kann ich sicher sein, daß ich damit dieses Ziel erreiche?

Habe ich damit alle Einflußfaktoren unter Kontrolle? Oder kann mir jemand/etwas einen Strich durch die Rechnung machen?

- Gibt es eine weniger aufwendige Methode, dieses Ziel zu erreichen?
- Was sind jeweils die Vorteile und Nachteile?
- Wie stehen jeweils die Realisierungschancen?

Auf Lob, Anerkennung, Bestätigung zu zielen, heißt, anderen Macht über einen selbst zu geben. Sich selbst zu bestätigen, heißt, sich diese Macht zurückzuholen.

mach deine Arbeit
tu deine Pflicht
und alles andere
störe dich nicht
gib deine Hoffnung
in der Portierloge
ab
steck dein Bewußtsein
in die
Gleitzeituhr
und deine Träume
häng'
in die Garderobe
arbeite nur -
der Freude
Tränen
kommen
von alleine.

Traude ZEHENTNER

Wenn uns daher immer wieder eingeredet – suggeriert – wird, für müßten „perfekt" bis ins kleinste Detail sein, spielen andere mit uns das Aschenbrödel-Spiel: erst die Erbsen, dann die Linsen, dann die Bohnen . . .

Irgendeine Ausrede findet sich immer. Wer also unkritisch die Vorgaben erfüllt, läuft wie der vielzitierte Esel der Karotte vor der Nase nach. Den Vorteil haben die anderen. Zumindest den, uns beschäftigt und uns daher weit ab vom Ort des wesentlichen Geschehens zu halten. Das verunsichert uns in der Beurteilung der eigenen Leistung, in der Beurteilung der Glaubwürdigkeit der anderen und in der Beurteilung unserer Selbstbehauptungsfähigkeiten.

Je unsicherer wir sind, desto mehr sind wir von der Bestärkung durch andere abhängig. Umso mehr werden wir versuchen, diese Verstärkung sicher zu erlangen. Wir werden dann dazu neigen, uns diesen wichtigen Bezugspersonen anzupassen – wie kleine Kinder den Erwartungen ihrer Eltern.

In dieser Anpassung werden wir aber immer weniger als eigenständige Personen erkennbar. Wir laufen Gefahr, zum lästigen Anhängsel zu werden.

Wenn wir dagegen uns in unserer Eigenheit zeigen, sind wir als Person erkennbar und identifizierbar: wir zeigen Persönlichkeit. Logisch, daß wir damit angreifbar werden: unsere Position ist ersichtlich und alle, die uns von unserem Standpunkt weg haben wollen, werden versuchen, uns zur Aufgabe unserer Position zu bewegen.

Wenn Sie daher nicht die schattenhafte Erfüllungsgehilfin sein wollen, die nur auftragsgemäß agiert und kaum in Erscheinung tritt, müssen Sie „Flagge zeigen“: sich als eigenständige Person zum eigenen Profil bekennen, was heißt, daß Sie die Arbeiten bevorzugen, die Sie

- gut beherrschen und bei dem Sie in der Konkurrenz selbstsicher sein können, wodurch Sie positiv auffallen,
- die Sie wirklich interessieren und wo Sie Begeisterung an den Tag legen,
- womit Sie andere sinnvoll unterstützen können und daher Ihre soziale Kompetenz beweisen können (und dadurch wahrscheinlich mehr Anerkennung bekommen, als wenn Sie versuchen, alle zu überrunden).
- und halten Sie sich bitte nicht unnötig mit Tüfteleien auf! An Details herumexperimentieren können Sie als Hobby, wenn Sie das wirklich freut. Wichtiger ist, das Ganze zu überblicken und zu erkennen, was wann wo notwendig ist.
- Lernen Sie Go! Oder andere strategische Brettspiele wie Schach, Halma, Mühle oder wie sie alle heißen. Sie schulen damit Ihre Fähigkeit zur „Auf-Sicht“, zum „vernetzten Denken“, zum Verzicht auf wenig erfolgversprechende Aktionen. Damit üben Sie sich in Risikofreude. Wenn Sie in Ihrer Berufshierarchie allerdings einer Krämerseele untergeordnet sind, der jede gedankliche Grenzüberschreitung Angst macht, sollten Sie Grenzschutz betreiben.
- Entwickeln Sie ein „G'spür“ für Ihre Position im „sozialen Raum“: Machen Sie keine Alleingänge und treten Sie nicht in Opposition –

außer Ihr Gewissen erfordert es. Suchen Sie Ihren Platz an der Seite Ihres/r Vorgesetzten und unterstützen Sie ihn, indem Sie mit ihm/ihr gemeinsam auf das selbe Ziel sehen.

- Wenn Ihnen das Ziel nicht hinreichend klar ist, sollten Sie Ihre Interpretation kritisch hinterfragen – und gegebenenfalls auch ganz offen und direkt die zuständigen Ansprechpartner/innen befragen, nach welchem Standard die geforderte Leistung erbracht werden soll.
- Vergeuden Sie Ihre Arbeitskraft bitte nicht, indem Sie „so gut wie möglich“ arbeiten, wenn „so gut wie nötig“ auch genügt und Ihre Ressourcen schont. Übertourig gefahren wird ein Kraftwagen auch kaputt.
- Überlegen Sie immer, ob es nicht sinnvoll wäre, eine Aufgabe zu delegieren: wenn jemand anderer zu geringeren Kosten diese Arbeit auch erledigen kann, oder wenn Sie zwischenzeitlich Wertvolleres erarbeiten können, oder wenn es dadurch möglich wird, Spezialwissen zuzukoppeln. Oder fürchten Sie, zwischenzeitlich ausgebootet zu werden, wenn Sie jemand anderen an Ihr Aufgabengebiet heranlassen? Dann haben Sie sich bereits von männlichem Revierdenken anstecken lassen!

Frauen haben oft Schwierigkeiten, Kritik und Angriffe auszuhalten. Sie wollen „Pappis liebes Mäderl“ sein. Sie sind sich ihrer Stärke nicht bewußt, weil sie sie zumeist noch nie ausprobiert haben.

Deswegen sind ja auch die klassischen Selbstverteidigungskurse für Frauen so wichtig: die meisten Trainerinnen zeigen den Teilnehmerinnen gleich zu Beginn, wie frau atmen und hand-eln muß, um ein Holzbrett durchzuschlagen. Fast jede ist dann fürbaß erstaunt, wieviel Kraft sie eigentlich hat . . .

In psychologischen Abhandlungen wird gerne das „Harmoniebedürfnis“ der Frauen beschworen und tatsächlich scheinen Frauen beziehungsorientierter zu sein als Männer, denen Status und Dominanz wichtiger sind als gemeinsames Wohlergehen.

Der Mythos von der „friedfertigen Frau“

In der psychotherapeutischen Tiefenarbeit stellt sich dieses Harmoniebedürfnis dann recht oft als eindeutige Aggressionshemmung heraus: die wenigstens Frauen haben in ihrer Herkunftsfamilie ein geeignetes weibliches Vorbild für Errichtung und Bewahrung von – geistigen wie körperlichen – Grenzen erlebt. Aggressiv sein durften nur Männer. Wagten kleine Mädchen, einmal Ärger, Zorn oder Wut zu zeigen, wurden sie nur zu oft sofort eingebremst. Erstens, weil ihr Verhalten wiederum in Widerspruch zum Frauenrollenbild stand. Zweitens aus der Angst der Mütter vor der Reaktion der Väter. Drittens aus Angst der Mütter wie der Väter vor der Reaktion der Umwelt. Und viertens, weil kleinen Kindern prinzipiell kaum erlaubt wird, ihre Kraft zu entfalten, geschweige denn zu zeigen. So erwerben viele Frauen die Einstellung, Aggression sei eben nur etwas für Männer.

Zur psychischen Gesundheit gehört aber, daß wir alle unsere Möglichkeiten gleichmäßig zur Verfügung haben, unser Harmoniebestreben ebenso wie unsere Konfliktfähigkeit, unsere Friedliebe wie unsere Aggressivität.

Auch hier kommt es auf die richtige Balance an. Auf Anspannung muß Entspannung folgen. Auf Aktivität Ruhe. Auf Passivität Bewegung. Systole – Diastole, Einatmen – Ausatmen.

Alles, was lebt, lebt zwischen zwei Polen. Pluspol und Minuspol. Darum herum ein spezifisches elektrisches Kraftfeld mit Anziehung und Abstoßung gegenüber anderen Energiekörpern und ihren Kraftfeldern.

Wenn wir uns erlauben, in Energiekategorien zu denken, so gibt die dynamische Unternehmerpersönlichkeit, wie sie SCHUMPETER beschrieben hat, einen Energieimpuls und setzt damit Entwicklung in Bewegung. Wir können uns also bildlich vorstellen, wie jemand eine Wellenbewegung in Richtung einer Aufwärtsbewegung in Gang setzt. Irgendwann wird der Punkt der Sättigung erreicht sein. Dann wird die Abwärtsbewegung einsetzen, bis jener Tiefpunkt erreicht ist, wo wiederum eine Schubumkehr einsetzt.

Traditionell wird dieser Energieimpuls vom Mann erwartet: er soll der Aktive sein. Die Frau soll ihm passiv zuarbeiten.

Wenn nun eine Frau die Aktivität setzt, kann sie nicht auf passive Empfangsbereitschaft von Männern (aber auch nicht von Frauen) zählen. Sie muß mit Widerstand rechnen – vor allem dann, wenn sie zuviel Energie – Kampfkraft – einsetzt. Wenn sie aber klug „dosiert", wird sie genau den Impuls geben, der Anstoß gibt ohne Anstoß zu erregen.

Im Idealfall der Mittelmäßigkeit können wir regelmäßige und gleichmäßige Wellenbewegungen beobachten; sie werden uns bald als kalkulierbar erscheinen und Sicherheit bis Fadesse vermitteln. Irgendwann wird unser Bedürfnis nach Abwechslung, nach Unterbrechung, nach einem neuen Hoch so groß werden, daß wir entweder unsere destruktiven Kräfte walten lassen und zumindest Streit provozieren, oder aber unter Einsatz unserer konstruktiven Möglichkeiten etwas Neues kreieren; das können wir auch selbst sein, wenn wir einen Wachstumsschritt vollziehen.

für zwei Drittel des Betrages
den ein Mann verdienen würde
verkaufe ich
meine Arbeitskraft
aber nicht
meine gesamte Energie
mein Fachwissen
aber nicht
meine Erfahrung
meine Anwesenheit
aber nicht
mein Lächeln
verkaufe ich
freundliche Worte
aber nicht
meine Gedanken
meine Anpassung
aber nicht
meine Phantasie
mein Rollenverhalten
aber nicht
mein Bewußtsein
ich verkaufe sechs Stunden am Tag
aber nicht
zum Selbst-Kostenpreis.

Traude ZEHENTNER

Überlegen Sie, wie Ihr persönliches Energieprofil aussieht:

- Wie verteilen Sie alle Aufgaben, die der Tag Ihnen bringt, zeitlich auf? Zeichnen Sie eine Torte und teilen Sie sie in so viele und so große Stücke, daß die Relationen Ihrer Zeitportionen deutlich sichtbar werden.
- Was davon tun Sie gerne? Malen Sie dieses Tortenstück mit Ihrer Lieblingsfarbe an.
- Was mögen Sie am wenigsten? Malen Sie es mit Ihrer Ekelfarbe an.

- Malen Sie auch alle weiteren, größeren wie kleineren, Stücke mit Farben an, die Ihrer Bewertung entsprechen.
- Überprüfen Sie, ob Sie einen Bereich vergessen haben? Beispielsweise „Eigenzeit“?

Überprüfen Sie nun, was die Auswahlkriterien für Ihre Zeiteinteilung sind:

- was Sie am liebsten tun,
- was Sie am besten können,
- was andere wollen, daß Sie tun,
- was anderen nützt,
- was gut belohnt (bezahlt) wird,
- was dem klassischen Frauenrollenbild entspricht,
- was überhaupt nicht dem Frauenrollenbild entspricht,
- womit Sie jemanden (wen?) ärgern können ...

Versuchen Sie nach ähnlichen Gesichtspunkten auch die Vielfalt der beruflichen Aufgaben mit Ihrem Berufszeitbudget in Beziehung zu setzen. Sie müßten dann eigentlich erkennen,

- welche beruflichen Tätigkeiten Sie gerne ausüben,
- welche beruflichen Tätigkeiten Sie gut beherrschen,
- welche beruflichen Tätigkeiten Sie eher gezwungenermaßen ausüben,
- welche beruflichen Tätigkeiten Ihnen am meisten Anerkennung bringen ...
- Geben Sie sich bitte laut und deutlich Anerkennung für Ihre jeweilige Leistung. Nicht nur jetzt, beim Lesen dieser Zeilen, sondern auch dann, wenn Sie Anerkennung nötig haben. Sagen Sie dann ruhig „Ich finde, daß mir das sehr gut gelungen ist!“ Ich selbst formuliere oft, wenn ich jemand sehr entgegengekommen bin und diese Person reagiert nicht so dankbar, wie ich es für meine Selbstachtung brauche, „Ich finde es sehr kooperativ von mir, daß ich Ihnen (z. B.) diese Information gegeben habe!“

Solche Anerkennungssätze könnten (entsprechend der obigen reihenfolge) lauten:

○ „Ich merke am guten Ergebnis, wie gerne ich diese Arbeit mache!“
○ „Es freut mich immer wieder zu sehen, wie gut ich das kann!“
○ „Ich finde mich sehr ausdauernd, daß ich auch diese lästige Arbeit so unverzagt erledigt habe!“
○ „Ich freue mich sehr, wenn ich so viel Anerkennung bekomme!“

Was aber tun Sie, wenn Sie klar und deutlich kritisiert werden? Jede Kommunikation hat eine Sachebene und eine Beziehungsebene.

Klären Sie vorerst einmal auf der Sachebene:

- Für welche Aktivitäten ernten Sie eher Kritik?
- Finden Sie diese Kritik berechtigt?
- Stört Sie dies? Oder läßt Sie diese Kritik/Kritik überhaupt kalt? Weshalb?
- Oder ist Ihnen die Kritik unverständlich?

Dann erst überdenken Sie das Ganze noch einmal auf der Beziehungsebene:

- Hat mich die Kritik verletzt?
- Weswegen? War es der Inhalt, die Form, die Person oder sonst etwas Anderes?
- Wenn Sie Kritik verletzt, grenzen Sie Ihr kritisiertes Verhalten deutlich von Ihrer Persönlichkeit ab! Nicht Sie sind kritisiert worden, sondern etwas, was Sie getan (oder vielleicht nicht einmal das) haben.
- Wiederholen Sie die Kritik in ruhiger Sprechweise mit Formulierungen wie „Aha, Sie meinen also, es war nicht so gut/zielführend, daß ich das so entschieden habe“ oder „Was wäre Ihrer Ansicht nach eine günstigere Verhaltensweise gewesen?“

Umgang mit dem „Inneren Krokodil“

Kaum jemand freut sich, wenn er oder sie kritisiert wird. Manche Menschen reagieren sofort und oft aggressiv. Andere hingegen verzögert, bedächtig. Wieder erleben wir, wie erlernte Verhaltensweisen wider besseres Wissen ihre Wirkung bewahren!

Kommt ein kleines Kind zur Welt, ist es erst einmal ein Bündel von Leidenschaften. es ist hungrig und daher voll Gier. Es schreit und zappelt nach der Mutterbrust oder dem Fläschchen. Andere Formen, sich mitzuteilen, beherrscht es ja noch nicht. Wenn es eine „hinreichend“ gute „Mutter“ hat, wird es im Laufe der Zeit lernen, zu vertrauen, daß es schon was warm Fließendes bekommt. (Ich habe den Begriff „Mutter“ unter Anführungszeichen gesetzt, weil ich in Anlehnung an Nancy CHODOROW darauf hinweisen will, daß „muttern“ eine soziale Tätigkeit ist, die relativ wenig mit der biologischen Geburt bzw. Abstammung von einer bestimmten Frau zu tun hat.)

Wer solches Vertrauen nicht erlernt, daß seine – vor allem seine! – Bedürfnisse befriedigt werden, und sich auch weigert, später zu lernen, sich selbst zu versorgen oder sich an die Spielregeln des Austausches von Dienstleistungen und Liebesdiensten zu halten, wird auch als Erwachsener sofort jedweden Hunger gestillt haben wollen. Etwa durch ein Steh-Achterl in der nächsten Schluckstube. Oder er wird jedem Triebdurchbruch nachgeben wie z. B. der nächsten Frau auf die Sitzfläche grapschen, auch wenn es im Büro ist. Und er wird randalieren, wenn man ihn kritisiert oder anderswie einbremst.

„Der Egozentrismus der kindlichen Weltsicht ist ebenfalls ein Mangel an Erfahrung."
Janusz KORCZAK

Ein Säugling hat noch nicht genug Ich-Stärke, Kritik – oder andere unangenehmen Erlebnisse wie Hunger, Nässe, Kälte, Liebesentzug – zu ertragen. „Es" hat ihn. Sich selbst als „Ich" zu erkennen, gelingt erst gegen Ende des zweiten bis dritten Lebensjahres. Dann, wenn die (Hand –, Stimmband –, Schließ- und sonstige) Muskulatur stark genug wird, daß sie willentlich gesteuert werden kann.

Jetzt kann es ansatzweise zwischen „Ich" und „Du" unterscheiden. Vorher ist alles Eins: die symbiotische Mutter-Kind-Dyade. Menschen, die in ihrer psychosexuellen Entwicklung aufgrund von Deprivation (Vernachlässigung) oder Verwöhnung in dieser ersten, „oralen", Phase stecken geblieben sind, weisen auch im späteren Leben die Verhaltensweisen greinender oder wütender Säuglinge auf. Außer sie trainieren (lernen), sich reifer zu verhalten (auch wenn innerlich noch das verletzte Baby weint).

„Zivilisierte" Verhaltensweisen sind nicht angeboren, ganz im Gegenteil. Sie werden sozial durch Vereinbarungen, die von Vorbildern vorgelebt werden, und durch Lob multipliziert. Durch Strafen lernt man nicht, sich „richtig" – den Regeln entsprechend – zu verhalten; man lernt nur Angst, Verbitterung und möglicherweise Vorsicht vor denen, die einen strafen und Strafe androhen. Damit haben wir schon einige der Reaktionsformen aufgelistet, die üblicherweise auf Kritik folgen.

Angeboren ist das tierhafte Instinktverhalten. Es kann im stammesgeschichtlich ältesten Teil unseres Gehirns, dem Kleinhirn, lokalisiert werden. Wenn irgend etwas nicht paßt, hat das primitive Kleinhirndenken – Reginald FÖLDY spricht gerne vom „Reptiliengehirn": „ach, wie so kriecherisch . . ." -nur folgende Reaktionen zur Verfügung:

- Kämpfen (Angriff oder Verteidigung),
- Flüchten oder
- Sich totstellen.

Das ist das klassische Verhaltensrepertoire des Neandertalers. Leider glauben viele Menschen, nur damit Überlegenheit und Durchsetzungsvermögen, Stärke und Führungsqualitäten demonstrieren zu können.

Der – stammesgeschichtlich – jüngste Teil unseres Gehirns ist das Großhirn. In ihm sind all die Fähigkeiten gespeichert, die uns vom Tier unterscheiden: für unsere weiteren Überlegungen ist vor allem die Fähigkeit wichtig, über sich selbst nachzudenken, Alternativen zu ersinnen und die Sprache zu gebrauchen.

Daher stehen den oben angeführten Stammhirnreaktionen folgende wohldurchdachte Großhirnreaktionen gegenüber:

- Verhandeln,
- Distanzierungen (von Kündigung über Scheidung bis zur Emigration) oder
- Abwarten, wohl die schwierigste Verhaltensweise in Konfliktsituationen.

Das Krokodil in uns denkt gar nicht ans Warten, dazu setzen die Reflexe viel zu schnell ein. Wieder werden wir von „männlicher" Schnelligkeit gehindert, „weibliche" Geduld walten zu lassen.

Das Ansteigen unseres Adrenalinspiegels signalisiert uns „Körper macht sich kampfbereit". Als körpersprachliches Signal, daß wir dabei sind, in eine Kampfsituation zu kommen, ist diese Botschaft aus dem „Es" hilfreich. Wir dürfen uns bei unserem Unbewußten bedanken, daß es uns so schnell und effizient informiert und mit den notwendigen Fähigkeiten für den Notfall ausrüstet.

In der Steinzeit und früher, als es noch keine Gesetze, Usancen und Benimmregeln gab, hatte dies alles ja auch seine Berechtigung. Da jagte ja ein Notfall den anderen. Aber auch wenn heute gewisse rechts- oder linksradikalen Kreise zu ähnlichen Terrormethoden greifen wie in der Urzeit und friedliche Menschen mit unvorhersehbaren Angriffen rechnen müssen, heißt das nicht, daß dies geeignete Erfolgsstrategien für die Berufswelt (oder auch für zu hause) wären.

Im Stammhirn sind aber auch das instinkthafte Revierdenken und die Dominanzbedürfnisse beheimatet. Wer (noch) nicht gelernt hat, andere als Person wahrzunehmen, zu respektieren und mit ihnen Raum zu teilen, wird alle bekämpfen, die seine Allmachtsbestrebungen, Unterwerfungsgelüste und Raumansprüche zunichte machen wollen. Nur vor denen, die als stärker eingeschätzt werden, werden sie davonlaufen oder vor Schreck erstarren.

In „Die starken Zweiten" heißt es dazu: „*Im reptilischen Gehirn sind die stereotypen Verhaltensmuster programmiert, die auf ererbtes Lernen und ererbte Erinnerung zurückgehen. Das reptilische Gehirn ist für Territorialverhalten zuständig: für Unterschlupfsuche, Jagd, Nestbau, Paarungspflege und Prägungsverhalten, aber auch für den Aufbau sozialer Hierarchien und . . . das Erwählen von Führern und Akzeptanz von Unterordnungs-Rangordnungen.*"

Kritik mit Drohgebärden (Wutausbruch) oder Vernichtung des Kritikers zu beantworten, entspricht dem „reptilischen" Kleinhirn ebenso wie der Kritik auszuweichen (zu flüchten) oder vor ihr Augen und Ohren zu verschließen (Totstellen). Im ersten Fall verteidigen wir unser (geistiges) Revier gegen unerwünschte Eindringlinge oder versuchen, diese „kalt" zu stellen. Im zweiten Fall ergeben wir uns blitzartig. Beide polare Verhaltensweisen sind nicht von vornherein schlecht – es gibt aber Situationen, wo Kampf, Flucht oder „Nicht einmal ignorieren" die richtige Reaktionsweisen darstellen.

Dennoch sollten wir als zivilisierte Westeuropäer/innen fähig sein, solche Entscheidungen nach einem komplexen Denkvorgang zu treffen. Dabei sind alle Für und Wider und die jeweiligen Konsequenzen zu bedenken. Voraussetzung dafür ist, die eigene Aggressivität (und damit auch das eigene Dominanzstreben) weder zu hemmen noch zu forcieren, sondern in Selbstbehauptungskraft umzuwandeln.

Die Technik dazu ist wieder ganz simpel und wird Ihnen bekannt vorkommen:

- Ausgangslage: Sie laden sich aggressiv auf (Körper macht sich kampfbereit): Sie atmen schneller. Ihr Puls beschleunigt sich. Hitze steigt auf und zu Kopf. In Ihren Armen beginnt Kampfenergie zu fließen. Sie merken das Vibrieren (Sie zittern vor Wut . . .).

Ich vermute, daß allein diese Beschreibung bei Ihnen ähnliche Sensationen hervorgerufen hat.

Wichtig: auch dies ist eine Technik, gewünschte Zustände herbeizurufen – man beschreibt einfach den physiologischen Ablauf (sehr zu empfehlen bei mangelnder Sexuallust!).

- Gegenstrategie: Zuerst die prompte Autosuggestion zur Entspannung

(Beine in Hüftknochenabstand, gut erden, Wirbelsäule ins rechte Lot, tief durchatmen); falls Sie

- ○ autogenes Training beherrschen: Kurzformel „Wärme, Schwere, Ruhe“ oder nur „Ruhe“ in langsamem Sprechrhythmus denken; oder nach der Methode der
- ○ „progressiven Relaxation“ nach JACOBSEN: Kiefermuskeln kurz anspannen, loslassen, Fäuste kurz ballen, loslassen,
- dann der bereits körperlich wahrnehmbaren Energieaufladung in Armen, Beinen, Atmung – wo auch immer – nachspüren,
- dann diesen Energiefluß im ganzen Körper verteilen (zu den Fingerspitzen, Zehen und darüber hinaus fließen lassen, Ruhe ein- und ausatmen),
- bewußt merken, wie frau kraftvoll und gelassen wird.
- „Distanziert“ dreinschauen („Wie finde ich denn das?“) und damit vom Affektaufbau zum Überblick umschalten,
- Diesen „Abstand“ auch mit Worten ausdrücken: Sie sagen einfach und ruhig, wie Sie die Situation einschätzen, welche Botschaft bei Ihnen angekommen ist und fragen, wie es jetzt weitergehen soll.

Eine andere Methode können Sie dem traditionellen Märchenrepertoire entnehmen:

- Sie drehen einfach dreimal an einem Ring am Finger und
- stellen sich gleichzeitig vor, daß dieser „Zauberring“ Ihnen Ruhe und Gelassenheit oder was auch immer Sie sich in der konkreten Situation für Eigenschaften oder Fähigkeiten wünschen, vermittelt.

In der klassischen Verhaltenstherapie wird oft empfohlen, ein Gummiband am Handgelenk zu tragen und bei Bedarf damit zu schnippen. Diese autosuggestive Unterbrechung der Abfolge des unerwünschten Verhaltens finde ich zu trivial und außerdem unelegant.

Selbstverständlich können Sie auch irgendeine andere „magische Geste“ erfinden, die Ihnen hilft, aus dem Ist-Zustand auszusteigen. Wichtig ist nur: sie sollte schnell und unauffällig durchzuführen sein und auch bildhaft gedacht werden können, damit Sie die Unterstützung Ihres Unbewußten genießen können.

Abschließend nochmal zur Erinnerung: Jede Kritik zeigt Ihnen eine Verbesserungsmöglichkeit!

- Wenn Sie spüren, daß die Person, die Sie kritisiert, Ihnen wohlwollend gesinnt ist, können Sie sich daher ohne weiteres für den Hinweis bedanken.
- Sollten Sie aber spüren, daß Sie die Person, die Sie kritisiert, verletzen will, dann blicken Sie bitte großzügig über diese Wahrnehmung, Vermutung oder Unterstellung hinweg und definieren Sie die Verletzungsabsicht um: als positiven Hinweis.

Die Technik des „Verrückens"

Zu den besten Methoden, sich selbst zu blockieren und Weiterentwicklung unmöglich zumachen, gehört folgende: wir sehen uns mit etwas – meist jemandem – konfrontiert, das, den oder die wir als mächtig, übermächtig erleben. Sofort fühlen wir uns klein, nehmen also Energie zurück, und starren wie das vielzitierte Kaninchen auf die Schlange. Wenn wir nun unseren Blickwinkel erweitern – mitberücksichtigen, in welchem Zusammenhang, mit welchem Ziel, in welchem Umfeld der Angriff stattfindet, so nehmen wir den Rahmen wahr, in dem sich das konkrete „Bild" zeigt. Und so wie wir ein materielles Bild verschieden einrahmen können, können wir das auch mit unseren Wahrnehmungsbildern. Meist bleiben wir aber bei den Rahmen, die wir in unserer frühesten Kindheit erworben haben. Damals waren wir wirklich ziemlich hilflos, weil unerfahren. Das hat sich in der Zwischenzeit aber wohl geändert. Also wäre es dringend an der Zeit, neue Rahmen auszuprobieren.

Bei einem „Angriff" handelt es sich, sehr grob betrachtet, um einen aggressiven Versuch, uns zu verändern: uns beispielsweise von einer, die sich vorwärts bewegt, zu einer zu machen, die sich zurückzieht. Oder von einer, die sich wohlfühlt, zu einer, die damit beschäftigt ist, ihre Wunden zu lecken. Betrachten wir einen „Angriff" weniger grob, sondern eher verlangsamt, so stellt er eine Kontaktnahme dar, eine Berührung vielleicht: wir fühlen uns dann weniger attackiert, sondern eher berührt, möglicherweise sogar gerührt.

Wie wir aber einen Angriff erleben, hängt nicht nur von seiner Intensität ab, sondern auch von unserer Ich-Stärke, unserer Abwehr- und Widerstandskraft und unseren Selbstbehauptungsfähigkeiten.

In der Psychoanalyse werden bei Menschen, die die Realität (z. B. unerwünschte Eigenschaften bei sich selbst) nicht wahrnehmen wollen/können, „Abwehrmechanismen" diagnostiziert. Dazu zählen in etwa:

- Verdrängung (Nichtwahrnehmung)
- Regression (Rückfall in frühere Entwicklungsphasen)
- Reaktionsbildung, Ich-Einschränkung (Symptombildungen)
- Isolierung
- Ungeschehenmachen
- Verneinung mit Hilfe der Phantasie, Verleugnung der Realität
- Projektion, projektive Identifizierung (Abspaltung, Verlegung nach außen, auf jemand anderen)
- Introjektion (Verinnerlichung, Verlegung nach innen)
- Objektspaltung (in Gut und Böse)
- Wendung gegen die eigene Person
- Identifikation mit dem Aggressor
- omnipotente Kontrolle des Objekts
- Verkehrung ins Gegenteil
- Idealisierung
- Altruismus (nur nicht für sich, daher für die anderen)
- Rationalisierung
- die Sublimierung (Veredelung, z. B. in der Kunst oder Berufswahl)

Damit kein Mißverständnis entsteht: Diese Abwehrmechanismen werden natürlich UNBEWUSST gewählt, um sich vor Unlusterlebnissen zu schützen: sie passieren.

Wenn wir hingegen BEWUSST solch einen Mechanismus als Schutztechnik wählen, behalten wir die Realität im Auge. Wir suchen aus der Vielzahl der möglichen Positionen jenen Blickwinkel, von dem aus wir uns am besten fühlen. Wir „verrücken" entweder unseren Standort – am besten in Richtung nach oben, das gibt Überblick und Sicherheit – oder das Objekt unserer Betrachtung.

Ein Beispiel: Wie oft hören wir als kleine Kinder, wir sollten nicht so schlampig sein! Viele erliegen dieser Suggestion und behalten sie als Selbsteinschätzung fürs spätere Leben: „Ich bin halt schlampig (unordentlich, oberflächlich, . . .)!" Ein wenig „verrückt" lautet diese Selbstzuschreibung: „Ich bin eher großzügig!"

Oder: Eine (eifersüchtige) Kollegin klagt über ihren Konkurrenten: „Er schafft ja nichts Eigenständiges – immer kopiert er mich und bekommt dann noch besonderes Lob!" Ein wenig „verrückt" kann sie ihm sagen: „Ich bin eigentlich sehr froh, daß Sie meinen Modellen zur Anerkennung verhelfen. – Sonst würde ich wohl verzagen, so ganz ohne Lob!" Dadurch schlägt sie eine Brücke zu ihm und definiert ihn als Helfer anstatt als Rivalen. Sie spielt ihm die Information zu, daß sie sehr wohl seine Vorgehensweise registriert hat. Sie erwartet aber, daß die ausgesprochene Anerkennung dorthin geleitet wird, wo sie hingehört, nämlich zu ihr. Nun gibt sie so Gelegenheit, die von ihr empfangene positive Energie – immerhin hat sie ihn auch gelobt – wieder zu ihr zurückzugeben.

Die methodische Vorgangsweise, die selbstverständlich geübt werden muß, geht so:

- Sie beschreiben die Abfolge dessen, was sie „verrücken" – „neu einrahmen" wollen.
- Dann suchen Sie einen Blickwinkel, aus dem Sie etwas Positives entdecken können.
- Dann suchen Sie eine Formulierung, die dieses Positive betont UND der Wahrheit entspricht.
- Allenfalls werden Sie ziemlich lange hin- und herrücken müssen, bis Sie erkennen, wo Ihr Vorteil im bisherigen Geschehen liegt. Es ist Immer einer da! Denken Sie an das Yin-Yang-Symbol: im Dunklen ist ein heller Punkt, im Hellen ist ein dunkler Punkt.
- Lassen Sie bitte keine Gelegenheit aus, das Gute im Schlechten zu finden; sie trainieren damit nicht nur Ihre detektivischen Fähigkeiten, sondern lernen eine der wichtigsten Gegenmaßnahmen contra den Negaholismus (die Sucht, alles ins Negative zu wenden).

Aber vielleicht lieben Sie die Negaholiker-Position? Immer jammern und mit dem „Terrorismus des Leidens" allen ein schlechtes Gewissen machen? Auch wenn Sie dann niemand mag?

Bevor Sie sich im trotzigen Widerstand verlieren – „Ich bin ich und will so bleiben" – stellen Sie sich sicherheitshalber die Frage: Könnte/soll/oder will ich meine Eigenschaften und Fähigkeiten vervollkommnen?

Coaching – und damit auch Selbstprogrammierung – kann dort wirkungsvoll eingesetzt werden, wo Ihre Persönlichkeit ursächlich zum Tragen kommt:

- in Ihrer persönlichen Individuation (Identitätsbildung),
- im System Ihrer Glaubenssätze (Weltanschauung),
- bei der Vervollkommnung Ihrer körperlichen, seelischen und geistigen Fähigkeiten,
- bei Ihrem Lebensstil (Verhalten im Doppelsinn des Wortes),
- bei Ihrem Anteil an Beziehungs- und Gruppendynamik und auch
- im Rahmen Ihres Fachwissens (aber das gehört in den traditionellen Lernbereich und mit den klassischen Lerntechniken will ich mich im Rahmen dieses „Rezeptbuches“ nicht beschäftigen).

Wissen Sie, wie Sie denken?

Natürlich, werden Sie sagen – und dann werden je nachdem verschiedene Antworten kommen:

- „Ich mach mir einfach ein Bild von der ganzen Sache ...“ oder
- „Ich höre in mich hinein ...“ oder
- „Ich krieg da so ein Gefühl ...“ und manche sagen:
- „Ich spür' das einfach!“

Aus der Lernpsychologie kennen Sie sicherlich die Unterscheidung der „Eselsbrücken“ nach Sehen, Hören oder Bewegen. Sie haben vielleicht die Schulkolleginnen beneidet, die sich alles nur vom Zuhören merken konnten, während Sie exzerpieren und unterstreichen mußten.

Die Forscher, die das Neurolinguistische Programmieren, kurz NLP, entwickelt haben – Richard BANDLER und John GRINDER – haben nachgewiesen, daß sich auch bei unseren Sinneswahrnehmungen und gedanklichen Verarbeitungen verschiedene Wahrnehmungstypen feststellen lassen – je nachdem, welcher Wahrnehmungskanal bevorzugt benützt wird:

- „Sehmenschen“ nehmen überwiegend visuell wahr. Sie bevorzugen dementsprechend auch in ihrer Rede Prozeßwörter, die dem Sehen – der Wahrnehmung der Lichtabstrahlung der Objekte – zuzuordnen sind. Wenn etwas nicht so „aussieht“, wie es ihrem geistigen „Bild“ entspricht, „beleidigt das das Auge“. Sie wollen „Klarheit“, „Überblick“ und „Voraussicht“.
- „Hörmenschen“ spitzen dementsprechend vor allem die Ohren und auch in ihrer Sprache geht es um „den richtigen Ton“, damit alles „stimmt“.

- „Körpermenschen“ oder „Fühlmenschen“ hingegen haben gerne „alles im Griff“, sonst „fühlen“ sie sich „eingeengt“ oder „die Angelegenheit entgleitet“ ihnen. Sie neigen zu psychosomatischen Reaktionen, weil sie sich alles gleich „zu Herzen nehmen“ – sie werden ja „berührt“ und „gerührt“, wo Visuelle noch kühl „zusehen“.

Psychisch ausbalancierte Menschen sollten alle drei Zugänge gleich verfügbar haben:

- bewußt sehen, wenn es um Ansichten, Blickwinkel und Sichtweisen geht,
- bewußt hören, wenn der „gute Ton“ Harmonie machen soll,
- bewußt zugreifen, wenn etwas angepackt werden soll,
- aber auch bewußt riechen und bewußt schmecken, wenn Gesundes von Giftigem abgesondert werden soll und so weiter ...

Mit Ausnahme weniger auf Hör- und Fühl-Fähigkeiten spezialisierter Berufe sind in der heutigen Arbeitswelt vor allem Seh-Fertigkeiten hoch gefragt. Alle, die solche beherrschen, sind im Vorteil: Passiv, wenn es darum geht, sich schnell Überblick zu verschaffen. Aktiv, wenn es darum geht etwas oder auch sich selbst „glänzend“ zu präsentieren; zeigen, demonstrieren zielt auch aufs Sehen!

Wir können jetzt wieder darüber philosophieren, welches „Repräsentationssystem“ – wie diese Wahrnehmungszugänge in der Fachsprache genannt werden – dem Yin und welches dem Yang zuzuordnen ist. Sicher ist jedenfalls, daß Sehen und Fühlen wiederum die beiden Extrempunkte einer Bandbreite darstellen. Wenn wir uns mit Menschenführung beschäftigen, bekommt die Polarität zwischen Seh- und Fühlmenschen oft dramatische Bedeutung.

Visuell	**Auditiv**	**Kinästhetisch**
Atmung, Bewegungen:		
schnell	mittel	langsam
Sprache:		
Sehworte	Hörworte	Fühlworte
Spürworte:		
hoch	mittel	tief
schnell	mittel	langsam

Körperhaltung:		
aufrecht	entspannt	„gemütlich"
Augenbewegungen:		
nach oben	gerade	nach unten
Gefühlslage:		
distanziert „kühl"	aufmerksam „normal"	anhänglich „emotional"

Gewöhnen Sie sich an, auf derartige Unterschiede zu achten. Sie bekommen damit die Chance, mit denen, die ganz anders sind als sie, besser zu kommunizieren, indem Sie auf sie „Rücksicht nehmen", auf sie „hören" oder ihnen „entgegenkommen".

Der Polarität, die unser Leben bestimmt, gemäß, werden sie von den „Anderen" entweder angezogen („Oh wie toll! Was der/die hat, möchte ich auch haben! Da möchte ich dazugehören!") oder abgestoßen („Warum bist Du nicht wie ich? Wie kann man nur so schnell/langsam sein! Mit Dir will ich nichts gemein haben!").

Es ist für die Schnelleren leichter, sich zu verlangsamen, als für die Langsamen, sich zu beschleunigen. Unser ursprünglicher Lebensrhythmus ist bei weitem nicht so schnell, wie er uns in Schule und Arbeitsleben abgefordert und damit beigebracht wird. Die Ungeduld, mit der wir oft reagieren, wenn wir „aufgehalten" werden, zeigt, welche Gefühlsreaktionen uns als kleine Kinder zur Rasanz dressiert haben – und die wir jetzt im Wiederholungszwang nachahmen, wenn wieder wer mit uns nicht „mitkommt".

„Die Schnellen fressen die Langsamen" seufzte einmal eine (männliche) Führungskraft im mittleren Management in einem meiner Seminare zum Umgang mit dem Zeitempfinden. Ich sehe das nicht mehr so pessimistisch, höchstens als Drohung und Strategie, Menschen zur Beschleunigung zu erpressen: Yang zerstört nicht Yin. Es zieht (zischt?) eher vorbei, vorausgesetzt, daß sich Yin ihm nicht in den Weg stellt (aber das wäre dann schon wieder Yang, nämlich Widerstand).

Kleine Kinder verfügen noch über die langsame Qualität des Staunens; wenn ihnen etwas zu schnell wird, setzen sie sich nieder. Wenn ihnen etwas zu viel wird, legen sie sich einfach hin und schlafen ein. Wenn auf sie nicht geachtet wird, beginnen sie zu weinen – ein deutliches Signal für ihre Bedürftigkeit. Aber wie schnell wird ihnen diese Ehrlichkeit abgewöhnt?

„Stör mich nicht, indem Du von mir Rücksicht verlangst!" Diese Botschaft steht hinter all den „Erziehungs"maßnahmen. Später wird dann ebenso mit Kranken, Behinderten, Alten umgegangen – alles Menschen, die aus irgendwelchen Gründen langsamer sind als der Prototyp des „Helden der Arbeit". Als wenn ihr Wert und ihre Würde vom Tempo abhinge!

Wie schnell ist Ihr Lebensstil (nicht Lifestyle)? Überfahren Sie oder werden Sie überfahren? Können Sie sich anderen Menschen anpassen?

Manche Frauen meinen, sich anderen anzupassen, wäre ein Zeichen der Unterwerfung und damit der Schwäche. Widerstand um jeden Preis halte ich für falsch interpretierten Feminismus; ich sehe darin eher ein unreflektiertes Nachahmen des klassischen Herrenmenschenterrors: „Willst Du nicht Genosse sein, so hau' ich Dir den Schädel ein!"

Jemand zur Anpassung zwingen zu wollen ist psychische oder sogar physische Gewalt. Das wird noch immer, nicht nur von Männern praktiziert. Sich dagegen zu stemmen ohne den innewohnenden Konflikt zu bearbeiten, ist ein ziemlich ähnlicher Versuch mit umgekehrten Vorzeichen: Yang gegen Yang, der Stärkere gewinnt, bestenfalls gibt es ein Patt.

Jemand in seiner Andersartigkeit wahrzunehmen und ihm/ihr – noch offen, in welchem Ausmaß – interessiert und anpassungsbereit entgegenzukommen, ist dagegen ein anderes: nicht jeder Mann ist wie der tyrannische Vater, Ehemannpascha oder autoritäre „Boss". Nicht jede Frau gleicht der manipulativen Mutter, Freundin oder Vorgesetzten.

Es liegt an Ihnen, ob Sie sich im Reptiliendenken irgendeiner Gewalt unterwerfen – oder ob Sie sich realitätsgemäß zu einer Anpassungsgeste ENTSCHEIDEN.

Egal, mit welcher Gewalt Sie konfrontiert sind – physischer, psychischer, sozialer oder institutioneller – das Wichtigste ist, daß Sie in solchen Situationen IHREN ENTSCHEIDUNGSWILLEN BEWAHREN. Daß Sie bei sich selbst – bei Ihrem Selbst – bleiben: Sie entscheiden, ob Sie kämpfen, flüchten oder sich tot stellen wollen – Sie sind aktiv: sie entscheiden!

Erlauben Sie sich, zu Ihrem Willen zu stehen!

Eines meiner Aha-Erlebnisse stammt aus der Zeit, als ich die Obfrau meiner Berufsgruppe in der Bundeswirtschaftskammer war. Wir hatten eine Sitzung und viele Teilnehmer/innen waren eingeladen und sollten um einen riesengroßen, ovalen Tisch sitzen. So wie es in Systemtherapie Geschulten aus der Beobachtung vertraut ist, saßen auch diesmal die, die zusammengehören – „Gleich und gleich gesellt sich gern" – nebeneinander: auf der einen Seite die Sekretäre der Landeskammern und der Zentralorganisation. Ihnen gegenüber die Ehrenamtlichen, die gewählten Obleute samt Stellvertretung. Als letzter kam der Kollege, der mein Stellvertreter als Wiener Landesobfrau war: im Zivilberuf Angestellter einer Firma, die viele Aufträge für die Bundeskammer erledigte; er gehörte sozusagen zu beiden Gruppen.

Sofort wurde er von den Beamteten – lauter Männer – in ihre Reihen reklamiert: „Kommen Sie nur, Herr Doktor, setzen Sie sich zu uns!" (Er hätte ihrer Minderzahl zum Ausgleich verholfen, wie ich flugs nachzählte.) Und jetzt kam die Sensation: der Kollege blieb stehen, legte den Kopf schief und sprach langsam und laut: „Will ich das?" Dann erlaubte er sich deutlich, nachzudenken und stellte schließlich fest: „Nein, ich will nicht!" und setzte sich zu uns.

Sie haben das Recht, nachzudenken.

Sie sind nicht mehr das kleine Mäderl aus der Volksschule, das wie aus der Pistole das „1 × 1" aufsagen muß und keinesfalls ins Stocken kommen darf.

Sie brauchen Ihre Energie auch nicht darauf zu verschwenden, gegen irgendwelche falsche Autoritäten zu rebellieren wie „Halbstarke" in der Pubertät. Allein der panisch suchende Gedanke, wie Sie Ihre Stärke demonstrieren können, verändert Ihre bioelektrische Ausstrahlung und jeder halbwegs sensible Mensch merkt, daß Sie aus dem Gleichgewicht gekommen sind.

Erinnern Sie sich Sie an die Drohgesten bellender Hunde: Ein Tröpfchen Angstschweiß und der Hund hat schon gewonnen!

Bleiben Sie Top-Dog! „Die Hunde bellen, die Karawane zieht weiter" – einer meiner Lieblingssprüche. Sie werden doch nicht etwa stehen bleiben und zurückbellen?

Wenn ein „Hund" wirklich attackiert, müssen Sie ihm zeigen, wo die Kraft ist – das heißt noch lange nicht, daß Sie sich auf sein Niveau begeben und mit ihm kämpfen!

Sieh dich nicht um.
Schnür deinen Schuh.
Jag die Hunde zurück.
Wirf die Fische ins Meer.
Lösch die Lupinen!

Es kommen härtere Tage.

Ingeborg BACHMANN, „Die gestundete Zeit"

Definieren Sie Ihren Gegner als „nicht satisfaktionsfähig" – Sie müssen nicht jeden Fehdehandschuh aufheben, den man(n) Ihnen vor die Füße wirft – Sie können auch elegant darüber „hinweggehen".

Ob Sie sich in der Polarität Feigheit oder Souveränität auf der einen oder anderen Seite befinden, hängt von Ihrem Bewußtsein und damit Ihrer (Geistes- wie Körper-) Haltung ab: aufrecht, wachsam ruhend, distanziert (nicht „zu nahe kommen" lassen).

„Hinschauen", nicht „unter die Haut gehen lassen"!

Zur passenden Technik vorerst einige Hinweise: Ihnen ist sicherlich schon aufgefallen, daß Sie beim Lenken eines Kraftfahrzeugs anders „schauen" als beim Lesen eines Buches oder wenn Sie „Herzerln in den Augen" haben.

Beim Autofahren schalten Sie vom „fokussierten" Punktsehen oder vom herzoffenen „Spiegel der Seele"-Blick auf die „zweite Aufmerksamkeit", den Panorama-Blick: dann überblicken Sie die gesamte Perspektive im Weitwinkel, Sie stellen sich sozusagen auf den weitestmöglichen Blickwinkel ein. Damit scheint alles viel weiter weg zu sein, als wenn Sie konkret auf ein Blickziel hinsehen.

Wenn Sie sich also „distanzieren" wollen und es real nicht möglich oder klug ist, einige Schritte zurückzutreten oder sich sprachlich abzugrenzen, genügt oft das Umschalten auf dieses „fade Aug". Probieren Sie es aus!

Wenn diese Anleitung bei Ihnen nicht wirkt, weil Sie kein visueller Typ sind oder überhaupt auf Suggestionen nicht gut reagieren (was ja auch ein Vorteil sein kann!), versuchen Sie es auf folgende Weise:

- Sehen Sie der Person, von der Sie sich distanzieren wollen, zwischen die Augen, oder
- auf einen gedachten Punkt etwa einen halben Meter vor Ihrem Gesicht, oder
- „durch sie durch", oder
- stellen Sie sich vor, Sie haben eine unsichtbare Fernsteuerung wie beim Fernsehapparat und lassen Ihren Ansichtspartner/in auf Knopfdruck in die Weite entschweben, oder
- Sie nehmen auf Knopfdruck Farbe weg, oder
- machen die Ansicht kleiner und
- schlimmstenfalls können Sie auch zu der uralten Volksweisheit greifen und sich die Person in Unterhosen visualisieren oder mit Schwammerln auf der Nase oder was auch immer sie wollen. Ich stelle mir in solchen Fällen die Menschen immer als Kinder vor – da sind nämlich alle lieb und ich kann sie daher auch lieb haben.

Umgekehrt:

- Wenn Sie mehr (positive) Gefühle haben wollen, holen Sie sich alles ganz nah heran. Spüren Sie, welche Körperempfindungen Sie dabei bekommen.
- Suggestion: Spüren Sie bei jedem (langsamen) Atemzug, wie Ihnen das Herz „aufgeht", wie Ihre Körperenergie fließt, wie sie „ergriffen" werden. Achten Sie, wie sich Ihre Gesichtsmuskeln entspannen, wie Ihre Pupillen sich verändern . . .

Verankern Sie beide Sichtweisen mit Autosuggestivsätzen wie „Wie finde ich denn das?" oder „Das muß/will ich mir erst einmal genau anschauen!" zur Distanzierung und „Wie fühlt sich das an?" oder „Wie geht es mir dabei?" zur Rührung.

Wenn Sie Psychotherapieerfahrung haben, kennen Sie diese Sätze wahrscheinlich von Ihren Seelenbegleitern/innen. Nutzen Sie sie auch jenseits der geschützen Therapiesituation – seien Sie Ihr eigener Coach!

Zum Weiterlesen:

Ingeborg BACHMANN, „Die gestundete Zeit“, in: Ingeborg BACHMANN, „Gedichte, Erzählungen, Hörspiel, Essays“. Piper 1964

Albert J. BERNSTEIN/Sydney Craft ROZEN, „Das Dinosaurier-Syndrom“, Econ 1989/1990

Nancy CHODOROW, „Das Erbe der Mütter“, Frauenoffensive 1978/1985

Reginald FÖLDY & Rotraud A. PERNER, „Die starken Zweiten – Träger des Erfolges. Motive und Motivation zur Spitzenleistung“, Wirtschaftsverlag Langen Müller 1992

Anna FREUD, „Das Ich und die Abwehrmechanismen“, Fischer Geist & Psyche 1984

Janusz KORCZAK, „Wie man ein Kind lieben soll“, Vandenhoeck 1967/1992

Helga NOWOTNY, „Eigenzeit“, Suhrkamp 1989

Rotraud A. PERNER, „Blick-Muster“ in: Sabine PERTHOLD, Hg., „Rote Küsse. Film Schau Buch“, konkursbuch-VERLAG CLAUDIA GEHRKE 1990

Rotraud A. PERNER, „Menschenjagd. Vom Recht auf Strafverfolgung“, Donau Verlag 1992

Rotraud A. PERNER, „Wenn die Schnecken Trauer tragen“: in: „ZEIT Erleben – Zwischen Hektik und Müßiggang“, Tagungsband der 12. Goldegger Dialoge 1993

Rotraud A. PERNER, „Zeit(t)räume. Vom Denken, Fühlen und Spüren“, Löcker 1993

Traude ZEHENTNER, „Bauchgedanken Kopfgefühle“, Frischfleisch 1988

RÄTSEL

Über die Barriere zur Karriere

Fräulein

Das schweigsame Fräulein späht über den Rand
der Brille. Es läuft in endlose Weiten.
Es rennt gegen die Wand.

Das schweigsame Fräulein findet ein fremdes Wort.
Das flattert ganz schnell zu den anderen fort.

Das schweigsame Fräulein ist keine richtige Frau.
Solche müssen Kleopatra sein,
Himmelmutter,
und das Papier,
auf dem sie nackt gedruckt stehn!

Das ist allen bekannt,
auch dem schweigsamen Fräulein.
Mund schwillt fest zu
und kriegt einen Faltenverband.

Das schweigsame Fräulein
richtet den Lauf
der Jahre gegen seine Schläfe.

Türe reißt auf.
Putzfrau verbissen.
Blut und Boden
aufwischen müssen!

Das schweigende Fräulein
schluchzt vor der Himmelstür.

So vieles im Leben, sagen die schweben-
den Englein,
steht erst gar net dafür.

Elisabeth PERCHINIG

Sie haben also einen neuen Job angetreten. Sie haben neue Aufgaben dazubekommen. Sie sind in eine zukunftsträchtige Funktion gewählt worden. Sie fühlen sich „mit dem Marschallsstab im Tornister" und vertrauen darauf, daß diese Metapher auch für Frauen gilt. Sie erwarten eitel Freude und Erfolg.

Dennoch erleben Sie Vorurteile, Mißtrauen, Widerstände ...

Wie die meisten Frauen reagieren Sie mit Unsicherheit. Sie suchen zuallererst die Ursachen bei sich selbst.

Männer hingegen, so haben diesbezügliche Untersuchungen ergeben, suchen prinzipiell die Ursachen außerhalb ihrer eigenen Verantwortung (klassisch linear gedacht: Diese Wirkung muß eine Ursache haben; man(n) selbst kann/darf nicht die Ursache sein; ein Schuldiger muß her!). Sie suchen einen Außenfeind, womöglich einen, den man nicht nur dieses eine Mal, sondern auch im größeren Zeitrahmen (in Vergangenheit und Zukunft) zum Sündenbock stempeln kann.

Viele Frauen scheuen davor zurück, anderen etwas Negatives zu unterstellen. Es könnte ja in der Folge zu Liebesentzug kommen! Und da Frauen – zumindest bisher – beziehungsorientiert denken, wollen sie ihre Beziehungen nicht gefährden. Männer denken hingegen statusorientiert. Sie wollen daher ihren Status nicht verlieren.

Frauen wie Männer machen dabei den Denkfehler, zu vergessen, daß Beziehungen immer wieder neu definiert werden müssen. Wir verändern uns ja, entwickeln uns weiter, wachsen ...

Daher muß auch die Raumverteilung zwischen uns immer wieder neu überdacht und geregelt werden: die reale wie die symbolische.

Die Letzte beißen die „Hunde"?

Wer Neuzukömmlingen Platz machen soll, wird von dieser Revierverringerung nicht begeistert sein.

Je mehr jemand sein Verhalten vom Kleinhirn steuern läßt, desto mehr wird er (sie?) sein Revier markieren und verteidigen. Beispielsweise alles mit seinen Siebensachen belegen. Achten Sie im Büro wie auch bei anderen Gelegenheiten, bei denen gegessen oder getrunken wird, wer wem seinen leeren Teller, seine leere Tasse ins Revier schiebt. Alles klar?

Wer duldet solche Grenzverletzungen? Wer reagiert sofort mit einem Gegenzug?

Wundern Sie sich nicht, wenn Sie bei „Grenzverletzungen" symbolisch „angepinkelt“ werden. Tiere markieren ihren Bereich auch mit ihrem Urin. „Urviecher“ spucken oft Gift und Galle.

Traditionell erzogene Frauen sind meist aus ihren Herkunftsfamilien darauf trainiert, sich mit einem kleinen, bescheidenen Plätzchen oder einem „Biß-chen“ zufrieden zu geben. Tatsächlich höre ich oft in Einzelberatungen, daß Mütter noch immer Väter und Söhne bei der Zuteilung der größten und besten Bissen bevorzugen, als ob die Bürohengste noch in freier Wildbahn schwere Lasten tragen oder ziehen müßten!

Und in Paargesprächen erlebe ich genauso so häufig, wie diese Platzhirsche um ihre ungerechten Privilegien kämpfen. Das ist auch irgendwie verständlich: wer läßt sich schon gerne etwas wegnehmen? Für viele einfach denkende Männer bedeutet jede Verminderung ihres Besitzstandes Kastration.

So erinnere ich mich beispielsweise an eine Kollegin aus dem Trainingsbereich, die ihren Ehemann, einen Verwaltungsjuristen, höflich ersuchte, seine Freunde zu bitten, nicht mit ihren launigen Anrufen ihren Anrufbeantworter zu blockieren. Seine Reaktion war blanke Wut. Er betrachtete alles, was ihr gehörte, als sein Eigentum. Daher war es „sein“ Anrufbeantworter, auch wenn er in ihrem Büro stand; ihr Argument, es koste zu viel von ihrer Zeit und daher auch ihrem Geld, wenn sie von einem Wochenseminar im Ausland ihr Tonbandfernabfrage und statt ihrer Kunden seine Sportsfreunde höre, steigerte nur seine Widerborstigkeit. Ihr blieb daher nur die Möglichkeit, den Text ihrer „outgoing message“ zu präzisieren: „... wenn Sie MIR eine Nachricht hinterlassen wollen ...“

Oft drängen sich da kollektive Klagen auf wie: „Frauen werden eben nicht ernst genommen“. Wir sollten sie aber prinzipiell vermeiden:

- erstens wäre das eine destruktive Autosuggestion,
- zweitens wäre es eine Fremdsuggestion und Verstärkung eines Vor-Urteils (selbst wenn es stimmt),
- drittens ist die Märtyrerrolle eine Sackgasse. Sie verlockt, sich in ihr häuslich einzurichten. Immerhin winkt der „Sekundärgewinn“ des schwesterlichen Mitleids. Besser ist, umzukehren oder „die Wände hoch zu gehen“ ...
- außerdem behindern wir unser Nach-Denken, wie wir erzielen können, „ernst genommen werden“.

Kämpfe um Lebensraum bieten eine wunderbare Gelegenheit, die

Geschlechterpolarität zu überwinden, indem wir vom männlichen Standardverhalten übernehmen, was in diesem Zusammenhang nützlich ist: die Überprüfung der Kommunikationsstruktur auf ihre Wirkung zu unseren Gunsten. Möglicherweise müssen wir sie anschließend „verrücken“.

Gehen wir davon aus, daß in jeder Kommunikation Sender und Empfänger vorhanden sind. Nehmen wir der Einfachheit halber als Metapher die Analogie „Radio“ her. Dann kann die Kommunikation aus mehreren Gründen gestört sein:

- Der Sender sendet zu schwach,
- undeutlich,
- mißverständlich,
- es gibt Interferenzen (Störungen von außen),
- der Empfänger ist gestört,
- kaputt oder
- überhaupt nicht eingeschaltet (empfangsbereit).

Max FRISCH hat darauf hingewiesen, daß gelungene Kommunikation immer vom Wohlwollen des Empfängers abhängt.

„Gegen den Wind kann man nicht Klavier spielen“ warnt der Volksmund.

Und im NLP heißt ein Leitsatz: Verwende Deine Energie nicht, zu beweisen, daß etwas nicht geht, sondern dafür, zu suchen, wie es gehen könnte!

Halten Sie sich also nicht auf, alle Energie darauf zu verwenden, einen „Feind“ zum Freund „machen“ zu wollen. Sie würden ihn nur bedrängen (Gewalt!). Sie würden ihm „zu nahe kommen“, dadurch noch unsympathischer werden und in der Folge möglicherweise verstärkt Abwehrhandlungen hervorrufen.

Entweder er kommt von selber darauf, wie tüchtig Sie sind. Oder andere, die Sie leichter davon überzeugen können, sagen es ihm. Oder Ihre Kompetenz wird so unübersehbar, daß er merkt, wie er zunehmend zum Geisterfahrer wird.

Aus diesem Grund nützt Frauen „Exhibition“: die Herstellung von Öffentlichkeit. Leider fürchten viele, damit

- aus dem konservativen weiblichen Rollenbild zu fallen („still und bescheiden“),
- überhaupt zu sehr aufzufallen,
- Neider und Konkurrenten auf den Plan zu rufen und vor allem

- in archetypische Revierkämpfe verwickelt zu werden.

Autoritäre Vater- oder Mutterfiguren halten es schwer aus, wenn Söhne oder Töchter zu ernstzunehmenden „Nebenbuhlern“ werden. Märchen, Mythen und Tagespresse (Innenpolitik!) bieten reichhaltiges Anschauungsmaterial, wie verhindert werden soll, daß man(n) oder frau aus der Platzhirsch-Position weichen muß.

Je unreifer man(n) (oder auch frau) in seiner (ihrer) seelischen Organisation ist, desto mehr wird dieses animalische Revierdenken hochgehalten. „Daß mir's niemand nimmt . . .!“

Unsere Spontanreaktionen entsprechen dem urzeitlichen Repertoire: wir brausen auf oder davon, je nachdem, ob wir uns oder die anderen für stärker halten, oder entschließen uns, starr vor Schreck zu sein.

Im jüngsten Teil unseres dreiteiligen Gehirns, der Großhirnrinde, finden sich dagegen, all die Potentiale für komplexe Denkleistungen. Hier lagern unsere Ressourcen,

- zu verhandeln, statt primitiv zu kämpfen,
- uns zu distanzieren anstatt davonzulaufen (uns nach reiflicher Überlegung zum Beispiel zu einer Trennung, Kündigung wie auch Scheidung, zu entscheiden, zum Verlassen des Ort des Geschehens oder auch zu Emigration),
- oder einfach zu warten, bis eine Situation entscheidungsreif ist, anstelle uns selbst zu blockieren.

Was die Kleinhirn – von den Großhirnreaktionen deutlich unterscheidet, ist die Zeitdimension. Zugebissen ist schnell. Eine Erklärung abzugeben, weshalb wir etwas nicht richtig finden, braucht hingegen Zeit. Lassen Sie sich nicht verleiten, auf Neandertalerattacken schnell zu reagieren – ein erfahrenes Kampfkrokodil ist Ihnen sicherlich an List und Tücke überlegen!

- Versuchen Sie, Zeit zu schinden (aufrichten, langsam atmen, Distanzierungstechniken anwenden).
- Versuchen Sie, die Situation tiefenpsychologisch zu entschlüsseln.
- Versuchen Sie, Helfer zu gewinnen.
- Helfen Sie selber Frauen, die in solchen Situationen sind.

Tiefenpsychologische Familienmodelle

Die psychoanalytische Sozialtherapie verwendet als Metapher zur Intervention in Gruppenkonflikten Modelle der traditionellen Kleinfamilie, egal ob in Teams, ganzen Abteilungen oder kleineren Firmen. Bei größeren müssen mehrere „Familien" ausgemacht werden:

- Eine Person ist „Vater". Sie zeichnet sich meist dadurch aus, daß sie überwiegend abwesend ist. Sie interessiert sich nicht dafür, was in der Restfamilie vor sich geht. Dafür verlangt „er" aber, daß sich alles um ihn und sein Wohlbefinden dreht, wenn er einmal auftaucht. Er lebt nach dem Glaubenssatz: „Wer zahlt, bestimmt" und neigt auch sonst dazu, Sachzwänge, Sachentscheidungen, „sachliche" Kommunikation und den Besitz von vielen Sachen überzubewerten. Der „Vater" kann selbstverständlich auch weiblichen Geschlechts sein – ich spreche dann meist von „Frau Macho".
- Die „Mutter" bemuttert nach allen Richtungen und ist daher stets überlastet. Da ihr das Funktionieren der Familie wirklich am Herzen liegt (und ihr daher Unruhe oft echtes Herzweh macht), übernimmt sie alle anfallenden Arbeiten, ohne viel zu überlegen, ob das nicht besser wer anderer machen sollte. Sie ist Dolmetscher und Diplomat und steht zwischen dem „Vater" und den „Kindern".
- Die „Kinder" sind entweder brav. Dann respektieren sie den „Vater" aus Achtung – oder aus Angst – oder der „Mutter" zuliebe, damit sie keine Probleme bekommt. Oder sie rebellieren. Manchmal werden sie dabei von der „Mutter" unterstützt. Meist dann, wenn auch für sie die Pascha-Allüren des „Vaters" unerträglich geworden sind.
- Außerdem gibt es Randfiguren: „Großvater" oder „Großmutter" („Onkel", „Tanten"), vielleicht auch einen „Pfarrer" oder „Arzt", der in Notfällen geholt wird. Manchmal hört man auf ihn, manchmal wird er ignoriert – wie im realen Leben auch.

Erkennen Sie Parallelen zu Ihrer Berufssituation? Und befinden Sie sich womöglich in der gleichen Situation wie in Ihrer Herkunftsfamilie?

Vaterglückchen, Mutterschößchen
Kinderstübchen, trautes Heim,
Knusperhexlein, Tante Rös'chen,
Kuchen schmeckt wie Fliegenleim.
Wenn ich in die Stube speie,
Lacht mein Bruder wie ein Schwein.
Wenn er lacht, haut meine Schwester,
Wenn sie haut, weint Mütterlein.
Wenn die weint, muß Vater fluchen,
Wenn er flucht, trinkt Tante Wein.
Trinkt sie Wein, schenkt sie mir Kuchen:
Wenn ich Kuchen kriege, muß ich spein.

Joachim RINGELNATZ

In der Familie reagieren alle aufeinander. Daher ist es wichtig, den Ansatzpunkt zu finden, an dem die entscheidende Person beeinflußt werden kann.

Wie im üblichen Familienalltag „funktioniert" die Firmenfamilie dann, wenn „Vater" und „Mutter" einig sind und wenn es der „Mutter" gut geht, was selbstverständlich noch nicht bedeutet, daß es auch allen Kindern gut geht.

Es ist durchaus möglich, daß „Vater" und „Mutter" im sadistischen Doppel ihren Lebensfrust an den „Kindern" auslassen, keinen „Arzt" (Unternehmensberatung) oder „Pfarrer" (Coach) zuziehen und als „geschlossenes System", versuchen, jede Beeinflussung von außen zu verhindern. In diesem Fall werden die „Kinder", sobald sie groß (bewußt) genug sind, Hilfe und Helfer suchen (Gewerkschaft, Öffentlichkeit) oder fortlaufen (kündigen).

Es kann aber auch der häufigere Fall eintreten, daß „Mutter" (oder „Vater") mit einem Lieblingskind koaliert. In diesem Fall besteht die Elterndyade nicht mehr. „Vater" („Mutter") ist im Out. Das „Kind" muß seine (ihre) Funktion übernehmen – was es meist überfordert – und wird in seiner eigenen Entwicklung behindert. Es kann ja nicht „seinen Weg gehen" kann, sondern muß der „Mutter" (dem „Vater") zu Willen sein. In der „Familie" (Firma) geht es dann auch meist drunter und drüber.

Ich will jetzt nicht alle denkbaren Kombinationen ausformulieren. Dazu gibt es nämlich eine einfache Technik: schreiben Sie Ihr Firmen-Märchen!

- Versuchen Sie, im typischen Märchenstil die wesentlichen Beziehungen und Verhaltensweisen Ihrer Berufswelt niederzuschreiben.
- Lassen Sie Könige und Prinzessinnen, Gnome und Hexen, Bauern und Fabelwesen etc. auftreten, handeln und sprechen.
- Schreiben Sie einfach drauflos ohne viel nachzudenken.
- Lassen Sie dann Ihr Dichtwerk einige Zeit ruhen, damit Sie Abstand gewinnen.
- Dann lesen Sie es durch und achten auf die ungelösten Aufgaben. Am besten wäre es natürlich, wenn Sie es jemand vorlesen könnten, der/die ein bißchen Ahnung von Ihrer Arbeitswelt hat.
- Üben Sie keinesfalls stilistische oder grammatikalische Kritik! Das ist unwesentlich.
- Dichten Sie gegebenenfalls einen neuen Schluß, der das Ziel beinhaltet, das Sie vor Augen hatten. Es darf auch ein Happy-End sein!

Familienspiele

Erinnern Sie sich noch an Es, Ich und Über-Ich? Dem amerikanischen Psychoanalytiker Eric BERNE schien die FREUDSCHE Unterscheidung der seelischen Instanzen zu kompliziert für US-Bürger. Daher änderte er ihre Namen und sprach fortan vom „Kindheits-Ich", „Erwachsenen-Ich" und „Eltern-Ich".

In der von ihm entwickelten „Transaktionsanalyse" entschlüsselt er Kommunikationsstrukturen als solche

- von oben herab (Eltern-ich zu Erwachsenen-Ich oder Kindheits-Ich),
- von unten nach oben (Kindheits-Ich zu Erwachsenen-Ich oder Eltern-Ich) und
- symmetrische Kommunikation (Eltern-Ich zu Eltern-Ich, Erwachsenen-Ich zu Erwachsenen-Ich oder Kindheits-Ich zu Kindheits-Ich).

Symmetrische Kommunikation ist zwar oft anstrengend, tut aber allen Beteiligten gut. Ganz im Gegenteil dazu stehen die asymmetrischen Kommunikationsstrukturen: da geht es zumindest einem/r schlecht, nämlich der Person, die sich klein fühlt oder klein gemacht wird.

Natürlich ist nicht jede asymmetrische Kommunikation boshaft, grausam, verletzend etc. Im Zustand des Kindheits-Ich kann das Pseudokind auch kreativ, witzig, traumtänzerisch mit „Überheblichkeit“ umgehen. Und da es auch real gute Eltern gibt, agieren nicht alle Pseudoeltern als Rabenvater oder Rabenmutter.

Für den groben Überblick möchte ich folgende Positionen aufzeigen:

- Von oben herab wird agiert im
  - tyrannischen,
  - nörgelnden,
  - verführerischen oder
  - liebevollen Eltern-Ich.
- Von unten nach oben wird kommuniziert im
  - rebellischen,
  - greinenden,
  - koketten oder
  - lieben Kindheits-Ich.
- Das Erwachsenen-Ich prüft die Realität und trifft angemessene Bewertungen wie Entscheidungen. Besondere Affekte oder sonstige Triebdurchbrüche liegen ihm fern. Es würde ja sonst aus seinem Gleich-gewicht kippen.

Vorurteile waren da.
Sie können bald völlig verschwinden.
Du bist wie du bist ganz groß,
du bist okay.
Was die andern denken, reden,
kann mit Blindheit ich begründen,
weil ich dich mit meinen
eignen Augen seh.

Barbara STROMBERGER,
„Wie ein himmlisches Konzert“

Probieren Sie einmal, den Kopf so zu halten, als ob Sie angestrengt auf etwas/jemand hinaufschauen müßten, das/der viel viel größer ist als Sie. Tut weh, ja? So geht es kleinen Kindern mit uns Großen. Und so geht es uns Großen, wenn sich jemand massiv über uns erhöht. Wir bekommen Nackenschmerzen, Genickstarre und/oder sonstige Beeinträchtigungen unserer Wirbelsäule – unseres Stützapparats.

Je nachdem, welche Strategien wir in unserer Ursprungsfamilie gelernt haben, werden wir dann aufjaulen oder immer stiller und stiller werden. Wir werden versuchen, uns (mehr oder weniger kokett) zu arrangieren. Wir werden aber vielleicht auch weinen, krank werden oder versuchen, uns selbst etwas anzutun (und wenn es nur eine Alkoholvergiftung ist).

Manche Menschen gieren richtig danach, endlich oben zu sein und es denen da unten zeigen zu können – ein typischer Fall von Wiederholungszwang: nur zu oft nörgeln wir („Wie schaut's denn da schon wieder aus?") oder üben Druck aus („Wieso ist das noch nicht erledigt?", „Jetzt gehen Sie schon endlich zu den Kollegen und sagen Sie denen das!") wie einstmals die leibliche Mutter.

Die inzestuöse Komponente bleibt nach wie vor den Männern vorbehalten: nämlich Frauen mit Versprechungen oder mehr oder weniger verbrämter Drohung zum Dulden sexueller Handlungen zu überreden.

Männer sind jahrhundertelang daran gewöhnt, obenauf zu sein. Traditionell dazu erzogen, überlegen sein zu müssen, ist ihr primäres Ziel, Hackordnungen festzulegen. Den Frauen fühlen sie sich von vornherein über: zum Teil, weil ihre Frauen bis vor kurzem klein (kleiner), leichtgewichtig (leichter) und ungebildet (schlechter ausgebildet) zu sein hatten. Die Ursachen finden wir in schlechterer Ernährung, weniger Körpertraining und Ausschluß von Bildungseinrichtungen. Das alles ändert sich seit einiger Zeit. Nur die Erlaubnis, an Fortbildungsseminaren teilzunehmen, wird Frauen von ihren Vorgesetzten noch immer überproportional häufig verweigert.

Diese Aussage klingt vielleicht sehr hart, entspricht aber meiner jahrelangen Beobachtung.

Oft vergessen Männer einfach auf die Kollegin, wenn sich die Chance bietet, mit einem Kollegen zu „rangeln".

So suchte eine meiner Studentinnen auf meine Empfehlung nacheinander zwei Wissenschafter auf, die ihr bei einer Forschungsarbeit behilflich sein sollten. Kaum hatte der erstkontaktierte Mann erfahren, daß sie auch einen anderen aufgesucht hatte (ohnedies der „geheimen Rangordnung" entsprechend nach ihm), ließ sein Interesse an ihrem Projekt blitzartig nach und konzentrierte sich nur mehr auf den Rivalen.

Wer weiß, wie heftig Männer beim Aufstieg aus einer Dienstklasse in eine andere, um größere Zimmer, größere Teppiche oder mehrflammige Luster kämpfen, versteht, was die Verhaltensforschung mit „Imponiergehabe“ meint. Viele Institutionen (z. B. der Magistrat der Stadt Wien) haben genau festgelegt, in welcher Hierarchiestufe welche Raumausstattung zusteht. Gelingt es einem, diese Spielregeln zu durchbrechen, kann er gewiß sein, daß hinter seinem Rücken schon an seiner Demontage gearbeitet wird.

Wieder andere demonstrieren mit ihrem vollgekritzelten Time Manager oder dem allzeit präsenten Handy ihre Wichtigkeit, kämpfen mit PS oder Promillen und zeigen auch sonst recht unvernünftige und eigentlich unreife (Kleinhirn) Aktionen.

Frauen sind solche „Statusspiele“ fremd.

Ihnen geht es weniger um Dominanz als um Gleichheit, das haben sogar Untersuchungen kindlicher Spiele bewiesen. *„Jungen lernen von klein auf, daß sie ihr Ziel – höheren Status – erreichen, wenn sie ihre Überlegenheit unter Beweis stellen. Mädchen lernen, daß offen gezeigte Überlegenheit sie ihrem Ziel – der Zugehörigkeit zu anderen – nicht näher bringt“*, schreibt die amerikanische Linguistin Deborah TANNEN in ihrem Bestseller „Du kannst mich einfach nicht verstehen“.

Da kommt also eine Frau, mindestens gleich qualifiziert, mindestens gleich motiviert, und statt eines freundlichen Willkommensgrußes als neue Mitarbeiterin schlagen vom Kollegen bis zum Vorgesetzten die Männer Pfauenräder. Sie tun das aber nicht, um ihr zu gefallen (das gehörte ja auch in die Privatsphäre), sondern um ihr zu bedeuten: „Du hast keine Chance gegen mich!“

Des Rätsels Lösung findet sich durch das Wörtchen „zeigen“:

viele Frauen glauben, sich diese Attacken ersparen zu können, wenn sie bewußt „unterlegen“ bleiben oder zumindest Unterlegenheit spielen. Damit verlieren sie jede Chance auf Respekt. Man(n) akzeptiert nur jemand über sich, wenn diese/r nach seinen Kriterien besser (stärker, schneller etc.) ist.

Dieser „Zeigezwang“ vieler, vor allem älterer Männer entstammt wieder der frühkindlichen Kastrationsangst: in der phallischen Phase der psychosexuellen Entwicklung, so zwischen dem dritten und vierten Geburtstag, entdecken kleine Kinder die Geschlechtsunterschiede und Klein-Bubi kommt drauf, daß Pappi auch an dieser Stelle – und überhaupt von unten hinaufgesehen – viel größer ist . . . Manche FREUD-Kritiker/innen bezweifeln die vom Entdecker der Psychoanalyse beschriebenen Seelenqualen der Kinder, wenn sie ihre eigene

Kleinheit, Unzulänglichkeit oder auch das Fehlen des „Phallus" erkennen.

Wer kritisches Denken lediglich an der Fachliteratur entflammt, findet vieles dann oft veraltet und spintisiert. Die Tiefenarbeit mit Menschen, die keinerlei Ahnung von Theorie und Praxis psychotherapeutischer Schulen haben, beweist dagegen die Existenz all der Phänomene, die FREUD beschrieben hat.

Ich habe bei Männern mit ausgeprägter Zeige- oder auch Schaulust immer wieder frühkindliche Demütigungen oder Traumata rund um ihre „Männlichkeit" gefunden. Sie nahmen ihnen Selbstvertrauen und trieben sie zu Überkompensationen.

Das Wissen, daß wir alle im Wiederholungszwang anderen das antun, was uns angetan wurde, soll uns aber nicht zum „Erbarmen mit den Männern" verleiten. Es bedarf schon großer Nähe und Vertrautheit mit einem konkreten Menschen, um ihn zu verstehen und sein Leid mit ihm zu tragen; mit solchen „Liebesdiensten" sollten wir daher sparsam umgehen.

Im Beruf werden wir dafür selten bezahlt (außer in meinem); sollte dies aber zu den „geheimen Aufträgen" gehören – wie bei einer persönlichen Referentin vielleicht – so sollten wir den Auftrag offiziell machen: ansprechen („Erwarten Sie von mir, daß ich Ihnen bei der Bearbeitung schwieriger Situationen als diskrete Aussprachepartnerin zur Verfügung stehe?"), Konditionen aushandeln und die Berücksichtigung dieser zusätzlichen Kompetenz bei der Entlohnung einfordern.

Weibliche Kriterien – wie die Kompetenz, andere zu fördern -müssen wir erst langsam und unauffällig „unterlegen" und wachsen lassen.

Frauen sollen durchaus an ihrer Überlegenheit arbeiten und sie auch leben, aber „überlegt":

Sein, nicht demonstrieren!

Ihre Überlegenheit muß so selbstverständlich (verankert) sein, daß Ihnen jede Infragestellung nur ein müdes Lächeln abringt.

Sich mit anderen zu vergleichen (das Kain-und-Abel-Syndrom)

- hält unnötig auf,
- lenkt Aufmerksamkeit vom eigentlichen Ziel ab (außer das eigentliche Ziel ist eben das Statusspiel),

- provoziert rebellische Geister (Managementfehler!),
- schüchtert resignativere Menschen ein (Managementfehler!),
- kränkt und macht krank. Beide!

Verzichten Sie darauf, konkreten Konkurrenten/innen allzuviel Aufmerksamkeit zu schenken. Konkurrenzbeobachtung gehört zwar zum Selbstmarketing, oberflächliche Information genügt aber (Nicht so gut wie möglich ...).

Wenn jemand vor Ihnen protzt oder versucht, Sie runterzumachen,

- Schauen Sie ihn distanziert an.
- Atmen Sie ruhig.
- Oft ist es gar nicht nötig, etwas zu sagen. Warten Sie einfach (Großhirn). Sie brauchen nicht kämpfen. Oder wollen Sie etwa einer unsichtbaren Schwesternriege imponieren?
- Wenn man(n) weiterhin versucht, Sie zu provozieren, distanzieren Sie sich nonverbal: wenden Sie Ihre Aufmerksamkeit wichtigeren Dingen zu – der Arbeit, die Sie gerade tun wollen. Sie können nach ein paar Minuten freundlich aufblicken und ihm ein Abschiedsnicken schenken.
- Wenn diese vornehme Art nicht verstanden wird, müssen Sie wohl deutlicher werden. Auf Bonmots sollten Sie sich nur einlassen, wenn Sie hiezu eine echte Begabung haben.
- Freundliche Reaktion auf Protzverhalten: „Schön für Sie!" „Ich habe schon gemerkt, daß Ihnen wichtig ist, ... zu zeigen", „Man hat mir schon erzählt, daß Sie ... gut können".
- Bei ernstzunehmenden Dominanzgesten finde ich ernsthafte verbale Abgrenzung besser: „Ich möchte mich meiner Arbeit widmen und dabei nicht gestört werden – verlassen Sie bitte mein Zimmer!"
- Lassen Sie sich auch von Vorgesetzten nicht demütigen. Wenn Ihnen keine passende Reaktion (und kein passendes Vorbild für die Visualisierung einer Hilfsperson) einfällt, tun und sagen Sie im Zweifelsfall gar nichts.
- Sie können immer noch später, wenn Ihnen etwas Passendes eingefallen ist, auf den Vorfall zurückkommen.
- Bleiben Sie fair (auch wenn andere es nicht sind – Sie wollen sich doch nicht auf das gleiche Niveau begeben?). Klären Sie derartige Konflikte mit der Person, die es angeht (wenn Sie wollen, durchaus auch vor Publikum), aber nicht hinter ihrem Rücken. Damit disqualifizieren Sie sich als Intrigantin.

Sexuelle Belästigung am Arbeitsplatz

Die infamste Art, Frauen zu demütigen, besteht darin, sie als „verfügbares Weibchen" zu diskriminieren.

„Feministische Sichtweise – und damit auch feministische Wissenschaft – bedeutet, kritisch zu überprüfen, wie weit die Position des Beobachters und Berichterstatters eine männerbegünstigende bzw. frauendiskriminierende ist" schrieb ich im Titelbeitrag von „Zuliebe zu Leibe", *„Männerbegünstigend wären demnach alle Positionen, die männliche Herrschaft über Frauen – und Mädchen – fordern, begründen und rechtfertigen und damit den Frauen die Möglichkeit der Selbstbestimmung, der Selbstäußerung nehmen."*

Aus üblicher männlicher Definition gibt es gar keine sexuelle Belästigung; höchstens „intensiveren Flirt". In der Fachsprache der Polizeijuristen heißt so etwas „Schutzbehauptung".

Andrea HOPFGARTNER und Maria Magdalena ZEICHEN definieren in ihrem Forschungsbericht 1988 sexuelle Belästigung am Arbeitsplatz als

„‚unwillkommene sexuelle Annäherungen, Aufforderungen zu sexuellen Gefälligkeiten und anderes verbales oder physisches Verhalten sexueller Art', die unter einem der folgenden Umstände stattfinden:
– Wenn die Einwilligung in die sexuellen Annäherungen eine explizite oder implizite Bedingung dafür ist, einen Arbeitsplatz zu behalten oder zu bekommen,
– wenn ein Vorgesetzter oder Arbeitgeber eine Personalentscheidung von der Bereitwilligkeit zur Akzeptierung sexueller Annäherung abhängig macht,
– wenn sexuelle Handlungen die Arbeitsdurchführung einer Person stören oder eine einschüchternde, feindselige oder beleidigende Arbeitsatmosphäre schaffen."

Ich erinnere mich an eine Klientin aus einer der größten Städte eines Bundeslandes. Jung verheiratet bat sie um psychotherapeutische Hilfe, weil ein hartnäckiger Vaginismus (Scheidenkrampf) sie – und damit auch ihren Mann – hinderte, ihren Eltern das ersehnte Enkelkind zu schenken. Die Großeltern in spe übten unerträglichen „Druck" aus ... In der Sexualanamnese stieß ich nach langwierigen Versuchen, Vertrauen und „Öffnung" zu ermöglichen, auf folgende zwei Schlüsselszenen: erstens mußte sie als Fünfzehnjährige Demütigungen von Ärzten ertragen, die ihr eine verheimlichte Schwangerschaft unterstellten, als sie nach einem Übelkeitsanfall in der Schule ins Spital gebracht wurde. Sie war aber unberührt. Zweitens hatte sie, wiederum unter Druck der Eltern, die nicht verstehen konnten/wollten, daß sie nach ihrer exzellenten Reifeprüfung nicht schnell einen Arbeitsplatz fand, den erstbesten Job angenommen: bei einem Steuerberater. Dieser verlangte von ihr, täglich länger da zu bleiben und nackt vor seinen Augen Akten zu schlichten, Leiter hoch, Leiter nieder. Kein Wunder, daß sie sich allen Männern verschloß.

Nie hatte sie jemand davon erzählt, immer geschwiegen, aus Scham und aus Angst: vor den Eltern, den Leuten ...

„Die Macht der Männer ist die Geduld der Frauen" heißt der Titel eines Filmes, der zeigt, wie leichtgläubig Frauen, die von ihren Ehemännern mißhandelt werden, deren Versprechen vertrauen, jetzt würde alles wieder gut, und wieder in den Familienkerker zurückkehren. Jede glaubt, sie sei die einzige. Jede glaubt, es läge an ihr, wenn ihr „so was" passiert.

In Wirklichkeit wird frau meist mit voller Absicht ausgetrickst.

Sexuelle Belästigungen gibt es als

- Einschränkung der Bewegungsfreiheit,
- unerwünschte Berührungen,
- demütigende Gesten,
- anzügliche Worte, Sätze oder andere Töne (Singen, Pfeifen, Keuchen, Schmatzen ...)
- zudringliche Blicke,
- sexistische Witze,
- und andere, verharmloste – „da ist doch nichts dabei" – Konfrontationen wie das Zeigen pornographischer Bilder oder permanente Einladungen zu Saunabesuchen.

Ich selbst hatte in meinen ersten Berufsmonaten, angestellt in einer großen Versicherung, Anrufe eines Kollegen aus der Telefonzentrale zu ertragen, der offensichtlich ein Ferngespräch mit meinem damaligen Freund belauscht hatte. Er meldete sich meist gegen Dienstschluß und unter dessen Namen, um sich verbal von seinem Testosteron-Druck zu erleichtern. Ich fand damals nur die Reaktionsform, schnell aufzulegen. Heute würde ich herzlich lachen: über die Dummheit, mich für so dumm zu halten, daß ich die Stimmen nicht auseinanderhalten könnte.

Ich beschäftige mich seit vielen Jahren mit Machtungleichgewichten und Dominanzstrategien. Daher habe ich viele einschlägige Fallgeschichten gesammelt und analysiert. Dementsprechend teile ich Männer, die Frauen sexuell am Arbeitsplatz belästigen, ein in

- Traumatisierte (Sie haben gleichartige Erlebnisse, z. B. körperliche Attacken auf Intimstellen des Körpers, nicht bewältigt und handeln im Wiederholungszwang: „Hat es mir nicht geschadet (???), schadet es Dir auch nicht!"). Sie sprechen gut auf Psychotherapie an.
- Unaufgeklärte, Mitläufer (Sie verstehen augenblicklich, wenn frau ihnen erklärt, was da eigentlich vor sich geht und stellen sofort ihr Fehlverhalten ein).
- Babys (Sie sind in der oral-sadistischen Phase ihrer psychosexuellen Entwicklung steckengeblieben und müssen auf alles, das sie „haben! haben!" wollen, hintapschen). Sie können in Psychotherapie „nachreifen".
- Selbstwertverletzte (Sie müssen ihren Minderwertigkeitskomplex gegenüber Frauen, aber auch gegenüber Männern überkompensieren. Wenn sie schon sonst nichts haben, womit sie reüssieren könnten, muß es ihre Sexualität sein.), klassische Psychotherapieklienten.
- Sexmaniacs (Sie sind schwerst psychisch gestört und werden meist sehr bald generell auffällig). Hier sind die Prognosen für präventive oder curative Psychotherapie nicht so günstig: sie empfinden sich nämlich als „normal". Denken wir aber an die stets auffindbare Bandbreite zwischen den beiden Polen: dann finden wir auf der einen Seite sexualgehemmte Männer („Klemmis"), auf der anderen die Sexualisierten, die weit über die Norm hinaus sexuelle Aktivitäten ausagieren und in der „goldenen" Mitte die Durchschnittsmänner, die ihre Sexualität dort ausleben, wo sie hingehört, im Schlafzimmer (oder auch auf der grünen Wiese, wenn es frau dort hinzieht).
- Sadisten (Ihnen bereitet Verwirrung, Angst, Ekel etc. Genuß) und
- Strategen. Sie bilden die häufigste Gruppe. Sie setzen Anmache ein, um individuell oder kollektiv Macht auszuüben:
  - bei weit unterlegenen Frauen, die sie wie Dinge betrachten und nicht als „Personen". Wiederum ein schwerwiegender Charakterfehler (Beziehungsunfähigkeit) und damit Indikation für Psychotherapie.
  - bei Frauen im gleichen oder fast gleichen Status, um sie am weiteren „Fortkommen" und damit möglicher „Überrundung" zu hindern,

○ bei statushöheren Frauen, um ihnen zu demonstrieren, daß sie sie nicht achten: daß sie „nur eine Frau" sind.

Sexuelle Belästigung hat nichts mit Sex zu tun! Sie ist Gewaltausübung in sexueller Verkleidung.

Dort, wo nämlich wirklich Sexualität in den Vordergrund tritt, sind wir alle eher zögernd: wenn uns jemand wichtig ist, wollen wir ja nichts falsch machen. Dann sind wir unsicher, das Herz klopft im Hals und die Knie werden butterweich. Das sind wirklich ganz andere Signale!

Achten Sie nicht auf Kolumnenratschläge sogenannter Sexpertinnen, die die Arbeitswelt bestenfalls von der „Besetzungscouch" ihrer Chefredaktion her kennen: abgesehen davon, daß wir nicht „nicht sexuell" sein können und eben Mann oder Frau sind, hat unser Geschlechtsleben am Arbeitsplatz nichts verloren. Daher haben Ratschläge à la „Ein Flirt am Arbeitsplatz hebt die Motivation" bestenfalls dort Wahrheitsgehalt, wo einer in der „inneren Emigration" sonst gar nicht mehr am Schreibtisch, sondern nur mehr in der Kantine erscheinen würde.

Flirts sind ohnedies nicht mehr zeitgemäß. Sie paßten für die Zeit, in der Frauen keinerlei Geschlechtslust zugestanden wurde. Damals durften sie bestenfalls mit und in Augenblicken, Lächeln und ungefähren Berührungen so tun, „als ob". In der heutigen Zeit mit ihrer Vielfalt von Empfängnisverhütungsmethoden und Paarungsgelegenheiten ist Flirten ein unfaires Aufreizen mit anschließender Absage. Frauen wie Männer sollten im Sinne einer klaren Kommunikation darauf verzichten.

Und da Frauen meist diejenigen sind, die schneller und exakter „spüren", „was läuft", sollten sie das Handeln nicht aus der Hand geben. Nicht passiv dulden, sondern aktiv entscheiden, was frau will:

● sich nur wundern,
● Zweifel am (geistigen) Wohlbefinden des „Sexbels" anmelden,
● sich deutlich abgrenzen. (Durch mentale Distanzierungstechniken wie bereits beschrieben; oder verbal: „Ich merke schon, Sie wollen mich verunsichern/aus meinem Konzept bringen/mich als ... hinstellen ... Ich bleibe aber bei dem, was ich begonnen habe und ...")
● für die Entfernung des Störenfrieds sorgen. (In meiner Zeit als Obfrau meiner Berufsgruppe in der Bundeswirtschaftskammer hatte ich folgendes Erlebnis: Ich hatte in der Vorwoche im Parlament einen von

langer Hand vorbereiteten und schwierigen Erfolg erkämpft und besprach mit dem zuständigen Sekretär die weitere Vorgangsweise. Da stürmte der mir vorgesetzte, etwa sechzig Jahre alte, „Ehrenamtliche" in den Raum und pöbelte mich mit folgenden Worten an: „Na, wir haben alle gesagt, das hat die Perner auch nur erreicht, weil sie eine fesche Katz' ist!" Ich: „Das heißt also, Fachwissen, Engagement, Durchhaltevermögen zählen nicht..." Er: „Reg' Dich nicht auf, ich will eh nicht mit Dir schlafen!" Ich (unter Aufbietung aller Kräfte): „Du störst! Bitte verlasse den Raum!" Daraufhin ging er mit hochrotem Kopf hinaus. Der Sekretär, der all die Zeit frappiert und stumm vor sich hingestarrt hatte, rang um Worte: „Bitte verstehen Sie – so peinlich – die schwierige Lage – möchte mich für ihn entschuldigen – es ist Nachmittag und heiß, wahrscheinlich hat er ein bißchen viel getrunken ...".)

- das Schweigen brechen, Verbündete suchen, alles öffentlich machen.

Lassen Sie sich keinesfalls ins Minderheiten-Eck drängen! Sie sind nicht allein! Selbst wenn Ihnen Geschlechtsgenossinnen mit dem „Selber schuld"-Argument in den Rücken fallen wollen: sagen Sie denen, daß Sie über die mangelnde Unterstützung (Solidarität) enttäuscht sind. Bleiben Sie standhaft!

Definieren Sie sich selbst als aufrechte und aufrichtige Frau: Expertin für Ihre Gefühle sind nur Sie selbst! Wenn Männer ihre eigenen Gefühle nicht entschlüsseln können/wollen, weil sie sich nicht die Zeit nehmen (Yang), in sich hinein und auf ihre „wahren" Motive zu hören, kann frau ja nachhelfen ...

Es ist keine Heldinnentat, unreife Männer in ihr Unglück rennen lassen. Frau kann sich auch dafür entscheiden, sie fair darüber aufzuklären, daß sie dabei sind, einen großen Fehler zu machen:

- sie profilieren sich als Baby, Krokodil ... aber sicher nicht als fähiger Manager, der sozial kompetent ist, Verantwortung für Mitarbeiter/innen zu tragen,
- sie verlieren ihre Glaubwürdigkeit als be-herr-schte, zivilisierte Mitteleuropäer,
- sie verscherzen sich die Unterstützung der mißachteten Mitarbeiter/innen.

Lassen Sie sich nicht einreden, sexuelle Belästigung am Arbeitsplatz sei ein reines Frauenproblem und die Frauen hätten Sexualängste den Männern gegenüber. Es gibt auch die sexuelle Belästigung am Arbeitsplatz von Mann zu Mann!

Ich habe vielfach Klagen von Klienten zu hören bekommen, wie sehr sie unter dem Protzverhalten der Zimmerkollegen, ja sogar von Vorgesetzten zu leiden hätten, die detailliert ihre Sexualakrobatik der vergangenen Nacht referieren, einen zotigen Witz nach dem anderen „reindrücken" oder über alle „Weiber" inklusive der Partnerinnen der Angesprochenen herziehen.

Wenn jemand andauernd von seinem/ihrem Intimbereich spricht, dürfen Sie durchaus sagen: „Das ist mir zu intim!" oder „So genau möchte ich das nicht wissen – so gut kennen wir uns nicht!"

Ich halte wenig davon, „Gleiches mit Gleichem zu vergelten."

Denken Sie wieder an die Grundsätze der Transaktionsanalyse: nicht nörgelndes Eltern-Ich gegen nörgelndes Eltern-Ich und bitte auch keine Sandkastenspiele von Kindheits-Ich zu Kindheits-Ich, sondern in die coole Erwachsenenposition. Genau hinsehen und aussprechen.

Ich nenne das die „Exorzismus-Technik": Frau muß den Teufel bei Namen nennen, dann kann frau ihn wegschicken.

Sagen, was geschieht. Aber kühl, nicht hitzig. Mit geradlinigem Blick, nicht mit „niedergeschlagenen" Augen. Mit fester Stimme, nicht wispernd. Auch sie gehört zu unseren Körperwaffen wie die Zähne, die Hände (samt Krallen) und die Füße!

Selbstbehauptung ist erlernbar!

Je intellektueller Sie sind, desto mehr wird es Sie schmerzen, wenn Sie nicht als kluge Frau, sondern als Püppchen definiert werden. „Sei schön und halt' den Mund!" Oder wenn Ihnen „Statusunterschiede" demonstriert werden.

Zu den üblichen Statusspielen gehört:

- Übertrumpfen mit quantitativen Vergleichen (größer, schneller, reicher, bekannter, beliebter)
- Andere zur Unterwerfung (ungewolltem Verhalten) zu zwingen (wer muß zu wem hingehen; Grußrituale; Warten lassen; Nicht weggehen lassen; Zu Wiederholungen zwingen etc.)
- Sonderformen dieser Unterwerfungsgesten sind körperliche und sprachliche Gewalt: unerwünschte Berührungen, ins Wort fallen, simultan reden, nicht ausreden lassen. (Hier haben soziologische Unter-

suchungen aufgezeigt, daß „Statushöhere“ (Weiße Amerikaner, Vorgesetzte, Männer) „Statusniedrigere“ (Farbige Amerikaner, Untergebene, Frauen) häufig berühren, nicht aber umgekehrt.)

- Anderen die Nichtzugehörigkeit zu einer (kollektiv, aber auch vom Gegner individuell) höherbewerteten Gruppe zu demonstrieren.

„du tust mir weh
ich tu dir weh
tu dir doch gleich
selber weh!“
Traude ZEHENTNER

In psychologischen Trainings (beispielsweise für Politfunktionäre) wird immer wieder betont, wie wichtig es ist, den Namen der eigenen Gruppe hervorzuheben: in unserem Beispiel der eigenen Partei: „Wir von der WFP (‚Wilde Frauen Partei‘) sind der Ansicht . . .“.

Damit soll einerseits selbstsicheres Hervor-Treten als unbestreitbare und unbestrittene Gruppe nach außen (Reviermarkierung) wie nach innen (Gruppenidentität) verstärkt werden. Wieder eine Anwendungsform von verbalen wie nonverbalen Suggestionen! Andererseits sollen durch solche Größendemonstrationen bei der Empfängerschaft Kleinheitsgefühle und Zugehörigkeitssehnsüchte ausgelöst werden. Dann soll schrittweise versucht werden, das Revier zu vergrößern und die Zuhörerschaft zu „kolonialisieren“.

Dieses „Raumgreifen“ findet sich nicht nur als wohlgeplante Strategie im parteipolitische Diskurs oder in der Eroberung/Behauptung neuer Märkte. Sie läßt sich auch gut am Marketing bestimmter Zeitungen oder Magazine beobachten, die nicht genug davon bekommen, ununterbrochen mit ihrer Größe und ihrem Wachstum zu protzen: das Scheinwerferlicht wird sozusagen nur mehr auf Dimension gerichtet, nicht mehr auf Inhalt oder Qualität. Angehörige solcher Unternehmen laufen dann oft Gefahr, sich mit dieser „psychologischen Kriegführung“ so sehr zu identifizieren, daß sie auch in ihrem persönlichen Wirken niemand anderen mehr neben sich dulden, und all ihr Streben von der Idee beseelt ist, der/die Größte und Einzige sein zu müssen.

Innerbetrieblich führt dieses Denken nur zu oft zu Konflikten zwischen Ressorts (etwa zwischen Verkauf und Produktentwicklung), wenn die unterschiedliche Zielausrichtung nicht immer wieder deutlich gemacht und die notwendige Ergänzungsfunktion herausgearbeitet wird. Auch hier können wir die Yin-Yang-Polarität klar erkennen: während die Yin-orientierten Abteilungen versuchen, etwas zu kreieren („gebären") und aufzubauen („großziehen"), liegt der Schwerpunkt der Yang-Gruppierungen in eigener Ausweitung und Beseitigung der Konkurrenz.

Den männlichen Stil, mit Konkurrenz umzugehen, demonstrierte schon Kain (Yang) an Abel (Yin).

Der weibliche Stil, mit derartigen Positions- und Revierkämpfen umzugehen, kann wohl nur in der Erkenntnis und Bestätigung der andersartigen Qualität liegen: alles hat Platz nebeneinander.

Einer meiner liebsten Coaching-Klienten, ein in seinem Wesen sehr femininer Hochschullehrer, erarbeitete sich folgende Lösung im Konflikt, im selben Stil zu kämpfen und zu intrigieren wie die „Platzhirsche" oder stillschweigend zu resignieren: „Ich habe mich entschieden, sie über die Qualität zu betonieren!" – eine deutliche Integration von Yin und Yang.

Selbstbehauptung heißt, weder aggressiv, noch resignativ zu „agieren", sondern bei sich und damit bei der bisherigen Position zu bleiben.

Am einfachsten stellen Sie sich das „räumlich" vor. Sie bekommen damit die dazu notwendige Körperempfindung und die entsprechende Gefühlslage. Wir „verkörpern" ja unsere Befindlichkeit. Sie ersparen sich damit auch Nachdenkzeit und mögliche Blockaden. Sie kennen sicher die Geschichte vom Tausendfüßler, der gefragt wird, mit welchem Fuß er zu gehen anfängt und der daraufhin nicht mehr weiß, wie er gehen kann.

- Stellen Sie sich aufrecht hin. Das ist Ihre augenblickliche Position. (Selbstverständlich können Sie sie immer verändern, wenn Sie eine bessere entdeckt haben.)
- Stellen Sie sich jetzt vor, jemand tritt Ihnen zu nahe, bedrängt Sie oder will Sie einfach von Ihrer Position weg haben. Erlauben Sie den passenden Gefühlen, hochzukommen. Spüren Sie Ihrer Befindlichkeit nach.

Sie haben jetzt folgende Reaktionsmöglichkeiten:

- Aggressiv: mit einer schnellen Kopfbewegung und blitzenden Augen abschrecken, anpfauchen oder anschreien, wegstoßen oder einen

noch massiveren körperlichen Angriff wagen. Das gesamte instinkthafte Droh- und Kampfverhalten steht Ihnen zur Verfügung. Überlegen Sie, welche Worte und Sätze, welche Stimmlagen und sonstige körpersprachliche Ausdrucksformen dazugehören.
Sie verlassen auf jeden Fall Ihre Position und „gehen den anderen an".

- Resignativ: Sie „nehmen sich zurück", ziehen den Kopf ein, machen sich klein, rechtfertigen oder entschuldigen sich oder ziehen sich überhaupt ganz zurück, verstummen voll Angst oder auch beleidigt. (Da ist dann wenigstens ein Restchen Aggression dabei!) Denken Sie nach, welche weitere Variationen Ihr Repertoire enthält.
Sie verlassen auf jeden Fall Ihre Position und „geben dem anderen nach".
- Selbstbehauptend: Sie verlassen Ihre Position nicht, sondern fragen nach, bitten um zusätzliche Informationen – oder geben selber solche. Damit wählen Sie weder Entschuldigung, noch rechtfertigen Sie sich. Ruhig und gelassen sagen Sie etwa: „Wenn ich Sie richtig verstanden habe, meinen Sie . . . Ich kann Ihnen gerne meine Sichtweise mitteilen: . . ." oder „Ich sehe das nicht so, sondern . . ." oder „Dieses Mißverständnis kann ich aufklären!"

Sie merken, daß ich wieder Prozeßwörter aus dem Repräsentationssystem „Sehen" verwende. Damit will ich helfen, in die „kühle" Distanz des „Überblicks", des „Anschauens" zu kommen und die „hitzige" Nähe zu vermeiden.

Was zu nahe ist, spüren wir (angenehm oder unangenehm), aber wir können es nicht gut sehen. Halten Sie Ihre Hand nahe vor die Augen – sie verdunkelt nur Ihr Blickfeld!

Üblicherweise reagieren wir auf unerwünschte Annäherung mit (raschen) Kleinhirnreaktionen: Gegenangriff, Abwehr, Rückzug, Lähmung.

Die (langsamen) Großhirnreaktionen sind: Ansprechen, was wahrgenommen wird. Raum abgrenzen. Und, wenn möglich gemeinsam, Auswege suchen.

Zum Weiterlesen:

Cheryl BENARD & Edit SCHLAFFER, „Laßt endlich die Männer in Ruhe“, Rowohlt 1990

Eric BERNE, „Spiele der Erwachsenen“, Rowohlt 1964/1967/1970

Anne FAUSTO-STERLING, „Gefangene des Geschlechts“, Piper 1985/1988

Reginald FÖLDY & Rotraud A. PERNER, „Die starken Zweiten – Träger des Erfolges. Motive und Motivation zur Spitzenleistung“, Wirtschaftsverlag Langen Müller 1992

Carol GILLIGAN, „Die andere Stimme. Lebenskonflikte und Moral der Frau“, Serie Piper 1982/1988

Thomas A. HARRIS, „Ich bin O. K., Du bist O. K.“, Rowohlt 1973

Nancy M. HENLEY, „Körperstrategien. Geschlecht, Macht und nonverbale Kommunikation“, Fischer 1977/1988

Andrea HOPFGARTNER & Maria Magdalena ZEICHEN, „Sexuelle Belästigung am Arbeitsplatz“, Bundesministerium für Arbeit und Soziales 1988

Rotraud A. PERNER, Hg., „Zuliebe zu Leibe. Über die Möglichkeit und Unmöglichkeit kindlicher Erotik“, Edition Tau 1991

Barbara STROMBERGER, „Wie ein himmlisches Konzert“, in: Barbara STROMBERGER, Saiten Weise Texte, 1986–1991, Edition Fidibus 3/1991

Deborah TANNEN, „Du kannst mich einfach nicht verstehen. Warum Männer und Frauen aneinander vorbeireden“, Kabel 1991

Deborah TANNEN, „Das hab ich nicht gesagt. Kommunikationsprobleme im Alltag“, Kabel 1992

Senta TRÖMEL-PLÖTZ, „Gewalt durch Sprache. Die Vergewaltigung von Frauen in Gesprächen“, Fischer 1984

Traude ZEHENTNER, „Bauchgedanken Kopfgefühle“, Frischfleisch 1988

STRATEGIEN

Arbeitsorganisation und Seelenökologie

Das neunte Leben

Sich ducken und zum Sprung ansetzen
sind, wir wissen es, dasselbe.
Unter gesträubtem Funkelfell
tut das Rückgrat sein biegsamstes
& das Hirn krallt Beute:
Täglich
liegt eine Gegenwart in ihren Schlagzeilen.
Der Kaffeesatz
wird auch diesmal ungelesen in den Müll
fallen. Jetzt ist Frühstück.
Unser geliebter Kater
streckt sich, schüttelt die Kosenamen
aus dem Fell und schreitet,
wir sehn es gerne,
voll Würde in seinen Tag.

Elisabeth PERCHINIG

Jede Problemlösung setzt voraus, daß Sie zuerst die Ausgangslage überblicken. Dann sollten Sie sich über Ihr Ziel im klaren sein: was wollen Sie im Optimalfall erreichen? Was wäre gerade noch ein Erfolg für Sie?

Möglicherweise wird Ihnen bei dieser Überlegung schon klar, daß Sie Ihr Ziel in Unterziele zerlegen müssen. Erst dann hat es Sinn, sich die einzelnen Schritte des Vor-Gehens zu überlegen: Wo setze ich an? Was brauche ich dazu? Wie lange kann/darf es dauern? . . .

Wenn wir dieses zielorientierte Denken schriftlich strukturieren, ergibt sich folgendes Bild:

- Zustandsanalyse (Ist-Zustand)

Was konkret soll geändert werden?

- Zielbeschreibung (Soll-Zustand)

Was konkret soll bestenfalls/geringstenfalls erreicht werden?

- Erarbeitung mehrerer Alternativen, wie das Ziel (die einzelnen Teilziele) verwirklicht werden kann (können).

● Bewertung der Alternativen und Auswahl der „besten" (= nach der erstgereihten Bewertungskategorie bestgeeigneten) Durchführungsmöglichkeit.
● Festlegung der Durchführungsmodalitäten (wieder nach diesem Schema).
● Festlegung von Methoden der Erfolgskontrolle.

Je mehr Routine Sie mit diesem strukturierten Vorgehen haben, desto schneller können Sie es gedanklich abwickeln. Es läuft dann sozusagen blitzartig und automatisch ab.

„Denn, was man schwarz auf weiß besitzt,
Kann man getrost nach Hause tragen"
Johann Wolfgang von GOETHE, „Faust I"

Wenn Sie allerdings Ihre ersten Erfahrungen mit strukturiertem Arbeiten machen, lohnt sich die Mühe, alles schriftlich aufzuzeichnen. Und auch, diese Aufzeichnungen aufzuheben. Sie haben damit die beste Möglichkeit, genau die Stellen auszumachen, an denen Schwierigkeiten aufgetreten sind; wo Sie Ihren Plan korrigieren mußten; wo Abweichungen notwendig wurden. Sie können sich selbst „supervidieren".

Holen Sie sich die Super-Vision!

Unter Supervision verstehen die Angehörigen von Sozialberufen (von Berufen, in denen die persönliche Beziehung zu anderen gefördert werden sollen) die Selbsterforschung der tatsächlichen Arbeitssituation:
● was wollte ich ursprünglich,
● was ist daraus geworden,
● welche (vorerst unbewußten) Motive haben mich geleitet,
● wo haben sich eigene unerledigte Probleme störend eingeschlichen,
● was hat mich in der Zusammenarbeit mit anderen behindert,
● wo habe ich mein Weltbild anderen aufgezwungen . . .

Das Ziel jeglicher Supervision ist, die Supervisanden/innen arbeitsfähig zu erhalten.

Erinnern Sie sich: traurige Berühmtheit erhielt der Begriff Supervision 1990, als drei Hilfskrankenschwestern des Krankenhauses Wien-

Lainz nachgewiesen wurde, für den vorzeitigen Tod von etwa fünfzig betagten Patienten/innen verantwortlich zu sein. Im Entsetzen darüber, wie ein verschworenes Team zu solchen Rohheiten fähig sei und was seitens der Anstaltsleitung in Zukunft gegen solche Entgleisungen gemacht werden könne, tauchte das Zauberwort Supervision auf.

Auch wenn Super-Vision lateinisch „Über-Sicht" heißt, ist sie doch etwas anderes, als reines „Draufsehen" auf eine (von Menschen mit ihrer jeweiligen intrapsychischen Befindlichkeit und interpsychischen Gruppendynamik bestimmte) Situation, auch wenn dieser „Über-Blick" dazugehört. Sie hat auch wenig mit „Auf-Sicht" zu tun. Allerdings hätten das manche autoritäre Chefitäten gerne. Denn einem Aufseher oder einer Aufseherin ist herzlich egal, wie es ihren Unter-Gebenen subjektiv geht: wenn sie nicht spuren, werden sie verwarnt oder entfernt.

Supervision soll der Arbeitszufriedenheit dienen und damit einen wesentlichen Beitrag zur ganzheitlichen Gesundheit leisten: nach der Gesundheitsdefinition der WHO (der Weltgesundheitsorganisation der Vereinten Nationen) bedeutet Gesundheit nämlich nicht nur das Fehlen von Krankheit und Behinderung, sondern „vollkommenes körperliches, psychisches und soziales Wohlergehen". In der Kommunalpolitik wird das soziale Wohlbefinden meist auf die Wohnverhältnisse mit Licht, Luft und Freiräumen im Grünen bezogen und der Stadtplanung und Wohnbaupolitik überantwortet; deswegen propagiert die WHO ja auch „Gesunde Dörfer" neben den „Gesunden Städten" Wenn aber auch verstärkt vom „Gesunden Krankenhaus" gesprochen wird, hat das nicht nur mit Hebung der Pflegestandards als Beitrag zur schnelleren Gesundung der Patienten/innen zu tun, sondern ist auch als Beitrag zur Verbesserung der Arbeitsbedingungen für die Angehörigen der Heil- und Pflegeberufe zu verstehen. Supervision gehört da unabdingbar dazu: viele körperlich Kranke befinden sich ja in einem psychischen Zustand, der es schwer möglich macht, geduldig ihre oft sehr negativen Äußerungen zu ertragen. Supervision hilft hier, den Zusammenhang mit der Krankheit zu erkennen, seine eigenen Reaktion darauf zu hinterfragen und möglicherweise bessere Verhaltensmöglichkeiten zu entdecken. Sein eigenes Leiden auch von der supervidierenden Person oder der Gruppe akzeptiert zu merken, macht möglich, sich davon freireden zu können.

Gewöhnen Sie sich einen Arbeitsstil an, in dem Sie sich selbst regelmäßig „supervidieren“. Halten Sie vertieft Nach-Schau zu halten, wo etwas korrigiert gehört, weil Sie sich nicht wohl gefühlt haben – weil Sie beispielsweise für eine Arbeit zu wenig Zeit veranschlagt und sich daher in Streß gebracht haben. Damit pflegen Sie Ihre ganzheitliche Gesundheit und tun von vorn herein etwas, um Ihre Arbeitsfreude und Leistungskraft zu erhalten.

Jeder erfolgreiche Kaufmann zieht regelmäßig Bilanz und überprüft, ob seine Investitionen (Zeit, dazu zählt auch die vergangene der Ausbildung, Energie, dazu zählt auch die seelische) den Erträgen (Gewinn = Honorar, Good Will = Anerkennung, Marktpräsenz = Gestaltungsbereich) entsprechen. Er prüft, ob seine Werbeaktivitäten (Hinweise, Warenpräsentation, Auslage etc. = Teilnahme an Fortbildungs- oder Vernetzungsveranstaltungen, publizistische oder politische Selbstdarstellungen, innersystemische Bewerbungen) nachfragefördernd sind.

Tun Sie das auch!

Ziehen Sie mindestens zu Wochenende Bilanz über die vergangenen Arbeitstage, wenn Sie sich nicht die Zeit nehmen wollen, jeden Tag mit einem Rück-Blick zu beschließen. Wenn Ihnen Verbesserungsmöglichkeiten auf- oder einfallen, dann überprüfen Sie, ob solche ökonomisch vertretbar sind. Sie erinnern sich: „Nicht so gut wie möglich, sondern so gut wie nötig“. Nehmen Sie sich allenfalls (am besten wieder schriftlich) vor, zu einem bestimmten Zeitpunkt/in einer bestimmten Zeit diese Verbesserungen durchzuführen.

Wenn Sie mit Notebook arbeiten, speichern Sie Ihre Vorhaben ein. Überprüfen Sie täglich, was noch offen ist. Und freuen Sie sich, wenn Sie wieder etwas als erledigt löschen können!

Wenn Sie mit Filofax arbeiten, überlegen Sie genau, was Sie alles hineinkritzeln! Ein vollgeschriebener Manager Timer sieht zwar imposant aus und ist durchaus für Statusspiele geeignet. Er kann aber zu einer Negativsuggestion unerledigter Arbeit ausufern! Überlegen Sie:

- Wenn Sie primär kinästhetisch veranlagt sind, werden Sie zwar alles lustvoll aufschreiben. Aber Sie werden selten, weil ungern hineinsehen. Das Aufschreiben stellt dann bestenfalls eine Unterstützung für Ihr Bewegungsgedächtnis dar.
- Wenn Sie primär auditiv veranlagt sind, ist ein Diktaphon die Gedächtnisstütze Ihrer Wahl. Aufschreiben ist sinnlos. Sie würden nur Ihre Widerstände spüren und sich die Laune verderben. Den gespro-

chenen Text abschreiben zu lassen, kann hingegen sinnvoll sein, weil er dabei gleich bearbeitet werden kann.

- Wenn Sie aber primär visuell veranlagt sind, sollten Sie aufpassen, daß Sie sich keine Horror-Vision gestalten! Dann kann es Ihnen nämlich passieren, daß Sie frühmorgens in Ihren Kalender blicken, sehen, daß er kein freies Plätzchen mehr übrig läßt und sofort in tiefe Verzweiflung stürzen!

Aus diesem Grund sollte frau genau überlegen, ob das Format solch einer Zeit-Hilfe für ihre Termingestaltung paßt! Vor allem Politikerinnen möchte ich warnen – im Gegensatz zu den Kollegen steht hinter Ihnen meist (noch) keine Frau, die Ihnen die Arbeit zur „Reproduktion der Arbeitskraft" abnimmt, spricht einkauft, Essen zubereitet und die Blusen bügelt. Sie können also nicht nach Lust und Laune Ihren Tag verplanen, weil Ihre „starke Zweite" alles, aber auch wirklich alles managt.

Tragen Sie daher auf jeden Fall Ihre persönlichen Zeiten von vornherein – aber bitte mit einem beruflich klingenden Code – in Ihren Kalender ein. Sonst passiert es Ihnen wie mir, daß ein Klient neben Ihrem Schreibtisch steht, zwecks Terminvereinbarung mit in Ihr Vormerkbuch schaut, und dann mit dem Finger auf die zwei Stunden tippt, die Sie für Ihren Friseurbesuch aufgespart haben, und sagt: „Nein, ich will nicht vierzehn Tage warten, ich komme da!" Warum sich den Energieaufwand antun, dann kontern zu müssen: „Diesen Termin habe ich bereits privat verplant!" Egal wie Sie formulieren, es klingt nicht so gut, wie wenn dort „Service" steht.

Schriftliche Aufzeichnungen brauchen zwar einige Zeit, das mag ein Nachteil sein, haben aber viele Vorteile:

- sie helfen Ihnen, Ihre visuellen Fähigkeiten auszubauen
- sie trainieren Ihr Strukturdenken
- sie fordern ihr graphisches Talent
- sie bieten anderen ein Vor-Bild und erleichtern damit die Verständigung (und bitte: wenn Sie andere Menschen leiten, geben Sie ihnen ebenfalls Anleitung, wesentliche Vorhaben schriftlich zu strukturieren; sie werden Ihnen dafür noch dankbar sein!)
- sie sind gut aufzubewahren
- sie sind leicht kopierbar, vergrößerbar, verkleinerbar ...
- und: Sie gewöhnen sich an, Ihre Arbeit zu dokumentieren.

Arbeitsdokumentationen halte ich für unverzichtbar – und eigentlich haben Sie in jedem anspruchsvolleren Beruf irgendwelche Aufzeichnungspflichten. Es ist eher unter Schlamperei bis Managementfehler zu klassifizieren, daß in den wenigsten Arbeitsbereichen neuen Mitarbeitern konkret mitgeteilt wird, nach welchen Standards die Arbeit vollbracht werden soll!

Wenn Sie einfach drauflos arbeiten, werden Sie wahrscheinlich nicht daran denken,

- daß Sie, nachdem sogenannte „Schornsteinkarrieren" (immer geradeaus hoch in derselben Firma) nicht mehr zeitgemäß sind, wohl mehrfach (und oft überraschend) in die Situation kommen werden, sich zu bewerben bzw. Ihr Arbeitsfeld zu wechseln.

Sie werden in Ihrer Vorbereitung auf Anbahnungsgespräche ebenso wie bei der Textierung Ihres Arbeitszeugnisses alle wesentlichen Erfahrungen und Erfolge Ihrer bisherigen Tätigkeiten nachweisen wollen.

- Es ist daher sinnvoll, auch in Ihrer Arbeitsdokumentation eine Struktur einzuführen: was dient der Selbstpräsentation, was dient der Selbstabsicherung.
- Es kann sich der Fall ergeben, daß Sie eine Entscheidung gegen die Vorstellungen Ihrer Vorgesetzten getroffen haben. Nach Wochen werden Sie vielleicht nicht mehr wissen, was Sie damals dazu bewogen hat. Aber wann immer Sie bei Ihrer Arbeit ein körpersprachliches Signal (ein mulmiges Gefühl etwa) verspüren, sollten Sie dem nachgehen, Unsicherheiten oder Bedenken vor sich selbst zugeben und dokumentieren: was Ihnen aufgefallen ist, wie Sie die Lage eingeschätzt haben und zu welcher Handlung Sie sich aus welchen Motiven entschlossen haben.

Ich habe in meiner Praxis immer und immer wieder erlebt, wie Spitalsärztinnen im Nachhinein mühselig Krankengeschichten rekonstruieren mußten, weil sie nur die vorgegebenen Standards ihrer Aufzeichnungspflicht erfüllt hatten, ihre subjektiven Einschätzung der Situation aber unterdrückten und später dann in ausufernden Rechtsstreitigkeiten (Schadenersatzansprüchen, Disziplinarverfahren, gerichtliche Verfolgungshandlungen) in Beweisnotstand gerieten.

Auch Angehörige anderer Berufe, die wesentlich ins Leben anderer Menschen eingreifen (müssen), sollten darauf gefaßt sein, daß die Bandbreite menschlicher Reaktionen auf unerwünschte Amtshandlungen weit ist: von selbstbewußter Inanspruchnahme zustehender

Rechtsmittel, amoralische Schikanen, neurotisches Querulantentum bis zum behandlungsbedürftigen Verfolgungswahn.

In § 1299 ABGB heißt es: „*Wer sich zu einem Amte, zu einer Kunst, zu einem Gewerbe oder Handwerk öffentlich bekennt; oder wer ohne Not freiwillig ein Geschäft übernimmt, dessen Ausführung eigene Kunstkenntnisse, oder einen nicht gewöhnlichen Fleiß erfordert, gibt dadurch zu erkennen, daß er sich den notwendigen Fleiß und die erforderlichen, nicht gewöhnlichen, Kenntnisse zutraue; er muß daher den Mangel derselben vertreten.*"

Wir müssen für die Zukunft mit Schadenersatzforderungen als Geldbeschaffungsmethode rechnen, wie es in den USA durchaus üblich ist: das dortige Versicherungssystem macht es Personen leicht, unter der Angabe, sich subjektiv geschädigt zu fühlen, aus der Haftpflichtversicherung von Fachleuten größere Summen zu beanspruchen. Das erklärt auch, weshalb es in den USA so viel mehr Detektive gibt als bei uns: sie arbeiten überwiegend für diese Versicherungen.

● Es kann sich aber auch der Fall ergeben, daß Sie plötzlich Ihr Alibi nachweisen müssen. Sie wissen nie, wer was über Sie phantasiert und Sie anzeigt. Bei jedem aufsehenerregendem Kapitalverbrechen ohne dingfestem Täter werden die recherchierenden Kriminalbeamten mit einer Unzahl von Verdächtigungen und anonymen Anzeigen bombardiert. Bei vielen dieser „vertraulichen Hinweise" handelt es sich um gezielte Verleumdungen von Familien- oder Betriebsangehörigen.

Es gibt eifersüchtige Intriganten/innen nicht nur auf der Theaterbühne, sondern leider auch in den Büros und Praxen. Je größer ein Unternehmen, desto eher finden sich einige, die wesentlich von der Norm abweichen. Ganz selten, aber doch, kommt es vor, daß von oben herab eingegriffen und so eine Person auf einen Arbeitsplatz versetzt (wenn nicht gar frühpensioniert) wird, wo sie wenig Schaden anrichten kann. Daß solch eine Maßnahme möglicherweise nur die bereits vorhandene Symptomatik verstärkt, ist eine andere Sache und gehört zu den Problemen, mit denen sich Führungskräfte herumzuschlagen haben.

● Lernen Sie abstrahieren! Viele Frauen bekommen Hemmungen, wenn sie ihre Leistungen wahrnehmen oder berichten sollen. Oft fallen ihnen gar keine ein: „Es ist doch alles selbstverständlich!" Hier hilft O eine polare Auflistung und Bewertung: Teilen Sie ein Schreibblatt wie die Seite eines Vokabelheftes. Auf die eine Seite wird geschrieben, was frau gut kann und was Freude macht, auf die andere Seite, was noch verbesserungsfähig ist. Der ökologische Check, ob es nämlich auch verbesserungswürdig ist, steht diesmal nicht zur Debatte.

○ die Technik des „Verrückens“: Bezeichnen Sie die bereits zufriedenstellenden Beschäftigungen als Begabungen und besondere Leistungen. Bei denen auf der anderen Seite suchen Sie das Gegenteil und formulieren daraus eine positive Eigenschaft oder Leistung.

○ Dann verinnerlichen Sie das Ergebnis: Nicht „ich bin eher ungeduldig“, sondern „ich habe Freude an schnellem Arbeiten!“

Übrigens: Achten Sie auf derartige verborgen-negative „Verrückungen“ in Dienstzeugnissen und wehren Sie sich im gegebenen Fall. Hilfestellung erhalten Sie von Gewerkschaft oder Arbeiterkammer; Arbeitgeber dürfen keine Zeugnisse formulieren, die dem Fortkommen der aus ihrem Betrieb Ausgeschiedenen nachteilig sein könnten. Daher verwenden sie eine Art „Geheimcode“ zur gegenseitigen Verständigung. Wenn es also beispielsweise in einem Arbeitszeugnis heißt „Sie fiel durch außergewöhnlich selbständiges Arbeiten auf“, so heißt dies zwischen den Zeilen „Achtung! Störrischer Eigensinn und Schwierigkeiten sind zu erwarten!“

Sie gewinnen mehr und raschere Reaktionsmöglichkeiten, wenn Sie sich angewöhnen,

- regelmäßig zu bilanzieren,
- mit „Verrückungen“ Bandbreiten auszutesten und
- Interesse an Lernmöglichkeiten durch sprachdetektivische Kontrollen haben.

Sie vertiefen Ihre Wahrnehmungsfähigkeit, wenn Sie schriftlich nach-denken.

Nun sollen Sie natürlich kein ausführliches Tagebuch samt tiefenpsychologischer Selbstergründung und philosophischer Überlegungen zum Weltgeschehen verfassen (auch wenn dies sicher ein wesentliches Hilfsmittel zur Förderung Ihrer leibseelischen Gesundheit wäre).

Sie sollen ohne besondere Konzentration, dafür aber mit Neugier darauf, ob und was Sie mit diesem spezifischen Blickwinkel entdecken, den Tag überblicken. Besondere Vorkommnisse trennen Sie von der Routine; das, was noch einmal wichtig werden kann, sichern Sie entsprechend.

In diesem Zusammenhang höre ich oft die Frage: „Aber wie weiß ich, was wichtig werden könnte?"

Alle, die damit „wissen" im Sinne der Speicherung von Schulwissen meinen, muß ich enttäuschen: gar nicht. Aber wenn wir „wissen" ganzheitlich im Sinne von „ahnen" interpretieren, so leitet uns die „Innere Stimme", indem sie flüstert „Das schreib Dir vielleicht auf!" Wir sollten ihr Folge leisten.

Vertrauen Sie Ihrer inneren Stimme!

Zu den erfolgsträchtigsten Strategien gehört, sich zu erlauben, bilateral zu denken; nicht so, wie wir es im – einseitig linkshemisphärisch ausgerichteten – Schulunterricht gelernt haben, sondern

- ruhig atmend,
- in entspannter Körperhaltung,
- in gelassenem Vertrauen, daß uns schon das Richtige einfallen wird.

Zur Erinnerung:

- der linken Gehirnhälfte werden zugeordnet: das lineare und folgernde Denken, die logische Analyse, die Sprache mit all ihren Begriffen und Bezeichnungen,
- der rechten hingegen das analoge und vergleichende Denken, die Intuition und Kreativität, das Bildhafte, räumlich Vorgestellte, Bewegung, daher auch alles praktische Tun Musik, die Emotionen.

Zum „Umschalten" und zur Unterstützung des ganzheitlichen Denkens können wir daher auf alle „künstlerischen" Betätigungen zurückgreifen: zeichnen oder malen, basteln, formen, singen und musizieren, Musik hören, tanzen und sporteln (sofern es nicht zielgerichtet angespannt betrieben wird!). Wir „dürfen" aber auch kochen oder backen oder weben oder stricken, wenn wir dadurch in die fördernde „Stimmung" kommen.

Der Harmonie ist egal, wie frau sie erlangt.

Wenn unsere Identität als kompetente und erfolgreiche Frau gefestigt genug ist, können wir allfällige Versuche, uns im Falle der Beobachtung bei nostalgischen Haushaltstätigkeiten als „Nur-Hausfrauen" aus dem Konkurrenzfeld wegzudefinieren, ungerührt an uns vorbeiziehen lassen.

„Daß die Vögel der Sorge und des Kummers
über deinem Haupte fliegen,
kannst du nicht ändern.
Aber daß sie Nester in deinem Haar bauen,
das kannst du verhindern.“

(Chinesisches Sprichwort)

Manche Frauen legen Wert darauf, zu demonstrieren, daß sie „richtige“ Frauen sind. Sie betonen bei jeder Gelegenheit, wie gerne und gut sie kochen und liefern ihre Geheimrezepte gleich mit. Sie fallen damit allen anderen Frauen in den Rücken, die weder gerne noch gut kochen, vielleicht einen Partner (oder auch eine Mutter oder Kinder oder sonstige Haushaltshilfe) haben, der sich mit Wonne in der Küche breit macht. Der könnte damit von seiner Unterstützung abgebracht werden, daß er in veraltete Polaritäten hineingelockt wird. Manche Frauen verzichten wiederum aus Diätgründen auf orale Genüsse und deren Produktion. Viele Frauen erkennen sehr genau derartige böse Absichten und protestieren dementsprechend gegen die verpackte Diskriminierung.

Haushaltsführung trifft jeden, der oder die für einen Haushalt Verantwortung tragen. Wer sich dieser Verantwortung ohne akzeptable Begründung entzieht, disqualifiziert sich für jegliche Verantwortung. Wie aber diese Verantwortung geregelt wird, ist entweder eine höchstpersönliche Entscheidung (und damit Hinweis für Verhalten in analogen Situationen) oder eine Musterherausforderung für kooperatives Handeln.

Haushaltsführung bietet darüber hinaus Gelegenheit, Managementfähigkeiten zu üben: beschränkte Ressourcen (Zeit, Geld, Fähigkeiten) ökonomisch, also mit größtmöglichem Nutzen (für alle), bei geringstnotwendigem Aufwand einzusetzen. Es liegt eher an der oft unpassenden Großzügigkeit (negativ formuliert: mangelnden Bereitschaft/Reife, zu sparen oder zu verzichten) vieler Männer, daß sie diese Aufgaben gerne „delegieren“. Bereits 1963 wies Betty FRIEDAN in ihrem Sensationsbuch „Der Weiblichkeitswahn“ darauf hin, daß Hausarbeit wie ein Gummiband gedehnt werden kann. Jeder (bewußt männliche Form!) kennt das, der in Blitzeseile seine Wohnung sauber „geschminkt“ hat, wenn sich ungeplanter Besuch angesagt hat . . .

Lassen Sie das Gummiband in Ruhe: small is beautiful!

Betreiben Sie Seelenökologie!

Erlauben Sie nicht, daß sich andere an Ihnen stabilisieren (= ihr Selbstwertgefühl aufbauen), Sie als wilde Deponie für ihren Seelenmüll mißbrauchen oder an Ihrer Seelenkraft Raubbau betreiben. Auch nicht, wenn Ihr Arbeitsauftrag – oder -vertrag – so umgedeutet werden könnte. (Z. B. in Sozial- und Gesundheitsberufen, Personalabteilungen, Funktionen in Berufs- oder Volksvertretungen und Führungsaufgaben).

Dazu helfen Ihnen verbale, nonverbale oder mentale Schutztechniken.

Alle basieren auf dem Prinzip der Autosuggestion: Sie erleben eine (verbale, nonverbale oder gedachte – „unbeweisbare") Attacke. Schalten Sie um: anstelle in Angst (Zukunftsvision: ich habe keine Chance!) zu erstarren oder in Wut (Zukunftsvision: der/die muß vernichtet werden!) loszupreschen, wählen Sie ein anderes (eingeübtes) Ver-halten (direktives geistiges Bild: er/sie kann mir nichts tun).

Nonverbale Selbstschutztechniken erfordern am wenigsten Energie und werden bald zu Automatismen. Solche „magischen Gesten" sind z. B.:

- die negative Energie Ihres Gegenparts, die „auf Sie zukommt", mit einer scheinbar unbeabsichtigten, jedoch bewußt als „Ablenkung" gedachten Geste an sich vorbeilenken,
- die „eingeatmete" Aggression des Gegenparts bewußt ausatmen (zwischen gespitzten Lippen ausblasen; das macht übrigens Bundeskanzler Vranitzky!),
- oder irgendeine andere „Ausweich" – oder „Reinigungs"bewegung.

Bei mentalen Selbstschutztechniken arbeiten Sie wieder mit Visualisierungen. Sie kreieren sie im Nachdenken über erlittene Attacken und üben sie ein, damit Sie sie im Bedarfsfall schnell abrufen können. Üben braucht Zeit. Im Durchschnitt erlebe ich in meinen Seminaren bei einem Dutzend Teilnehmerinnen, daß die Hälfte schnell und gut visualisieren kann, ein Viertel kann es nach einiger Zeit und das letzte Viertel tut sich sehr schwer. Wenn Sie sich zu letzteren zählen, sollten Sie sich an fixe Grundsuggestionen gewöhnen oder lieber körpersprachliche oder Sprachtechniken einsetzen.

- Die stärkste Grundsuggestion ist, eine Art Ei (Fruchtblase) über sich zu ziehen, so, als ob wir uns darin einhüllen. Das Material kann nach Bedarf gewählt werden, am besten „schützt“ die Visualisierung von „Einwegspiegel“glas: Sie sehen hinaus, niemand sieht hinein. Alles, was auf Sie zukommt, wird reflektiert: Wer Gutes sendet, bekommt Gutes zurück. Wer Böses sendet, bekommt diese seine Sendung zurück. Sie ersparen sich damit auch allfällige Schuldgefühle, weil ja der „Sender“ die Verantwortung für seine „Botschaft“ hat.

- Sie können aber auch Nebelschwaden zwischen sich und den Angreifern/innen aufsteigen lassen. Oder eine Waberlohe wie bei Richard WAGNER im letzten Akt der Oper „Die Walküre“ . . . Oder einen „Hexenkreis“ . . .
- Sie können sich vorstellen, die Negativenergie teile sich links und rechts vor Ihnen in zwei Ströme und fließe vorbei (Methode Moses).
- Sie können sich aber auch vorstellen, alle „Pfeile“ plumpsen einen Meter (oder in welcher Entfernung auch immer) vor Ihnen zu Boden . . .
- Oder Sie schnappen den scharf auf Sie zugespielten Tennisball der Aggression und stecken ihn für später beiseite . . . Oder „sehen“ ihn sich genau an . . .

Hauptsache, sie spielen ihn nicht zurück (Kampf! Kleinhirn!) oder lassen zu, daß er voll ins Weiche trifft.

- Sie geben sozusagen der erlebten Negativbotschaft eine passende bildhafte Form und stellen sich vor, wie Sie – selbstverständlich erfolgreich! – mit diesem Symbol umgehen.

Halten Sie immer im Gedächtnis: Sie müssen nicht jeden Fehdehandschuh aufheben. Sie dürfen auch elegant darüber hinwegsteigen! Nicht jeder, der Ihnen Kampf ansagt, ist satisfaktionswürdig.

Wider die Gewalt

Am schwierigsten ist es wohl, Selbstschutz mit Sprache zu üben. Zu nahe liegt die Verlockung, selbst in Verbalattacken abzugleiten. Oder in Entschuldigungen und Rechtfertigungen. In beiden Fällen verlassen Sie gedanklich „Ihren Platz“ und geben „Ihre Haltung“ auf. Der/die andere hat damit bereits einen Teilsieg.

Wenn Sie jemand sprachlich attackiert, kann das mehrere Ursachen haben:

- Mangel an alternativem Verhalten: die Person kennt nur diese Form der Kommunikation. Diese Eingleisigkeit finden wir häufig. Sie hängt von den in der Kindheit nachgeahmten lebenden, aber auch medialen Vorbildern ab.

- Beziehungsstörung: die Person hat in Beziehung ein Trauma erlitten und schützt sich so.
- Antipathie: die Person mag Sie nicht und will Sie in die Flucht treiben.
- Kampfeslust: die Person versucht auf diese Weise, Kontakt herzustellen, Sie näher kennenzulernen („Lustig! Lustig!").
- Überheblichkeit: Die Person versucht (prinzipiell oder nur bei Ihnen) sich zu „überhöhen", weil sie sich für gescheiter, edelrassiger, moralisch höherstehend oder sonst irgend etwas Großartiges hält.
- Strategie: die Person verfolgt ein bestimmtes Ziel und glaubt, es auf diese Weise am besten zu erreichen.

Dazu einige Grundtatsachen erfolgreicher (nicht gleich friedlicher) Konfliktbewältigung:

- Es stehen sich zwei (symbolisch, aber oft auch tatsächlich in der „Verkörperung") oppositionell gegenüber.
- Der Streitpunkt befindet sich irgendwo auf einer gedachten Linie zwischen ihnen.
- Jede/r will die Lösung durchsetzen, bei der sie/er Sieger und der/die andere Verlierer ist. Oder will für den Fall einer Kompromißlösung zumindest einen deutlichen Vorteil für sich (oder seine Gruppe) herausschinden.
- Kampftechniken werden eingesetzt: psychologische wie Mimik, Gestik, Körpersprache aber eben auch Sprache; mentale analog den oben erwähnten Schutzmaßnahmen, die ich aber nicht demonstrieren mag, weil ich sie ethisch ablehne; juristische (z. B. auch Geschäftsordnungsregeln); es können aber auch ganz triviale sein wie das Herausschrauben von Sicherungen, damit die abstimmungswilligen Wähler/innen im wahrsten Sinne des Wortes „im Dunkeln tappen". Das habe ich bei einer Vorstandswahl in der Studentenzeit erlebt.
- Jede/r will „Gesicht bewahren".

Wollen wir die Yang-Lösung (Aushandlung einer Hackordnung mit Sieger und Unterworfenen) vermeiden, gibt es im Sinne der Polarität die Möglichkeit,

- auf der Sachebene zu verhandeln. Das geschieht, indem man
  - die gegenseitigen Positionen darstellt,

○ die eigene und fremde Optimallösung entweder klar darlegt („Was für mich der erstrebenswerteste Zustand wäre")
○ oder zu erahnen versucht,
○ die eigenen und fremde Pessimallösung klarlegt („Was ich auf gar keinen Fall akzeptieren könnte")
○ oder zu erahnen versucht,
○ verschieden Variationen anbietet und
○ mehr oder weniger freundlich Druck ausübt,damit die jeweils andere Streitpartei zum Nachgeben motiviert wird,
○ bis eine Lösung gefunden wird, bei der es
○ beiden halbwegs gut geht.
● die emotionale Ebene mitzuberücksichtigen:
○ Was macht Angst? Weshalb? (Was wäre das Schlimmste, was folgen könnte?)
○ Wie könnte das, was Angst macht, vermieden werden?
○ Gibt es etwas anderes, das die befürchteten Negativfolgen aufheben könnte?
● Von vornherein auf der Beziehungsebene zu „kooperieren":
○ Worum geht es?
○ Was ist es, was den Konflikt ausgelöst hat?
○ Kann dieser „Auslöser" beseitigt werden? Wie?
○ Was kann jede Partei dazu beitragen?

Der erste Schritt ist hier auf jeden Fall die Formulierung eines „gemeinsamen Zieles". Im schwierigsten Fall ist es sehr weit übergeordnet und damit fern.

● Es stehen sich in diesem Fall die Streitparteien nicht mehr oppositionell „gegenüber",
● sondern blicken Schulter an Schulter, also einander nahe, auf das zu bearbeitende Problem. Dieses liegt also nicht auf einer gedachten Linie zwischen ihnen, sondern in Dreiecksposition.
● Sie bemühen sich, eine für beide akzeptable Lösung zu finden und auf Vorteilsdenken, Rachegelüste und sonstige Unfairneß zu verzichten. Dabei wird auf die persönliche Veränderung – beispielsweise in Richtung größerer Kreativität – in einem angstfreien Klima vertraut.
● Es werden wie in einem Brainstorming gemeinsam Alternativen erdacht, wie solch eine Problemlösung geschehen könnte.
● Es werden die Alternativen hinsichtlich Durchführbarkeit, Negativfolgen, Kosten bewertet und gereiht. Wieder werden in Einzel-

schritten Alternativen zur Erzielung gewünschter bzw. zur Vermeidung unerwünschter Folgen erarbeitet.

Dabei helfen Fragen wie:

- Was braucht jeweils der eine vom anderen, um einen Schritt entgegenkommen zu können?
- Was muß auf jeden Fall vermieden werden, damit keine Opposition entsteht und kein Druck ausgeübt wird?
- Voraussetzung ist Offenheit und Fairneß. Mißtrauen führt zu Blockaden, weil die zweifelnde Partei sich immer wieder (unbewußt oder auch absichtlich) zu der Frage hinretten wird: „Wie werde ich wissen, daß ich nicht betrogen werde?" Diese ist nicht unbegrenzt beantwortbar – es gibt immer Möglichkeiten, Vereinbarungen zu brechen.
- Es wird so lange an der Konfliktlösung gearbeitet, bis eine für alle passende Lösung gefunden ist.

Von dem amerikanischen Linguisten Edwin SAPIR stammt der Satz, das Wort sei nicht nur ein Schlüssel, sondern auch ein Gefängnis.

Wir alle wissen, daß Worte ebenso gut tun können wie verletzen. Ebenso können (z. B. therapeutische) Beziehungen heilen, aber auch kränken, krank machen.

Gespräche tun gut, wenn

- eine/r die/den andere/n als gleichwertige Person mit
  - eigenen Zielen,
  - eigenen Gefühlen (die ganz anders sein können – und werden – als die, die wir in vergleichbaren Situationen erleben) und
  - eigenen Grenzen (selbst wenn diese verletzt sein sollten) wahrnimmt,
- sich um Verstehen bemüht,
- ihre/seine Gefühle respektiert, auch wenn sie/er sie nicht versteht und
- selbst aufrichtig und rücksichtsvoll ist.

Gespräche schaden, wenn

- eine/r sich über die/den anderen überhöht,
- sich gar nicht bemüht, die/den andere/n zu verstehen,
- ihre/seine Gefühle mißachtet und/oder
- unwahr und rücksichtslos ist.

Einige tiefenpsychologische Aspekte gelungener Kommunikation will ich dort behandeln, wo sie meiner Ansicht nach am besten hinpassen: bei der „Perfektion", der Abrundung unseres Verhaltens.

An dieser Stelle sollen verbale Selbstschutztechniken beschrieben werden. Dazu eine wichtige Erinnerung:

- Es besteht immer die Gefahr, daß wir in den Zustand des greinenden Kindheits-Ich abstürzen, wenn jemand im Tonfall oder mit Sätzen des nörgelnden Eltern-Ich mit uns spricht: Wir fühlen uns dann klein und ungeliebt (wo wir doch so lieb sind . . .).
- Negativ kritisiert, angegriffen zu werden, heißt aber selten, daß wir etwas schlecht gemacht haben und schon gar nicht, daß wir schlecht sind.
- Es heißt höchstens, daß uns die angreifende Person als für sich selbst schlecht erlebt hat.
- Es kann aber auch nur heißen, daß die angreifende Person jemand braucht, um ihren Seelenmistkübel über diese/n auszuleeren.
- Es kann jedoch auch der Hinweis auf eine mittlere Alkoholvergiftung sein. In diesem Fall ist jedes ernsthafte Gespräch sinnlos und zu vermeiden. Außer sie haben eine besondere Begabung/Routine/Ausbildung dafür.

Das Grundprinzip verbaler Selbstverteidigung besteht in

- Verstärkung der Abgrenzung
- Genaue Erforschung des (vermeintlichen) Angriffs nach Ursache und Anlaß, Form und Ziel
- Versuch, den (vermeintlichen) Feind besser kennenzulernen
- Verbesserung des Informationsaustausch.

Von George BACH stammt die Formel „Je weniger Information, desto größer die Aggression". Wie grundsätzlich richtig diese Aussage ist, erkennen Sie auch daran, daß sich jeder der vier oben angeführten Punkte der Aggressionsabwehr wiederum auf dieses Grundprinzip zurückführen läßt: selbst verstärkte Grenzziehung ist ein latent aggressiver Akt. Die Botschaft lautet: „Ich will nicht, daß Du nahe/näherkommst!" Auf jeden Fall wird ein bißchen mehr Energie aufgewendet als im vorangehenden Zustand der „Harmonie", als noch kein Aggressor auftrat.

Sprachliche Attacken sind dadurch gekennzeichnet, daß sie auf eine Verletzung (Verminderung) des Selbstwertgefühls zielen. Das ist es ja auch, was Kinder so schädigt, wenn Eltern mit ihnen schimpfen, statt ihnen zu zeigen, wie sie etwas besser machen können. Und das ist es auch, was bei Erwachsenen dieses scheußliche Gefühl in der Magengrube auslöst.

Wenn du mich umerziehen willst,
dann geh.
Demagogie hat eine kurze Blüte.
Verfälscht bliebe ich nicht sehr lange erhalten.
Nur ohne Zwang kann ein Aroma sich entfalten.
Wenn du mich umerziehen willst,
dann geh.

Barbara STROMBERGER, „Komm oder geh"

■ Der erste Schritt, sich gegen verbale Untergriffe zu verteidigen, besteht darin, sich nicht „klein machen" zu lassen. Daher muß frau – wachsen.

Kennen Sie „Alice im Wunderland" von Lewis CAROLL? Da nascht Alice aus jedem Keksdöschen, das ihr unterkommt und jedesmal schießt sie in die Höhe, wächst sich zur Riesin aus; wenn sie dann ein Schlückchen aus dem zufälligerweise daneben stehenden Fläschchen nimmt oder ein Rübchen anknabbert, schrumpft sie wieder auf ihr vorheriges Format zurück.

● Machen Sie es gedanklich wie Alice: stellen Sie sich immer dann, wenn Sie sich kleinwinzig fühlen, vor, Sie greifen in die unsichtbare Keksdose und nehmen einen Bissen: jetzt wachsen Sie. (Bei dieser Suggestion freue ich mich immer, wenn ich beobachten kann, wie sich die Empfängerin meiner Botschaft automatisch aufrichtet, durchatmet und entspannt.)

● Legen Sie sich ein Repertoire von Sätzen zum Zeitschinden zu. Auch wenn Sie die Zeitspannen zwischen den Sätzen dehnen, gewinnen Sie Abstand – Grenzraum! Lassen Sie sich nicht durch die Angst hetzen, unterbrochen zu werden! Sie können ohnedies nicht verhindern, unterbrochen zu werden – Sie können höchstens in aller Ruhe feststellen, daß Sie andauernd unterbrochen werden! „Ich muß mich schon sehr wundern . . .", „Das finde ich nicht richtig . . .", „Es fällt mir sehr schwer, Ihrer Argumentation zu folgen . . ."

Sie setzen damit einen Leitimpuls, das Gesprächstempo zu verlangsamen und geben sich (wie auch der/dem anderen) Gelegenheit, nachzudenken und möglicherweise den Stil zu ändern.

■ Spiegeln Sie. Wiederholen Sie die Aussage langsam und bedeutungsvoll, damit Ihren Gegnern/innen bewußt wird, was Sie gesagt haben: „Sie wollen damit also sagen, ich sei ...", „Sie meinen also, ich bin ...", „Ihrer Ansicht nach habe ich also ..." Die üblichen Reaktionen auf eine solche Verdeutlichung sind:

○ Rückzug („Aber nein, so war es nicht gemeint!" – „Wie denn?" und weitere Diskussion; oder „Dann ist es ja gut!" und Abschluß)

○ Korrektur („Nein, da haben Sie mich falsch verstanden! Ich wollte ausdrücken ...")

○ Neuerlicher Angriff („Ja! Und überhaupt machen Sie immer ..." In diesem Fall neuerliche Verdeutlichung: Sie stellen sich den Attacken; immerhin bekommen Sie Informationen, die Sie ja auch erst später verarbeiten und berücksichtigen können, wenn Sie wollen; lassen Sie Ihr Visavis seinen/ihren Dampf ablassen, wie bei einem Druckkochtopf; in den können Sie ja auch erst hineinsehen, wenn der Dampf abgezogen ist! Daher darf das Ventil seine Pfeiftöne auslassen, der Topf wird von der Energiequelle (Flamme, Kochplatte) entfernt – von Yang zu Yin – und erst, wenn das Ventil abgesunken/im Yin ist, wird aufgemacht!)

● Sie üben inhaltlich Selbstbehauptung nach dem klassischen Muster der Standhaftigkeit („Schallplatte mit Sprung"):

○ Sie erklären Ihre Position und bleiben dabei.

○ Sie begründen Ihre Position und bleiben dabei.

○ Sie zeigen Ihrem Visavis, daß Sie seine/ihre Beweggründe verstehen (eventuell müssen Sie „verrücken"), bleiben aber bei Ihrer Position.

○ Sie machen Ihrem Visavis deutlich, daß Sie verstehen, daß er/sie sich bemüht, Sie zu seiner Ansicht zu bekehren (oder dazu zu bringen, daß zu tun, was es will), bleiben aber trotzdem bei Ihrer Position.

○ Sie erklären Ihrem Visavis, daß Sie jetzt das Gespräch abbrechen, weil Sie zwar die Position Ihres Gegners (aus dessen Sicht) verstehen und akzeptieren, aber bei Ihrer Position bleiben.

● Wenn Ihre Gegner ausfallend wird: Legen Sie sich wieder Standardsätze zur Distanzierung zu und setzen Sie diese ein, um den Abstand zu vergrößern: „Ich muß mich über Ihre Formulierung schon sehr wundern ...", „Solch einen Gesprächsstil bin ich nicht gewohnt", „Solch einen Tonfall will ich nicht akzeptieren!" oder Sie spiegeln wieder: ernsthafter Blickkontakt, tief durchatmen, ruhig werden, ruhig ansprechen: „Das ist es also, was Sie von mir denken!", „Und Sie glauben wirklich, daß es möglich ist, bei dieser Ihrer Einstellung ein vernünftiges Gespräch zu führen?"

● Lassen Sie sich bitte nicht auf Kampf ein! Akzeptieren Sie nicht, daß ein kampferprobter oder kampffreudiger Mann (oder eine Frau, die männlich identifiziert ist) diese Form der Konfliktbereinigung als die einzig richtige definiert und Sie damit verlockt, nach Yang-Spielregeln zu agieren.

„Yang auf Yang bricht Knochen", zitierte mein jungianischer Lehranalytiker oft seinen Karatelehrer. Aus-weichen, weich auffangen. Weich ist immer Yin. Yang ist hart und starr. Wollen wir Frauen auch verhärtete, trainierte Kampfmaschinen werden oder sein wie viele Männer? Wollen wir Kampfkraft und Ausdauer mehr gelten lassen als Geisteskraft und Geduld? Oder lassen wir beides nebeneinander bestehen und andere selber entscheiden, was sie wann wie bewerten wollen . . .?

● Bleiben Sie nach Möglichkeit im Zustand der Gelassenheit, kontrollieren Sie Ihren Atemrhythmus und geben Sie sich Suggestionen zur Muskelentspannung! (Außerdem lenken Sie damit Ihre Aufmerksamkeit auf sich selbst und ziehen dadurch Energie von Ihrem Vis-à-vis ab!). Sie haben damit Ihr gesamtes Potential an Verhaltensweisen, wenn auch nicht immer blitzschnell, sondern in der stimmigen Zeit, zur Verfügung.

● Sollten Sie aber doch aus Ihrem Optimalzustand gefallen sein,

○ sprechen Sie dies an und aus („Ich finde es nicht gut, wenn ich mich aufrege, daher will ich ein wenig nachdenken . . .", „Ich möchte gerne eine Pause zum Nachdenken einlegen . . .", „Ich finde es nicht zielführend, immer lauter zu werden und möchte gerne wieder in Ruhe weitersprechen . . .", „Mir ist das wirklich wichtig, deshalb möchte ich in Ruhe weitersprechen können . . .")

○ oder sagen Sie gar nichts und warten einfach dann kehren Sie mit den bereits bekannten Techniken wieder in diesen Zustand zurück.

● Verzichten Sie auf die Autosuggestion „Das kann ich mir nicht bieten lassen!" So hoch, wie Sie stehen, kann der „kläffende Hund" gar nicht pinkeln! Und wenn schon, können Sie sich reinigen . . . Es wird auf jeden Fall deutlich: Mißton bringt die mangelnde Erziehung des anderen, nicht Ihre!

Nach meiner Beobachtung ist dummer Stolz nur die erste Reaktion

(Kleinhirn: Denken in Hackordnungen), als zweite folgt Realitätssicht. Provokationen dienen meist dazu, jemand zu verleiten, um Rangordnungen raufen, zu „rangeln".

„Kinder, ihr müßt euch mehr zutrauen!
Ihr laßt euch von Erwachsenen belügen und schlagen. –
Denkt mal: fünf Kinder genügen, um eine Großmama zu verhauen!"

Joachim RINGELNATZ

Jemandem, der um jeden Preis dominieren, „über- legen" sein will, selbstbehauptend und selbstschützend zu begegnen, ist durch Übung erlernbar. Auch wenn das Hasenherz weiterhin bis zum Zerspringen klopft.

Jemandem, der sich gar nicht bemüht, andere zu verstehen oder zu akzeptieren, dazu zu bringen, ist meist vergebene Liebesmüh oder versteckte Gewalt. Verzichten Sie darauf! Kümmern Sie sich nur um Ihre Selbstachtung!

Je weniger Information, desto mehr Aggression. Den Satz von George BACH kennen Sie bereits – und dieser Grundsatz gilt auch für Sie. Je weniger Sie jemand anderen verstehen, desto größer ist die Wahrscheinlichkeit, daß Sie aggressiv werden.

Ein Beispiel: Vor Jahren hatte ich mich bei einem (um etliches jüngeren) Mann um einen Auftrag beworben, keine klare Antwort erhalten, bei einer späteren Begegnung nachgefragt und nur die Auskunft „Sie haben mich nicht überzeugt" bekommen. Ich hatte weder beim ersten noch beim zweiten Mal nachgefragt, wie ich ihn hätte überzeugen sollen (Verbal? War nicht meine Absicht. Demonstrativ? Dazu war keine Gelegenheit. Sonst wie? Weiß ich nicht.) Bei einem dritten Zufallstreffen bei einer gesellschaftlichen Großveranstaltung wird nun dieser Mann von seinem Begleiter, der mich angesprochen hatte, gefragt, ob er mich kenne, und antwortet (vor mehreren Personen, darunter potentiellen Auftraggebern von mir): „Doch – das ist die Frau, die bei mir nicht landen konnte!" (Überhöhung, unterschwellig sexistische Andeutung). Ich kühl: „So kann man das auch formulieren – ich würde sagen: ‚Deren Arbeitsangebot nicht auf Interesse gestoßen ist' – aber in der Zwischenzeit gibt es andere, die Interesse haben!" Er, höhnisch: „Gibt's die wirklich?" Meine Begleiterin schaltet sich ein und lenkt ab. Sein Begleiter fragt mich leise, dafür deutlich entsetzt: „Sagen Sie, was hat denn der X gegen Sie?“ Ich weiß es nicht und sage das. Da ich nicht sicher sein kann, ob X nicht schwer alkoholisiert ist, entscheide ich mich für größtmögliche Distanz, nämlich weggehen, und nehme mir vor, ihn bei einem durchaus wahrscheinlichen nächsten Zusammentreffen zu fragen. Dieses ergibt sich eineinhalb Jahre später und ungünstig: er ist im Schlepptau seines neuen Arbeitgebers, ich wiederum in Begleitung einer Journalistin. Sein Arbeitgeber, eine hochgestellte Persönlichkeit des öffentlichen Lebens, grüßt; es ist unmöglich nicht zu danken. Mein Kontrahent, drei Schritte hinter seinem Chef, sieht mich groß an. Was tun? Ignorieren? Wäre feige (auch nicht gut für die Selbstachtung). Freundlich grüßen? Wäre eine Art Unterwerfung (Akzeptieren der vergangenen Verletzung). Ausweichen? Geht nicht, wir begegnen einander in einem schmalen Gang. Ich entscheide mich für die absolute Wahrheit und sage mit freundlichem Grußnicken: „Ich warte noch immer auf eine Entschuldigung von Ihnen!“ und gehe weiter. Er hingegen keift mir aus der immer größer werdenden Entfernung hinten nach: „Da müssen Sie sich aber auch für das entschuldigen, was dem vorangegangen ist! Das sollten Sie doch wissen als Psychologin!“ – ein für mich absolut unverständlicher Satz. Aber jetzt hat er sich zum zweiten Mal daneben benommen und mich daher in meiner Wahrnehmung bestätigt. Meine Selbstachtung ist wieder im rechten Lot.

Wäre er an fairer Kooperation interessiert, wie es unter potentiellen Geschäftspartnern üblich ist, hätte er antworten können: „Entschuldigen werde ich mich nicht, aber ausreden sollten/können wir uns!“ oder einfach: „Reden wir einmal!“ Mein Ansprechen statt nur Grüßen oder Nichtgrüßen ist eindeutig ein aggressiver Akt: ich gehe einen Schritt auf ihn zu. Seine Reaktion zeigt, daß das schon zu viel für ihn ist. Er überreagiert – versucht mich unter Einsatz von Unwahrheit in die Flucht zu schlagen. Ich entscheide mich, diese „Provokation der Mauer“ zu akzeptieren und verschiebe die nächste Runde auf später.

Mein Fehler: ich habe eine Situation ausgenützt, vor seinem „Vater“ ein früheres Fehlverhalten anzudeuten – da mußte er natürlich „sein Gesicht wahren“. Mein Gewinn: genau das Gleiche hat er mir seinerzeit angetan, wir sind jetzt quitt.

Immer wieder höre ich Klagen, vor allem über Arbeitskollegen/innen, die „die Mauer machen“, und damit einerseits die Harmoniebestrebungen anderer stören, andererseits aber im Arbeitsablauf dysfunktional wirken.

● Auf Harmonie werden wir in solchen Fällen wohl verzichten müssen.

● Die konkreten Arbeitsbehinderungen sollten wir ansprechen: „Ich möchte über das, was gestern abgelaufen ist, sprechen. Ich bin dadurch an ... gehindert gewesen. Ich möchte gerne verstehen können, warum Sie so gehandelt haben und bitte um Aufklärung/Absprache, wie wir in Zukunft mit solchen Situationen umgehen sollen/wie ich mich in Zukunft in solchen Situationen verhalten kann, damit Sie mir leichter zuarbeiten können ...“

● Meist folgt Schweigen. Und meist ist dies nur die Folge einer augenblicklichen Denkblockade. Lassen Sie ihm/ihr Zeit („Bitte denken Sie darüber nach und sagen Sie mir vielleicht morgen, wie Sie das sehen ...“). Wenn er oder sie sich von sich aus nicht rührt, tun Sie es. Bleiben Sie nicht in (überheblicher) Warteposition (außer Sie müssen, weil Sie etwa so unter Zeitdruck mit anderen Prioritäten sind, daß diese Konfliktbereinigung warten muß); Sie wissen nicht, welche Ängste, welche biographische Verletzungen – oder auch Krankheiten – die andere Person hindert, „entgegenkommend“ zu sein.

Wenn ich mit Menschen arbeite, die als „hart wie Granit“ verschrien sind, kann ich immer wieder beobachten, wie sehr sie selbst unter ihrem „Zu-Sein“ leiden. Wie schwer bis unmöglich es ihnen ist, aus ihrem Marmorkorsett herauszukommen. Viele leiden unter Stoffwechselstörungen und wissen nicht, daß Sie damit wiederum ihre Seelenlage verkörpern: sie können sich nicht „ausdrücken“.

● Wenn der „steinerne Prinz“ oder die „Eisprinzessin“ aber jemand ist, der oder die für Sie sehr sehr wichtig sind, können Sie versuchen, mit einer spezifischen Visualisierungstechnik den „Zugang“ zum Inneren, zum lebendigen Kern zu finden.

○ Setzen oder legen Sie sich in Entspannungslage hin, wie Sie es nun ja bereits gewohnt sind, und erlauben Sie sich, ruhig und gelassen zu werden.

○ Lassen Sie nun vor Ihrem geistigen Auge ein Bild (einen Film) entstehen, in dem Ihr Problemmensch hinter einer Mauer, einer Eisschicht, einem Felsengebirge – was auch immer, es muß nur dem Gefühl entsprechen, das Sie bei ihm/ihr haben – verborgen ist.

○ Sehen Sie sich selbst in einer (räumlichen!) Position dazu, die Ihrem Gefühl entspricht.

○ Bitte „denken" (= konstruieren) Sie nicht, sondern „schauen" Sie nur zu, welche Bilder auftauchen.

○ Geben Sie nun sich selbst (als Darstellerin im Film) Regieanweisungen, was Ihre Heldin (wie in der Realität) zur Überwindung der Hindernisse tun könnte.

○ Wenn alle tatsächlichen Strategien ausgeschöpft sind, dürfen Sie es auch mit „Zauberei" probieren: zum Beispiel an der Mauer emporschweben (= „in die Luft gehen") und sich so „mehr Überblick verschaffen".

○ Zauberstrategien sind wortwörtlich zu nehmende Anweisungen Ihres Unbewußten; Sie sollten daher (im Nachhinein) die Wortwahl überprüfen, ob sich darin nicht eine symbolische Handlungsanweisung versteckt.

○ Wenn Sie mit dieser Aufgabe an die Grenzen Ihrer Intuition und Phantasie stoßen, können Sie immer noch professionelle Hilfe eines NLP-Practitioners in Anspruch nehmen.

Besondere Krankmacher sind die Rüpel oder Sadisten, aber auch „Kümmerer", die bewußt oder unbewußt die Gefühle anderer mißachten. Sie agieren hauptsächlich im Wiederholungszwang, manchmal auch als Strategie (daraufhin geschulte Politiker/innen): sie haben es nicht anders erfahren oder kennen keine andere, bessere Methode, mit Emotionen umzugehen.

Emotionen machen oft Angst: denjenigen, die sie haben wie auch denjenigen, die sie wahrnehmen. Es besteht doch immer die Gefahr, berührt, bewegt, angesteckt zu werden. (Im Wort Emotion steckt ja „Motion" drinnen. Der Präsident des Österreichischen Berufsverbandes für Psychotherapie, Alfred PRITZ, formulierte einmal pointiert: „Wer sich mit Psychoanalyse auskennt, weiß, daß immer dann, wenn etwas in Bewegung gerät, Widerstand auftaucht!")

Gefühle, Emotionen werden mißachtet, indem man

- sie nicht ernst nimmt („Das ist doch nicht so schlimm!"),
- sie lächerlich macht („Hahaha! Na so etwas! Das macht Ihnen was?"),
- sie bewertet („Emotionalität ist unprofessionell!" – übrigens ein Zitat: so sprach ein Firmenchef gegenüber seinem Marketingleiter, der sich über die Marktentwicklung „Sorgen" machte),

- Folgen androht („Wenn Sie immer so ‚sensibel' reagieren, werden Sie wohl nie ... erreichen!"), aber auch
- ablenkt („Kümmer Dich einfach nicht darum!"),
- tröstet („Mach Dir nichts draus! Das wird schon wieder!")
- Rat-schläge erteilt („Was Du brauchst, ist ...") oder
- durch anderweitige Reaktionen zu verstehen gibt, daß Gefühle unerwünscht sind, oder den Gefühlsausdruck behindert.

„Heinrich, der Wagen bricht! -
Nein, Herr, der Wagen nicht,
Es ist ein Band von meinem Herzen,
Das da lag in großen Schmerzen,
Als Ihr in dem Brunnen saßt,
Als Ihr ein Frosch wart."

Brüder GRIMM, „Der Froschkönig" oder „Der eiserne Heinrich"

Wenn Sie aber entdecken, daß Sie selbst die Gefühle anderer Menschen beiseite geschoben oder zugedeckt haben (wenn Sie ein eiskalter Frosch oder aufgeblähter Ochsenfrosch waren), fällt Ihnen kein Stein aus der Krone, wenn Sie sich entschuldigen. Dafür ist es nie(!) zu spät. Auch nach Wochen, auch nach Jahren nicht: „Ich habe noch über das letzte Mal nachgedacht und bin mit meinem Verhalten Ihnen gegenüber nicht zufrieden. Ich habe Sie nämlich nicht genügend ernst genommen. Das tut mir leid und ich möchte mich dafür entschuldigen!" Wenn Sie das wirklich ehrlich meinen, werden Sie selbst spüren, wie sich bei Ihnen – aber auch bei Ihrem Visavis ein „Stein vom Herzen löst" und Sie beginnen, zueinander eine ehrliche Beziehung zu finden.

Manchmal spüren Sie ganz genau, daß jemand nicht die Wahrheit sagt, können es aber nicht beweisen. Oder Sie merken, daß jemand Informationen, die er haben müßte, nicht berücksichtigt oder nicht einmal zur Kenntnis nimmt (z. B. angekündigtes Fernbleiben).

In beiden Fällen erhebt sich die Frage: Will er nicht oder kann er nicht?

- Fragen Sie wiederum Ihre Innere Stimme: entspannen Sie sich, spüren Sie nach, welches Gefühl Ihnen Auskunft gibt.

Wenn die Antwort lautet: „Will nicht“:

● Stehen Sie zu diesem Gefühl: „Das glaube ich Ihnen nicht!“ „Das nehme ich Ihnen nicht ab!“ bzw. „Das finde ich unfair!“

● Spielen Sie nicht „Gerichtssaal“. Verlangen sie keine Beweise. Entweder der andere hat sie ohnedies und kommt von selbst damit, dann wird Sie das möglicherweise überzeugen. Sie haben eine Gelegenheit, sich ehrlich für Ihr Mißtrauen zu entschuldigen; vielleicht kommen Sie einander dadurch näher. Oder der andere wird ehrlich sagen, daß er auf Ihr Vertrauen angewiesen ist; auch dann ist ein Näherkommen wahrscheinlich, zeigt doch der andere einiges von seinem Innenleben. Oder die andere Person wird Beweise konstruieren . . . dann ist Ihr Mißtrauen nur zu berechtigt.

● Falls Ihnen Ihr Mißtrauen vorgeworfen wird – nehmen Sie den Vorwurf an. So erlebt es Ihr Partner. Es ist ein Punkt auf Ihrer gemeinsamen Zeitlinie. Der nächste, den Sie mitsammen erreichen, kann schon wieder ganz anders sein.

● Falls Sie damit konfrontiert sind, daß über Sie oder Ihre Arbeit grobe Unwahrheiten (Verleumdungen) verbreitet werden:

○ Überlegen Sie, was davon Ihnen wirklich Schaden zufügt. Die meisten Menschen merken schon, wer was mit welcher Absicht verbreitet und lassen sich nicht manipulieren.

○ Fragen Sie sich, bei wem.

○ Diese Person können Sie informieren, wie die wirklichen Verhältnisse sind. Bitte nicht: sich ausjammern, oder: das „Schandmaul“ verklagen.

○ Der Person, die die Unwahrheiten verbreitet, sollten Sie geradlinig entgegentreten: „Ich habe gehört, daß Sie gesagt haben . . . Ich darf Sie informieren, daß dies unwahr ist. Bitte unterlassen Sie in Hinkunft solche Aussagen!“

○ Lassen Sie sich nicht auf weitere Debatten ein. „Damit ist die Angelegenheit für mich erledigt. Ich will nicht weiter darüber diskutieren.“

● Falls Ihnen vorgeworfen wird, Sie hätten „immer“ etwas auszusetzen, stehen Sie dazu: „Ja, es ist richtig, daß ich ‚oft‘ etwas auszusetzen habe (Selbstbehauptung – keinen Schritt vor oder zurück!). Mir ist nämlich wichtig (Selbstbehauptung), immer gleich auf Störungen hinzuweisen . . .“

Wenn die Antwortet lautet: „Kann nicht“:

- Vermeiden Sie, Druck auszuüben (Yang) – er wäre sinnlos.
- Lassen Sie Raum und Zeit (Schwangerschaftssymbolik – Yin), vielleicht kann dann doch noch etwas entstehen und wachsen.
- Antworten Sie auf der Gefühlsebene: „Schade. Mir wäre es lieber gewesen, ...“ oder „Vielleicht findet sich doch ein Weg ... mir ist das nämlich sehr wichtig ...“

Wenn Sie allerdings den Eindruck haben, jemand merkt einfach nicht, was los ist – fehlende Problemsicht ist ein grober Mangel an Managementfähigkeit – stellt sich Ihnen die Qual der Wahl,

- ihn loyal zu unterstützen/kooperieren. Z. B. die fehlende Information zur Verfügung zu stellen. Ich verwende in diesem Zusammenhang gerne die Analogie vom Baby, dessen Magen noch nicht alles verdauen kann: ihm Schweinshaxerl zu essen zu geben, wäre rücksichtslos. Denn entweder es ißt und wird geschädigt. Oder es ißt nicht und verhungert. Wenn nichts anderes da ist, muß man das Fleisch zerkleinern und mit Milch verdünnen. Die mangelnde Information heißt hier: Was und wie kann ein Baby annehmen und verdauen? Für uns alle gibt es solch „große Brocken“, die wir weder schlucken noch verdauen können.
- mehr oder weniger hoffnungsvoll bis schadenfroh abzuwarten, was passiert, oder
- zu konkurrieren, z. B. die fehlenden Aktionen selbst zu setzen und für gebührende Wahrnehmung zu sorgen.

Ein Augenblick der Geduld
kann vor großem Unheil bewahren,
ein Augenblick der Ungeduld
ein ganzes Leben zerstören.
Chinesische Weisheit

Zum Weiterlesen:

George R. BACH/Herb GOLDBERG, „Keine Angst vor Aggression. Die Kunst der Selbstbehauptung“, Fischer 1981/1985

Betty FRIEDAN, „Der Weiblichkeitswahn oder Die Selbstbefreiung der Frau“, Rowohlt 1970/1975

Astrid HILL, „Widerstand“, in: „Tränen ersatzlos gestrichen. Gedichte von Frauen“, Mosaik 1988

Barbara STROMBERGER, „Komm oder geh“, in: Barbara STROMBERGER, Texte Saiten Weise 1986–1991, Edition Fidibus 3/1991

PERFEKTION

Kreativität, Charisma, Intuition

„Wär nicht das Auge sonnenhaft, die Sonne könnt' es nie erblicken"
Johann Wolfgang v. GOETHE

Sie haben eine vage Vorstellung von all dem, was Sie brauchen. Sie wissen aber nicht, wie konkretisieren? Wie Fähigkeiten wie die, Visionen zu produzieren, Ihr Charisma wirken zu lassen etc. entwickelt werden?

Grundsätzlich: beachten Sie die zugrundeliegende Bedeutung des jeweiligen Zielbegriffes.

Vision beispielsweise hat mit „sehen" (lateinisch „videre") zu tun. Charisma (von Charis, einer der drei Grazien, der Trägerin der Gnadengaben; als Hauptwort: Anmut, Gnade, Wohlwollen, Dank), Strahlkraft, mit Energieausstrahlung. In der Sprache der Physik formuliert, verweist sie auf die Lichtabstrahlung, die andere wahrnehmen, wenn sie Sie betrachten. Sie bekommen dadurch bereits einen Hinweis, in welchem Repräsentationssystem Sie die Lösung suchen sollten.

Beides beinhaltet auch „Distanz": Eine Vision ist etwas, das eher am Horizont auftaucht, erst undeutlich, dann näher und deutlicher wird . . . Auch Charisma braucht Abstand, sonst wird aus der Strahlkraft nur zu leicht ein verbrennendes Feuer . . .

Distanz können wir uns durch Verlangsamung unseres Atemrhythmus und Suggestionen des ganzheitlichen Wahrnehmens schaffen: Schauen und Empfindungen zulassen und Mitfühlen und gleichzeitig Überdenken. Paradoxerweise werden wir dadurch aber auch eins mit dem, was wir auf diese Weise wahrnehmen. Wir schaffen also gleichzeitig eine besondere Art von Nähe. Wir bringen die Gegensätze – außen wie innen – zum Verschmelzen. Wir finden unsere Mitte.

Diese Mitte verlieren wir immer dann, wenn wir uns einseitig an einen Pol der Bandbreite begeben, wenn wir „nur" vernünftig sein wollen oder „ganz" locker oder „voll" Liebe. Zum Glück (für unsere ganzheitliche Gesundheit) schleicht sich immer der Gegenpol mit ein: dann passieren den Vernünftigen ganz unvernünftige Fehlleistungen, und die Lockeren erleben, daß ihnen etwas entgleitet. Sie müssen sich schnell anstrengen, die wegschwimmenden Felle noch zu erhaschen. Liebende spüren die Angst, ihre Liebe zu verlieren.

Je mehr wir uns mit Denken anstrengen, eine Idee („Eidolon" bedeutet im Altgriechischen übrigens auch wieder „Bild"), einen Hinweis für die Zukunft, zu bekommen, desto eher werden wir einen Hinweis auf die lückenhafte Gegenwart erhalten.

Je mehr wir auch versuchen, uns selbst in Szene zu setzen, um andere zu faszinieren, desto mehr werden wir sie abstoßen: wir werden ihnen schlicht auf die Nerven gehen, weil sie spüren, daß wir etwas von ihnen wollen.

Überhaupt liegt im zielgerichteten Wollen (Yang) der Keim der Destruktion, allerdings auch der Erneuerung (Yin), im absichtslosen Geschehenlassen (Yin) dagegen eine Wachstumschance, aber auch die Gefahr des Fehlwuchses und Auswucherns (Yang).

Wie immer und überall kommt es auf passenden Wechsel, auf Ausgleich und Ergänzung, auf Balance der Gegensätze an. Wir alle haben Eigenschaften und Verhaltensweisen, die wir an uns mögen, die uns Sicherheit vermitteln, die wir herzeigen: unsere Lichtseite. Wir haben aber auch solche, die wir am liebsten unterdrücken würden (und es meist auch immer wieder versuchen): unsere Schattenseite.

Leider landet vieles auf der Schattenseite – sozusagen in der Senkgrube hinter dem Haus – was recycled wertvolle Aufbaustoffe liefern könnte: alles, was Eltern und andere Bezugspersonen tabuisieren oder verurteilen. „Mach Gold daraus!" steht oft auf Wiederverwertungsgerätschaften. Daß Sie Ihre „goldene Mitte", Ihre voll integrierte Persönlichkeit, zwischen den beiden Polen finden, wissen Sie ja bereits: nicht licht, nicht dunkel, sondern weder – noch und/oder sowohl – als auch: gleich-gültig, mittel-mäßig.

Gerade die letzten beiden Eigenschaftsworte zeigen wieder einmal deutlich, wie ein an und für sich hilfreicher Begriff durch die Überheblichkeit der Bewertung in einen verletzenden verwandelt werden kann. Beurteilen heißt nur zu oft Verurteilen! Wenn wir aber die Symbolik der Worte durch sprachliche Betonung oder schriftliche Hervorhebungen (unter Zuhilfenahme der meist sträflich vernachlässigten Satzzeichen) verdeutlichen, kommt der ursprünglich positive Sinn wieder heraus.

Auch das ist einer der Vorteile des neurolinguistischen Denkens:

Worte und Sätze so zu wählen, daß bewußte Absicht mit unbewußter (wortwörtlicher) Entschlüsselung zusammenpaßt. Eine andere Art von Authentizität.

Authentisch sein bedeutet, daß bewußte und unbewußte Botschaften (Sach- und Gefühlsebene) übereinstimmen. Unecht, nicht authentisch, sind Sie etwa, wenn Sie eine traurige Geschichte lachend erzählen; Ihre Zuhörerschaft wird sich nicht auskennen und möglicherweise ganz falsche Schlüsse ziehen: daß alles ohnedies nicht so arg war, daß Sie aufschneiden, daß Sie etwas zu verbergen haben ...

Wohlwollende Zuhörer/innen werden merken, daß irgend etwas nicht stimmt und nachfragen. Psychotherapeuten/innen registrieren dann, daß zwei unterschiedliche Gefühlsanteile in Konflikt zueinander stehen und vermuten, daß einer davon der wahre, von Autoritätspersonen verbotene Teil und der andere der unwahre, von diesen erwünschte oder vorgelebte Teil ist.

Packen Sie die Gelegenheit, wann immer Sie Rückmeldungen bekommen, daß anderen bei Ihnen Ungereimtheiten auffallen, oder wenn Sie selbst merken, daß Sie Hemmungen mit sich herumschleppen: Sie haben eine Chance, einen Zauberspruch loszuwerden. Ändern Sie dann wieder einmal das Drehbuch, das Ihnen Ihre Erzieher vorgegeben haben. Überprüfen Sie dazu die darin verpackten jeweiligen Ziele.

Fragen Sie also:

- Welchen Vorteil hatte meine Mutter (mein Vater/wer auch immer in Frage kommt), wenn ich aufhörte zu ...
- Was mußten sie tun, wenn ich nicht aufhörte zu ...

Wahrscheinlich werden Sie draufkommen, daß solche Gebote oder Verbote darauf hinzielten, den Eltern etwas Unangenehmes zu ersparen: Ablenkung von ihren eigenen Prioritäten, Zuwendungsarbeit, Schamgefühle, Konflikte mit anderen Menschen etc. Anstatt Ihnen Anleitung zu geben, wie Sie mit innerseelischen Spannungen selbstbewußtseins-fördernd umgehen könnten, bekamen Sie Befehle, wesentliche Anteile Ihrer Persönlichkeit zu unterdrücken. Als gehorsames Kind haben Sie wesentliche Energiequantitäten zum Unterdrücken abgeleitet und damit Ihre Strahlkraft angezapft. Das wiederum führt zur Unterversorgung bestimmter intrapsychischen „Talentstudios“: Sätze wie „Was bildest Du Dir denn da schon wieder ein?“, oft genug wiederholt, können dazu führen, daß jegliche Phantasie (Kreativität, Vision) abgewürgt wird.

Haben auch Sie so ein besonderes Talent;
zappeln Sie in Ihrem Element?
Sind Sie ein Häferl am Überkochen?
Haben Sie sich selber ein Gesicht versprochen?
Stehen auch Sie, stehen auch Sie, stehen auch Sie
alles durch und das mit Genie?
Na, dann kriegen Sie, dann kriegen Sie einen Stoß;
die Pause ist vorbei und wieder geht es los!

Elisabeth PERCHINIG, „So manches“

Fragen Sie in sich hinein:

- Wer hat mich in meiner Kindheit und Jugend am meisten kritisiert?
- Welche verbalen/nonverbalen Botschaften erhielten Sie, was man von Ihnen erwartete/wie man Sie beurteilte?
- Was davon erleben Sie heute noch?
- Lassen Sie Erinnerungen aufsteigen. Schreiben Sie sie, wenn möglich auf (= bannen Sie sie auf Papier)!
- Überprüfen Sie sie ganz konkret: war diese Botschaft/Beurteilung damals hilfreich für Sie? Haben Sie daraus etwas gelernt, das Ihre Entfaltung gefördert hat?
- Wenn ja, bedanken Sie sich gedanklich bei Ihren Lehrmeistern.
- Wenn nein, überlegen Sie, was die positive Absicht dabei war: was sollte Ihnen erspart bleiben (z. B. daß Ihre Eltern auf Sie ärgerlich werden).
- Stellen Sie sich jetzt die damalige Szene vor, oder eine ähnliche. Dem Unbewußten ist eine präzise Wiedergabe des tatsächlich Erlebten ziemlich egal; die seinerzeitigen Gefühle sollen präzise dieselben sein!
- Ändern Sie den Ablauf so, wie Sie ihn damals gebraucht hätten, um einen Schritt zur Reife (nicht zur Hemmung) zu machen.
- Das Stückchen Filmrolle, wo die mißlungene Szene drauf ist, geben Sie zum Recycling.
- Wenn Sie die Szenen Ihres Lebensfilmes, um die es aktuell geht, neu bearbeitet haben, können Sie auch Ihr Bann- Schreiben von Beginn dem Recycling zuführen: verbrennen Sie es. Damit lassen Sie es sich in Luft auflösen. Oder zerreißen Sie es in kleine Schnipsel und werfen Sie es ins Wasserklosett. Auch so kommt es in den ewigen Kreislauf der Atmosphäre. Oder zur Müllverbrennung . . .

Hauptsache, Sie machen Ihre Befreiungsbewegung bewußt (magische Geste!) und lassen „es“ los, daß es dorthin gelangen kann, wo es jemand anderer braucht.

Umgekehrt: Wenn Sie wollen, daß Sie eine Fähigkeit besonders stark zur Verfügung haben, wiederholen Sie die Szenen in Ihrem Lebensfilm und verankern Sie sie.

Denken Sie etwa:

- Als ich einmal sehr kreativ war . . .
- Als ich einmal sehr gute Intuition bewies . . .
- Als ich einmal eine präzise Vision hatte . . .
- Gehen Sie mit allen Sinnen (Sehen, Hören, Riechen, Schmecken, Fühlen, Haltung, Bewegung, Atmung) durch die damalige Szene, fühlen Sie sich wieder „ganz“ ein,
- Suchen Sie insgesamt drei Beispiele für solche Erfolge,
- Finden Sie heraus, welche Bedingungen immer gleich waren und
- Verankern Sie dieses Wissen mit dem Gefühl und dem Vertrauen, diese oder gleiche fördernde Bedingungen immer wieder inszenieren zu können.

Du, spring nicht über Schranken,
die höher, als du selber bist, sind.
Vergiß nie, täglich wie ein Kind
Für alles tief zu danken.
Joachim RINGELNATZ

Charisma hat sehr viel mit Vertrauen und Dankbarkeit zu tun. Lassen Sie daher keine Gelegenheit aus, das Gefühl der Dankbarkeit spüren zu können! Und wenn es nur die Dankbarkeit dafür ist, daß Sie überhaupt draufgekommen sind, daß etwas verbessert werden sollte! Sie wissen ja: Jeder Fehler ist eine Gelegenheit, etwas zu verbessern!

Außerdem folgen Sie mit dieser Reaktion wieder dem Yin-auf-Yang-Prinzip: wer Sie kritisiert, an Ihnen herumnörgelt (auch Sie selbst, wenn Sie diese Stimme verinnerlicht haben), bildet den Yang-Anteil, wenn Sie den positiven Kern herausfinden und annehmen können, nehmen Sie im Yin auf.

Die Seele ist ein „weites Land“. Diese Metapher verwendete schon Arthur SCHNITZLER. Und auch wir erleichtern uns das Verständnis unseres So-Seins, wenn wir mit derartigen Analogien, Metaphern oder Symbolbildungen arbeiten: wenn wir also bei der Landschaftsmetapher bleiben wollen, so wissen wir aus Schulunterricht und vielleicht auch aus Wanderpraxis, wie hilfreich Positionszeichen, Entfernungsangaben, Grenzsteine, Wegweiser, Landkarten, und Kompaß sind.

So wie wir auf Landkarten Höhen und Tiefen, Flüsse und Straßen, Orte und Anlagen verzeichnet haben, können wir auch unsere Seele aufteilen: FREUD tat dies schon mit seinem Modellen von Unbewußt, Vorbewußt und Bewußt, und Es, Ich und Über-Ich; BERNE formuliert die Ich-Zustände; Virginia SATIR, von deren Charisma die Entwickler des NLP, BANDLER und GRINDER viel abgeschaut haben, spricht ganz simpel von „Teilen".

Ist Ihnen eigentlich schon einmal aufgefallen, wie exakt das Möbelstück „Psyche" seinem Namen gerecht wird? Viele Schubladen und oben drauf ein Spiegel?

Wenn wir bei SATIRS „Teilen" bleiben, finden wir für jede Eigenschaft, für jedes Verhalten, einen „Teil", der dafür verantwortlich zeichnet – und der immer nur unser Bestes will. Arbeiten wir weiter mit diesen Symbolen:

Manche dieser Teile verstehen sich blendend und andere nicht so gut. Manche Teile dominieren und andere sind tief im Keller der Verbannung (Verdrängung) eingesperrt. Aber alle sind dankbar, wenn Sie beachtet, akzeptiert, beschäftigt und belobigt werden!

Werden unangenehme Teile hingegen aktuell „ausgesperrt", pflegen sie sich wie unerwünschte Wirtshausgäste zu verhalten: sie drehen auf, randalieren und versuchen über die Hintertür doch in die Gaststube zu gelangen. Läßt man Sie aber ein und weist ihnen ein gemütliches Plätzchen zu, wo sie still teil-haben können, können sie sehr konstruktiv auf den Augenblick warten, wo man sie wirklich braucht.

Im Sinne der Arbeit mit der Polarität heißt dies:

- keine Energie der Abwehr auf die Extrempositionen des Verhaltens, die wir gewohnt in den Schatten abdrängen,
- sondern sie einfach als Teil der allumfassenden Ganzheit annehmen.
- Mit dem Augenblick der Akzeptanz verändern sich bereits „unerzogene" kleine Kinder genauso wie verbitterte Erwachsene, interpersonelle Beziehungen ebenso wie intrapsychische Anteile; jegliches kann sich positiv entwickeln, wachsen.

Wenn wir auf Spurensuche nach der verborgenen positiven Absicht gehen, können wir manchmal entdecken, daß ein Anteil (Verhalten) noch nicht ausreichend entwickelt ist.

Beispiel Sprechangst

Nehmen wir beispielsweise die Angst, vor einer größeren Zahl von Unbekannten zu sprechen.

● Sie schauen/hören/fühlen in sich hinein (je nachdem, was Ihr bevorzugtes Repräsentationssystem ist)

● und bitten den Teil, der Ihnen diese Angst schickt, sich zu melden.

● Je nachdem wird wohl ein geistiges Bild, eine innere Stimme (ich hatte einmal eine Klientin, die bekam immer Liedlein mit passendem Inhalt vorgesungen! Bei Konflikten mit ihren Eltern z. B. „Fein sein, beinander bleiben!") oder ein Gefühl/eine Körperempfindung die Folge sein.

● Bedanken Sie sich bei Ihrem Helferteil, daß er Ihnen diese Botschaft gesendet hat.

(Sie dürfen ihn auch fragen, wie er/sie oder es heißt, Sie dürfen sogar einen Namen anbieten, um auch weiterhin leichter kommunizieren zu können.)

● Fragen Sie Ihr (z. B.) „Heinzelweibchen", was sie damit bezweckt.

● Warten Sie – geduldig! – auf die Antwort.

○ Falls keine kommt, fragen Sie, was notwendig wäre, damit eine Antwort kommen könnte.

○ Erfüllen Sie die Forderung.

● Wenn die erbetene Antwort aus Ihrem Unbewußten auftaucht, (in unserem Beispiel: Sie vor Blamage zu bewahren) bedanken Sie sich bei Ihrem „Teil".

● Überlegen Sie dann, wie dieses Ziel konstruktiver erreicht werden könnte (z. B. durch exzellente Vorbereitung).

● Sagen Sie Ihrem „Heinzelweibchen" im Stillen, daß Sie ganz glücklich darüber sind, wie gut sie auf Sie aufpaßt; erklären Sie ihr sodann mit freundlichen Worten – so wie man einem kleinen Kind gut zuredet – daß Sie in der Zwischenzeit recht groß sind und auch selber ganz gut auf sich aufpassen können und daß Sie in der glücklichen Lage sind, Ihre Helferin dadurch zu entlasten.

● Schlagen Sie ihr vor, in Zukunft statt dem bisherigen Signal (Angst) einen Satz („Achtung! Fremde!") oder ein Bild (wie eine Verkehrstafel) oder ein anderes, schwächeres Gefühl (Vorsicht) zu senden.

● Fragen Sie, ob Ihre Helferin damit einverstanden ist: dann soll sie ein Zeichen geben (Bild, Satz, gutes Gefühl).

● Wenn so etwas kommt – bedanken Sie sich wieder und verabschieden Sie sich.
● Wenn nichts kommt, sagen Sie ihr, daß Sie Geduld haben wollen, und bitten Sie sie, Ihnen das Zustimmungszeichen etwas später zu geben.

„Die Traumdeutung aber ist die via regia
zur Kenntnis des Unbewußten im Seelenleben"
(Sigmund FREUD)

Sie können fehlende Teile aber auch – erträumen:
● Bereiten Sie sich auf einen (längeren oder kürzeren) Schlaf vor.
● Entspannen Sie sich, indem Sie sich in eine leichte Trance reden:
○ Sie legen sich bequem hin,
○ lassen die Augenlider sinken,
○ fühlen Ihren Körper schwer und warm werden und
● gehen gedanklich und sprachlich durch Sehen, Hören und Empfinden: Sie sagen sich insgeheim z. B. „Ich sehe . . . (den Vorhang; wenn Sie die Augen geschlossen haben: Dunkelheit, Lichtsensationen, was auch immer) und ich höre (das Ticken der Wanduhr . . . die eigene Stimme . . .) und ich spüre (meinen Rücken auf der Bettdecke . . . die Verspannungen in meinen Waden . . . was auch immer).
● Und xxx (jetzt folgt die erste Suggestion: z. B. ich werde immer entspannter/werde ein Viertelstündchen schlafen/werde die ganze Nacht tief und friedlich schlafen . . .)"
● dann wiederholen Sie wiederum den „Durchgang" durch Ihre Sinneswahrnehmungen (wenn Ihnen nichts Neues auffällt, können es ruhig die alten sein!)
● und geben eine zweite Suggestion
○ entweder Sie vertiefen die erste, wenn Sie vielleicht noch nicht richtig entspannt sind,
○ oder Sie koppeln mit den Worten „und während ich immer entspannter werde, entwickelt sich mein xxx" – was Sie eben entwickeln wollen -
○ oder „und während ich ein Viertelstündchen schlafe, entwickelt sich mein xxx" –
○ oder welchen Erfolg Sie eben erzielen wollen: eine Vision, einen Titel für eine Arbeit, einen Hinweis, wo Sie etwas suchen sollen, was auch immer).

- Wiederholen Sie diese Durchgänge, bitte immer mit gleichmäßiger, langsamer Betonung, so richtig einschläfernd ... Erlauben Sie sich, so richtig schlapp zu machen, ganz faul zu sein, so wie bei einer langen Zugfahrt oder in einer gemütlich warmen Badewanne, wo Sie durch die rhythmische Bewegung und/oder die Wärme eingeschläfert werden wie im Kinderwagerl oder im Mutterleib.
- Geben Sie sich irgendwann auf jeden Fall sicherheitshalber auch die Suggestion, daß Sie das wissen werden, was Sie wissen wollen, wenn Sie „erfrischt" aufwachen.
- Rechnen Sie damit, daß Sie je nach Ihrer Begabung, sich zu entspannen/in Trance zu fallen, nach vier bis fünf Durchgängen weggetreten sein werden ...

Wenn weder die „Arbeit mit Teilen" noch das „Träumen" Ihrer „Denk-Art" entspricht, weil Sie eine unverbesserliche Linkshemisphärikerin sind, bevorzugen Sie möglicherweise das Nach-Denken über einige Grundtatsachen:

- Anspannung verengt,
- Entspannung erweitert Ihr Potential an Energie, Kreativität und Strahlkraft.
- Mit Bewertungen wird Macht beansprucht und damit eine überlegene Position. Dadurch können Kindheitsängste ausgelöst werden. (Angst kommt von Enge: Luft anhalten, Muskeln anspannen, Körper kampf- bzw. fluchtbereit machen.)
- Kritik löst Anspannung und damit Verengung aus.
- Verengung behindert Gefühlsausdruck und schafft damit „Knoten".
- Entspannung löst wieder auf.
- Der Entspannung ist ziemlich egal, wie sie erzielt wird: durch Bewegung (von Tennis/Yang bis Tai Chi/Yin), Musik (Machen/Yang, Hören/Yin), bildende Künste, Tagträume, Herumtrödeln ...

Mir gehen Lichter auf,
und jedes Mal sag ich: „Aha!"
Will weiterlernen,
geb nicht auf,
hab wieder Mut.
Sinnblüten fallen drauf
und schmücken, was an mir geschah.
Ich geh voran,
bleibe doch ich
und fühl mich gut.

Barbara STROMBERGER, „Diese Begegnung"

Sie sind umso energiereicher, kreativer und in sich selbst ruhender, je
● authentischer Sie sind: wenn Sie alles an und in sich akzeptieren und wertschätzen können, keine Teile (Eigenschaften und Verhaltensformen) im Widerstreit halten oder abspalten (müssen),
● je mehr Sie Ihre Wahr-Nehmungen und Gefühle akzeptieren und ausdrücken können.
● Ihre Gefühle ändern sich, Ihr Verhalten ändert sich – auch Sie können sich ändern.
● Merken Sie: Sie haben Gefühle – Sie sind nicht Ihre Gefühle.
● Genauso haben Sie Ihr Verhalten – Sie sind nicht Ihr Verhalten.
● Genau so haben andere Menschen ihre höchstpersönliche Sicht der Welt, ihre höchstpersönlichen Glaubenssätze und Werthaltungen, ihre höchstpersönliche „Wahrheit".
● Sie werden sich mit denen besonders schwer tun, die
○ das leben, was Ihnen verboten ist,
○ das leben, wovor Sie Angst haben,
○ das auch haben, tun, sind, was Ihnen Schwierigkeiten bereitet (die Sie spiegeln).
● Sie werden die besonders attraktiv finden, die
○ das haben, tun, sind, was Sie gerne haben, tun, sein würden,
○ oder die Sie bestätigen.
● Je mehr Sie sich wirklich für andere interessieren (und nicht nur so tun – „signalisieren" – um sich beliebt zu machen oder die anderen auszuspionieren),
○ deren Andersartigkeit als Möglichkeit dazuzulernen nützen
○ und auch Ihre eigenen Ressourcen denen zur Verfügung stellen,
○ desto mehr befinden Sie sich im Energieaustausch und ermöglichen soziale Kreativität.

Leider mangeln vielen von uns die Sprache, Gefühle, Wünsche, aber auch Abgrenzungen, Kritik auszudrücken: unsere Eltern wurden vielfach in der Zeit des „Dritten Reichs“ mit seinem absoluten Autoritätsgehorsam sozialisiert, oder in der Wiederaufbauphase, wo vor lauter „Besitz schaffen“ kaum Zeit für Beziehungsarbeit blieb, oder in den „wilden“ Sechziger und Siebziger Jahren mit antiautoritärer Erziehung und sexueller Befreiung.

Die Sprache war dem jeweiligen Zeitgeist entsprechend von Befehlstönen und Autosuggestionen zum Durchhalten und Dienen, Leistungsappellen oder „Make Love not War“-Klängen geprägt.

Virginia SATIR hat vier Menschentypen mit zum Mißlingen prädestinierter Kommunikation beschrieben:

- die „Ankläger“, die „von oben herab“, quasi mit drohend ausgestrecktem Zeigefinger auf Übeltäter und Störenfriede weisen, stets angreifen oder Angriffsflächen suchen und zur Gewalttätigkeit neigen. Sie wollen/müssen immer Sieger sein.
- die „Beschwichtiger“, die „von unten hinauf“, quasi kniend mit flehentlich erhobenen Händen um Gnade und Verzeihung bitten. Sie verzichten auf jegliche Selbstbehauptung, reden den Mächtigen nach dem Mund und gehen vielen mit ihrem „Terrorismus des Leidens“ auf die Nerven.
- die „Computer“, die starr und regungslos jeglichen Gefühlsausdruck und -austausch vermeiden und mit Gewalt (nämlich gegen sich selbst) versuchen, perfekt zu sein, Konflikte zu vermeiden, indem sie alles wissen, alles erklären und überhaupt nur unbeteiligt zusehen.
- Die „Verwirrer“, die nicht faßbar in alle Richtungen ausweichen, sich selbst und auch jedem, der ihnen zu nahe kommt, entweder indirekte Botschaften geben(„Es wäre schön, wenn irgend jemand das Salz brächte“ statt „Gib mir bitte das Salz!“), sich immer wieder in Widersprüche verwickeln („Soll ich Dir das Salz geben?“ „Ach nein, ich brauche keines, ich dachte nur . . . eigentlich sollte man ja überhaupt weniger salzen . . . ich selber habe ja salzige Speisen recht gerne . . . wo ist eigentlich der Pfefferstreuer? . . .“) und viel Energie darauf verwenden, keine Verantwortung übernehmen zu müssen, nicht einmal für ihre eigenen Bedürfnisse.
- Demgegenüber stellt SATIR (und mit ihr viele andere, die sich mit Gesprächsführung wissenschaftlich beschäftigt haben) die gelungene Kommunikation:

○ Sie spricht in Ich-Botschaften statt in Du-Anklagen („Ich möchte gerne Salz. Wo ist es?“ statt: „Wer hat schon wieder das Salz verräumt?“)
○ Sie verzichtet auf indirekte Botschaften, sondern formuliert direkt („Ich habe heute etwas anderes vor und möchte nicht ins Kino gehen!“ statt: „Wenn Du möchtest, gehen wir ins Kino. Du weißt, dein Wunsch zählt für mich alles ...“)
○ Sie integriert auch Botschaften auf der Gefühlsebene und scheut daher auch keine potentiellen Konflikte („Ich habe mich vorhin nicht beachtet gefühlt, wie ich Dir das Salz gegeben habe. Ich möchte, daß Du mir in Zukunft zumindest zunickst!“ Möglicher Konflikt: „Sei doch nicht immer so angerührt!“)
○ Sie formuliert klar und eindeutig, steht zu Entscheidungen und übernimmt Verantwortung für allfällige Folgen („Nein, ich möchte heute nicht ins Kino gehen – ich sehe, daß Du traurig bist, aber ich habe etwas anderes vor.“)
○ Sie spricht in Ich-Form (übernimmt Verantwortung) statt in „man“ (sich in der anonymen Menge verstecken) oder „wir“ (Pluralis maiestaticus: Identifikation mit jemand Größeren und Mächtigeren).
○ Sie ist „echt“ (wahrhaftig),
○ verzichtet auf Über- oder Untertreibungen, Verallgemeinerungen (die Männer, die Frauen ... die Radfahrer ...),
○ meidet Generalisierungen (immer, nie, ...) und
○ ist symmetrisch: sie verzichtet auf Über- oder Unterordnungsansprüche, Aggression (Killerphrasen), Manipulation oder Resignation.

Zur gelungenen Kommunikation gehört auch das „Aktive Zuhören“, nämlich:
● Wiederholen der empfangenen Botschaft mit eigenen Worten. Damit wird dem Visavis die Möglichkeit der Korrektur gegeben, falls etwas falsch (nicht so wie beabsichtigt) verstanden wurde,
● Bitten um Feedback (= Rückmeldungen, wie die gesendeten Botschaften angekommen sind),
● Nachfragen und um Präzision ersuchen, wenn Unklarheiten bestehen,
● eigene Korrektur, wenn ersichtlich wird, daß die erstgesendete Botschaft unklar formuliert war.

Auf diesen kommunikationswissenschaftlichen Forschungen

(BATESON, WATZLAWICK) basieren dann auch Ansätze wie das „kundenorientierte Verhalten“:

- Herausfinden, was der/die Geschäftspartner/in sucht oder will (Zielvorstellung) statt Selbstdarstellung, wie gut die eigenen Produkte/Dienstleistungen oder die eigene Person sind,
- Informative Abstimmung der eigenen Angebote auf diese Ziele statt Überredung, etwas aus der eigenen Produktpalette sei auf jeden Fall besser als das, was eigentlich gewünscht wurde,
- echtes Bemühen, die andere Person bestmöglich zu versorgen (nicht die eigene Ware/Dienstleistung anzubringen),
- daher auch Anbot der Hilfestellung bei Reklamationen (Konflikten), damit der
- Aufbau einer möglichst lang andauernden und zufriedenstellenden Geschäftsbeziehung und
- Weiterempfehlung an andere potentielle Geschäftspartner erreicht werden kann.

Auch hier zeigt sich wieder einmal die Wechselwirkung des Yin-auf-Yang-Prinzips: wer sich mehr um den anderen kümmert als um den eigenen Vorteil (wie die Goldmarie im Märchen von „Frau Holle“), erreicht mehr für sich, als der, der (wie die Pechmarie) nur dem eigenen Ziel nachhechelt.

Zum Weiterlesen:

Ronald D. LAING, „Knoten“, Rowohlt 1972

Rotraud A. PERNER, „Aufbrechen – Zum Umgang mit Herzweh“, in: „Schmerz – Stachel des Lebens. Tagungsband 1992 der 11. Goldegger Dialoge“, Kulturverein Schloß Goldegg

Rotraud A. PERNER, „Zeugin der Lüste. Lust und Frust der Rundfunksexualberatung“, Edition Tau 1991

Virginia SATIR, „Meine vielen Gesichter. Wer bin ich wirklich“, Kösel 1988

Virginia SATIR, „Selbstwert & Kommunikation. Familientherapie für Berater und zur Selbsthilfe“, Pfeiffer 1975

Lutz SCHWÄBISCH/Martin SIEMS, „Anleitung zum sozialen Lernen für Paare, Gruppen und Erzieher“, Rowohlt 1974

Martin SIEMS, „Dein Körper weiß die Antwort – Focusing als Methode der Selbsterfahrung“, Rowohlt 1986

Barbara STROMBERGER, „Diese Begegnung“, in: Barbara STROMBERGER, Texte Saiten Weise, 1986–1991, Edition Fidibus 3/1991

Paul WATZLAWICK/Janet H. BEAVIN/Don D. JACKSON, „Menschliche Kommunikation“, Hans Huber 1967/1969

EXHIBITION

„Ich lebe mein Leben in wachsenden Ringen,
die sich über die Dinge ziehn.
Ich werde den letzten nicht vollbringen,
aber versuchen will ich ihn.
Ich kreise um Gott, um den uralten Turm,
und ich kreise jahrtausendelang;
und ich weiß noch nicht:
bin ich ein Falke, ein Sturm oder ein großer Gesang."

Rainer Maria von RILKE

Diese Kapitelüberschrift ist provokativ. Ich habe sie deshalb gewählt, weil viele Frauen mit ihrer Selbstdarstellung und all dem, was unter Öffentlichkeitsarbeit im weitesten Sinn subsumiert werden kann, Probleme haben.

Das hängt wiederum mit der rollenspezifischen, frühkindlichen Prägung zusammen. Die psychoanalytische Forschung hat die Phasen der psychosexuellen Entwicklung folgendermaßen beschrieben: auf die „orale", die Mund-Phase, die etwa die ersten anderthalb Lebensjahre dauert und in der das Kleinkind Vertrauen lernen sollte – was auch heißt, seine Ungeduld bezähmen – folgt im nächsten Jahr die „anale", die After-Phase, in der das Kind Zurückhaltung (vor allem auch seiner Körperausscheidungen!) und Widerstand lernen sollte. Letzterer wird von vielen Eltern gebrochen. Die wundern sich dann später, wieso ihr Kind sich so viel gefallen läßt: konkret vor allem Mädchen sexuelle Belästigungen! Mit drei, dreieinhalb Jahren kommen Kinder dann in die „phallische", die Protz-Phase, und da kann eine deutliche Diskriminierung der Mädchen beobachtet werden.

In dieser Phase entdecken Kinder die Geschlechtsunterschiede. Vorher „begreifen" sie sie zwar, aber ihre Geschlechtsorgane sind schlichtweg Körperteile wie Nase oder große Zehe auch, mit denen man spielen kann, die sich vielleicht gelegentlich fein anfühlen, aber mehr nicht. In der phallischen Phase entdecken Kinder, daß es Frauen und Männer gibt und wodurch die sich unterscheiden. Und wenn nun um den Penis viel Aufhebens gemacht wird, wenn er als besonders geheimnisvoll tabuisiert oder als Zauberstab hochstilisiert wird, fühlen sich kleine

Mädchen bald abgewertet; wenn sie dazu erleben, daß Mutter, Großmutter oder Nachbarin zu Hause nichts zu reden haben, ja sogar brutalst in ihren Lebensäußerungen behindert werden, wird dieses Gefühl, nicht lebens- oder liebenswert zu sein, ins Unermeßliche verstärkt.

Wenn kleine Buben in dieser Entwicklungsphase zeigen, was sie da Besonderes in der Hose haben und wie weit sie damit in der Gegend umherpinkeln können, pflegen ihre weiblichen Familienangehörigen selbst noch bei Ermahnungen entzückt zu reagieren; Väter sind sowieso stolz, wenn's die nächste Männergeneration „den Weibern zeigt".

Wenn ein kleines Mädchen sein Röckchen hebt, wird es heftigst eingebremst. Wenn ein kleines Mädchen, wie es diesem Alter entspricht, „kokett" schmeichelt, löst es bei vielen Menschen sexuelle Phantasien aus. Die einen wollen sich dann „selbstbedienen". Die anderen intervenieren, um solche Miß-Handlungen zu verhindern. Wie auch immer, das kleine Mädchen entbehrt nicht nur den „Glanz im Auge der Mutter", den kleine Buben meist überreich genießen dürfen, sondern auch den im Auge des Vaters.

Kein Wunder, daß später all die Frauen, die in dieser Entwicklungsphase herb beschränkt wurden, Angst vor Selbstpräsentation haben. Und diese auch bei anderen Frauen ablehnen: was sie selber nicht dürfen, darf eine andere natürlich auch nicht.

Bei Frauen, die sich bei jeder Gelegenheit „aufspielen", die sozusagen sich selbst als „Phallus" herzeigen, habe ich in der tiefenpsychologischen Arbeit entsprechende frühkindliche Prägungen gefunden: verführerische Vaterfiguren, die die Kleine zur eigenen Lust zu Schau-Spielen animierten, wesentlich ältere Spielgefährten, die ihre „gynäkologische" Neugier durch Untersuchungen an dem angstvoll duldenden Mädchen befriedigten, aber auch unsensible Mütter, die das natürliche Schamgefühl des Kindes, das etwa im Freibad nicht mehr nackt ins Wasser gehen wollte wie ein „Putzi" – aus welchen eigenen blinden Flecken auch immer – nicht respektieren und ihren eigenen Willen durchsetzen wollten; auch eine Art Vergewaltigung.

Die Bandbreite zwischen den beiden Polen Hemmung und Wildwuchs umschließt wiederum eine „goldene Mitte": herzeigen, Information geben, wo es sinnvoll ist, aber Zurückhaltung dort, wo Informationen keinen Wert für andere haben, sondern nur der eigenen Gloriole dienen. Derartiges phallisches Protzen fordert nur diejenigen zum Kampf heraus, die nicht ertragen, daß andere auch gut (oder sogar besser) sind; die Folgen solchen unreflektierten, psychodynamischen Geschehens füllen dann die Chronikspalten der Tageszeitungen: Wirtshausraufereien und sonstige Racheakte oder auch nur „Drohgebärden". Selbst vor Schießereien am Arbeitsplatz scheut man(n) nicht zurück (und etliche derartige „Kurzschlüsse" werden vertuscht, weil es zu peinlich wäre, wenn in der Zeitung stünde, daß beispielsweise der Chef der Verwaltungsrevision mit der Pistole wild herumfuchtelt . . .). Dieser „männliche" Weg, mit unerwünschten Rivalen umzugehen, wird in zahllosen Filmen vor Augen geführt und leider noch immer nachgeahmt. Vielleicht haben viele Frauen genau wegen dieser Vorbilder unbewußt Angst vor solchen Reaktionen.

Wenn wir uns darauf einigen, daß „Herzeigen" funktionell sein soll, gibt es folgende Gründe für derartige Exhibitionen:

- Sie haben ein Produkt und wollen es anbieten. Als Produkt sind auch persönliche Dienstleistungen und überhaupt Arbeitskapazitäten zu verstehen.
- Sie sind im Besitz von Informationen, die für andere Personen von großer Bedeutung sind.
- Sie wollen ein bestimmtes Image aufbauen.
- Sie betreiben Kommunikationsforschung und wollen beobachten, wie auf bestimmte Informationen reagiert wird.

Üblicherweise wird Imageaufbau, Werbung und Öffentlichkeitsarbeit – vor allem von den Professionisten dieser Branchen – streng getrennt. Das wird verständlich, wenn man weiß, daß Werbeeinschaltungen in Medien kostenpflichtig sind, während Öffentlichkeitsarbeit Journalisten mit Information versorgt. Ich erlaube mir im gegenständlichen Kontext auf diese Trennung zu verzichten; wichtig ist aber die Warnung, daß frau nicht enttäuscht ist, wenn sie im Konfliktfall mit ihrer brandneuen Information an die Anzeigenabteilung verwiesen wird. In diesem Fall bekommt sie die Gegeninformation, daß ihr Knüller als verdecktes Product Placement identifiziert wurde.

Daß Sie nicht nach dem Prinzip Flaschenpost vorgehen werden, versteht sich von selbst. Sie werden also als ersten Schritt die Fragen klären,

- welchen Personenkreis
- Sie mit welchen Mitteln

- mit welcher Botschaft erreichen wollen.

Verzichten Sie daher zuallererst auf Größenphantasien im Sinne von „seid umschlungen Millionen". Auch von Ihrer Zielgruppe werden Sie nicht alle erreichen.

- Geben Sie sich eine realistische Erfolgsquote vor; „100 Briefe, 10 Antworten, 1 Kunde!" resümierte einmal eine meiner Klientinnen über die Erfolge Ihrer Kundenwerbung. So eine Rechnung nenne ich realistisch!

Viele Mißerfolge werden nach folgendem Unglücksmuster programmiert: erstmal die Latte zu hoch gelegt, dann ungeduldig werden, depressive Verstimmung bekommen, pessimistische Geistes- und Körperhaltung einnehmen, alle potentiellen Kunden abschrecken.

Erfolge programmiert man so: Latte niedrig ansetzen und jede Reaktion freudigst zur Kenntnis nehmen. Es hätte ja auch niemand reagieren müssen! Alles als Ansporn für Bitten um ausgiebigeres Feedback nützen: so verfügen Sie bald über Erfahrungen anderer, Anregungen und Verbesserungsvorschläge; dann legen Sie eine Bewertungsrunde ein: Hätte eine andere Vorgehensweise bereits mehr Erfolg gebracht? Hätten andere Schwerpunktsetzungen befriedigendere Ergebnisse gezeitigt? Wenn ja, ist eine Kurskorrektur angebracht.

Eine ökonomisch denkende Freiberuflerin verblüffte einmal einen potentiellen Kunden, der weniger als ihr übliches Stundenhonorar bezahlen wollte: „Um diesen Preis arbeite ich nicht – da gehe ich lieber mit meinen Kindern im Park spazieren!"

Wenn ein potentieller Kunde schon von allem Anfang an zeigt, daß er nicht bereit ist, sich an die Geschäftsbedingungen zu halten, müssen Sie schon wesentliche andere Interessen an ihm oder ihr haben haben, wenn Sie sich nicht in eine masochistische Beziehung einlassen wollen. Selbst wenn Sie am Beginn Ihrer Berufskarriere stehen und daher vor Dankbarkeit überfließen, wenn überhaupt jemand Ihre Dienste in Anspruch nehmen will – präjudizieren Sie nicht Ihre künftige Geschäftsgebarung. Sie verärgern nur Ihre Stammkunden, wenn Sie nach kurzer Zeit teurer werden – dann nämlich, wenn Sie sich in Relation zur Konkurrenz als zu billig erkennen.

- Sie sollten sich bei jedweder Selbstpräsentation überlegen, auf welche Kundschaft Sie leicht verzichten können. Erinnern Sie sich an Ihren Mathematik-Unterricht: wenn Sie eine bestimmte Kubatur beispielsweise Erdreich ausheben wollen, so können Sie dies flächendeckend tun, dann werden Sie nicht sehr tief kommen – oder Sie verzichten auf die breite Ausdehnung, dafür können Sie dann tief schürfen.

Wiederum sehen wir uns mit einer Bandbreite konfrontiert: Oberflächlichkeit oder Tiefe – viel und billig oder wenig und teuer.

Nach dem BÖHM-BAWERKSCHEN Gesetz vom Grenznutzen sinken die Preise, wenn viel Ware vorhanden ist, doch kaum geht der Vorrat zu Ende, steigen die Preise; wenn weniger Kunden zum Zuge kommen können, werden die bevorzugt, die am meisten zahlen: der Preis gleicht Angebot und Nachfrage aus.

Sie sind daher gut beraten, wenn Sie für Ihre Informationsarbeit den Zugang zu den wichtigsten Adressaten suchen, und wenn es nur eine Person ist; lieber eine einzige Person exklusiv und intensiv informiert, als viele oberflächlich.

Selbst wenn Ihr Karrierefeld die Politik ist und Sie mit einer Aktion alle Wählerinnen und Wähler informieren wollen: wenn „die eine" Person die Greißlerin vor Ort ist oder der Chefredakteur der Hauptabendnachrichten, haben Sie einen Multiplikationseffekt, der Ihnen voraussichtlich mehr bringt als ein Postwurf an alle Haushalte.

- Wählen Sie das Medium, das zur Zielgruppe paßt. Langweilen Sie nicht den Chronikchef einer Tageszeitung mit den neuesten Fusionsgerüchten aus der Bankbranche; der Chef vom Dienst eines Wirtschaftsmagazins wird Ihnen für dieselbe Information die Hand küssen.

Lesen und sehen Sie daher regelmäßig so viele einschlägige Medienprodukte, wie Ihre Zeit – und Ihr kritisches Bewußtsein – zuläßt. Wir leben in einer Mediengesellschaft und sollten die Medien daher bestmöglich auswerten:

- um schnell, aktuell und wesentlich informiert zu sein
- und damit keine Bildungslücken hinsichtlich des aktuellen Geschehens aufweisen,
- um präzises Kurzformulieren (und möglicherweise auch Sprachstile) zu erlernen,
- um Konfliktverhalten bei Streitgesprächen zu studieren,
- um sich in Kundendienstanrufen und Leserinnen-, Hörerinnen- und Seherinnenbriefen zu üben,
- um mögliche Adressaten eigener Aktivitäten auszumachen,
- und weil Konkurrenzbeobachtung auch zur Karriereplanung gehört.

Lächeln Sie nicht über den Tip, den eigenen Redestil an professionellen Sprechern zu üben: eine bekannte Gynäkologin, halb aus Polen, halb aus Israel stammend, lernte so ihr fast akzentfreies Deutsch zu sprechen – durch regelmäßiges Mitartikulieren der TV-Wetterberichte.

Das Medium ist die Botschaft, lautet eine Doktrin von Marshall MCLUHAN. Das gilt nicht nur als Richtlinie für die Medien-Profis, sondern auch für Sie. Sie sind nämlich das Medium Ihrer eigenen Botschaften, ob Sie wollen oder nicht.

Wir können nicht nicht kommunizieren. Diese Doktrin stammt vom Kommunikationspapst Paul WATZLAWICK. Wir kommunizieren also immer, auch wenn wir vermeinen, es nicht zu tun. Auch wenn Sie schweigen und sich nicht bewegen, sprechen Ihre Mimik und Ihre Körperhaltung Bände. Und auch Ihre Ausstrahlung!

Wir kommunizieren – bewußt oder unbewußt – durch

- unsere Sprache (Inhalt, Artikulation, Lautstärke, Tonfall, Timbre)
- unser Aussehen (Mimik, Gestik, Körperhaltung, Körperschmuck und Frisur, Kleidung, Wahl unserer persönlichen Gebrauchsgegenstände, vom Feuerzeug bis zum Auto) und
- unsere bioelektrische Ausstrahlung, die Kraft unserer Gedanken.

Jeder Gedanke ist ein chemisch-elektrischer Prozeß im Gehirn: chemische Botenstoffe, die Neurotransmitter, werden von Schaltstelle (Synapse) zu Schaltstelle transportiert und konstruieren so die Kettenreaktion von äußeren oder inneren Reizen zu Folgereaktionen – ob es nun eine weitgreifende Handlung ist oder nur das Aufstellen der Härchen am Handrücken. Diese Prozesse sind je nach Intensität der „Sendung“ bzw. nach Sensibilität der „Empfangsstation“ für andere Personen merkbar.

Denken Sie nur an jemand, der wütend ist: auch wenn diese Person „schein“bar ruhig dasitzt, nichts spricht und sich entspannt, spüren Sie dennoch, daß „Gewitterstimmung“ in der Luft liegt. Sie spüren die bioelektrische Aufladung (mit Plus-Ionen) – und genau dieser Analogie zum Wetter wegen sprechen wir ja auch von „dicker Luft“: der Körper macht sich kampf- oder paarungsbereit, je nachdem, ob sich jemand aggressiv oder sexuell „auf-regt“. Und genau Sie wie bei der Großwetterlage, verschwindet die dicke Luft erst nach der Entladung, wenn es geblitzt, gedonnert und geregnet hat: wenn geätzt, gestritten und verletzt (geweint) wurde.

Vertrauen Sie bitte immer Ihrem sechsten Sinn – Ihrem elektrischen Hautwiderstand. Den kann man sogar messen. Der Lügendetektor beispielsweise funktioniert nach diesem Prinzip, aber auch in der modernen Computertechnik finden sich derartige Programme. Den Magic Mirror etwa: da wird eine Elektrode mit einem Ihrer kleinen Finger verbunden; nun sitzen Sie möglichst unbewegt da und betrachten das „Gesicht", das Sie auf dem Monitor vor Augen haben. Dann denken Sie an etwas Schönes und das Gesicht auf dem Bildschirm beginnt zu lächeln. Denken Sie an etwas Trauriges, und seine Miene bekommt tragische Züge. Durch diese Sonderform des Biofeedbacks können psychisch labile Menschen lernen, ihre eigenen Gefühlsregungen bewußter wahrzunehmen und zu steuern. Dafür wurde dieses Programm entwickelt.

Nur wenige Menschen erlauben sich, andere bewußt und gezielt zu beobachten: sie wollen nicht aufdringlich erscheinen. Oder Sie haben nicht die Muße – und das Interesse – anderen Menschen so viel Aufmerksamkeit zu widmen. Das ist schade – und zwar aus ganz egoistischen Motiven: durch solche Wahrnehmungsübungen schärfen wir unser diagnostisches Instrumentarium. Das bewährt sich dann, wenn wir mit unerwarteten oder unerwünschten Botschaften konfrontiert werden und um die adäquate Antwort ringen.

Ich denke da an sexuelle Belästigungen am Arbeitsplatz.

Wie oft ist es ein unmerkliches Grinsen, ein bestimmter Blick oder Tonfall, der die Anzüglichkeit ausmacht!

Wenn Sie selbstunsicher sind – Ihrer Wahrnehmung egal aus welchen Gründen nicht trauen – oder noch immer versuchen, Pappis liebes Mäderl zu sein, liegt die Wahrscheinlichkeit nahe, daß Sie zu „entgegenkommend" reagieren werden.

Wenn Ihnen im Radio eine Sendung nicht gefällt, drehen Sie doch auch ab – oder? Oder rufen den Kundendienst an und beschweren sich. Eben.

Weder kommt es auf Ihr Ziel an: als was wollen Sie sich selbst darstellen? Als Weibchen, das sich von einem (sexuell oder aggressiv oder beides) aufgeladenen Männchen dominieren läßt – oder als Kollegin, die sich nicht bei und in ihrer Arbeit stören lassen will?

Je hitziger Ihr Kontrahent wird, desto kühler sollten Sie werden. Begeben Sie sich nicht auf sein Niveau! Sie würden ihm sonst die Wahl des Mediums (die Wahl der Waffen) lassen. Sie können sicher sein, daß er gewinnt – außer Sie sind eine Meisterin des trockenen Humors. Rechnen Sie aber damit, daß er umso rabiater wird, je weniger Sie sich von seinen Drohgebärden beeindrucken lassen.

„Anmachen“ – welch tiefer Doppelsinn steckt in diesem Wort! Bei Männern hat es jahrhundertelange Tradition. Je kraftloser ein Mann ist, desto mehr tendiert seine Anmache in Richtung Anpinkeln. Da hilft nur: schnell aus der Schußlinie! Wenn er Sie aber dennoch getroffen hat – Ihr Image beschmutzt hat –, verlieren Sie nicht die Nerven!

Sie haben sich nichts vorzuwerfen – außer daß Sie ihm zu nahe gekommen sind (wiederum im Doppelsinn des Wortes!). Er hat offensichtlich nur diese Primitivreaktion zur Verfügung: auch Tiere markieren ihr Revier mit dem Urinstrahl.

Sie brauchen nur

- eine gründliche Reinigung = Imagekorrektur (Sie wollen ja nicht auf ewig bepinkelt dastehen – oder?),
- mehr Distanz zu dem identifizierten Feind und
- mehr Vorsicht und Voraussicht.

Nicht notwendig ist hingegen, daß Sie in Zukunft als Frau Rambo quasi mit dem Wasserwerfer unterwegs sind und nach potentiellen Gegnern Ausschau halten.

Sie müssen als Frau damit rechnen, daß Ihre sachlichen Botschaften weniger beachtet werden als Ihre formalen. Selbst bei Premierministerin Thatcher konnten Pressemeldungen nicht auf Beiworte wie „frisch onduliert“ oder Hinweise auf ihre lackierten Fingernägel verzichten. Strategie der Abwertung oder Nachlässigkeit? Entscheiden Sie selbst!

Einigen wir uns vielleicht auf „Mangel an Fairneß“: ich werde nicht müde, immer wieder darauf hinzuweisen, daß es den Begriff „fair“ im Deutschen nicht gibt. Es gibt Gerechtigkeit, Korrektheit, Anstand. Alles hat eine andere Bedeutung. Schon die Noblesse haben wir aus dem Französischen importieren müssen. Fairneß bedeutet den Verzicht auf einen Vorteil, wenn er jemand anderem zum Nachteil gereichen würde.

Fairneß im Bereich der Medienberichterstattung würde bedeuten, auf unwesentliche Hinweise zu verzichten, wenn sie zwar möglicherweise stilistisch reizvoll wären, die Aussagekraft der beschriebene Person aber in den Augen der Rezipienten verzerren würden. Achten Sie einmal darauf, wie oft bei Frauen durch Angaben des Alters, des Familienstandes oder der Nationalität eine Meldung in Richtung Diskriminierung eingefärbt wird – und wie selten dies bei Männern der Fall ist. Oder erinnern Sie sich an eine Notiz vom „dreiundvierzigjährigen, geschiedenen Politiker"?

Gegen eine grobe Verletzung Ihrer Persönlichkeitssphäre durch (schriftliche oder bildliche) Medienberichterstattung können Sie sich wehren. Genaue Hinweise und auch die Richtlinien des Österreichischen Presserats finden Sie in dem von mir editierten Essayband „Menschenjagd. Vom Recht auf Strafverfolgung".

Bedenken Sie aber genau, ob es auch klug ist, diese Rechte in Anspruch zu nehmen! „Die Zeitung von heute ist das Klopapier von morgen" tröstete mich einmal ein befreundeter Chefredakteur; damals war ich über die in gut einem Dutzend Printmedien fast gleichzeitig plazierten, weitgehend gleichlautenden, untergriffigen Attacken eines abgehalfterten Möchtegern-Kollegen verzweifelt. Da ich als Psychotherapeutin dessen Motive und Persönlichkeitszustand wohl einzuschätzen wußte, verzichtete ich auf gerichtliche Schritte: sie hätten nur neuerliche Aufmerksamkeit – in seinem Sinne! – bewirkt, mich als beleidigte Frau Kohlhaas definiert, und mir aus der Kollegenschaft den Vorwurf eingebracht, einen psychisch „Gestörten" weiterhin zu stören.

Bedenken Sie: kein Journalist wird gerne damit konfrontiert, daß er der persönlichen Rankünе eines Intriganten aufgesessen ist! Er – aber auch sie, wenn es eine Frau ist! – wird in Elfmetersolidarität versuchen, die Schwachstellen (in der Redaktion) zu schützen: wer läßt sich schon gerne Fahrlässigkeit vorwerfen oder gar böse Absicht im Sinne von „Mitgehangen, mitgefangen"? Eine gute Kooperationsbasis sollte wichtiger sein als Ihr persönliches (aktives wie passives) Bedürfnis nach Entschuldigungen.

Haben Sie allerdings wirklich Schaden genommen, psychisch wie auch materiell, und haben Sie bereits eine Kooperationsbasis (persönliche Kontakte zu Mitarbeitern dieses Mediums), so ist zu überlegen, ob Sie sich nicht vertrauensvoll Ihrer Kontaktperson eröffnen und nachfragen sollten, in welcher Weise eine Schadensbegrenzung oder -wiedergutmachung möglich wäre. Bestenfalls wird redaktionell die Sache ausgeglichen und Sie ersparen sich die Gefahr, zu emotional zu reagieren. Schlimmstenfalls wird nichts geschehen – Sie werden eine Niederlage einstecken müssen. Na, wenn schon! Sie werden's überleben.

Auch wenn sich die ganze Redaktion vor Freude zerkugelt hat ob der „G'schicht" und sich auf ein monatelanges Duell von Richtigstellungen und Entgegnungen freut: Sie haben Wichtigeres zu tun als den Voyeurismus der (möglicherweise nur in manchen Phantasiebildern vorhandenen) Interessenten zu unterstützen.

Erinnern Sie sich: Wir müssen nicht jeden Fehdehandschuh, den man(n) uns hinwirft, aufheben! Wir können auch elegant darüber hinweg-sehen oder -steigen.

„Die Hunde bellen, die Karawane zieht weiter" lautet eines meiner Lebensmottos. Würden Sie in solch einem Fall stehen bleiben und zurückbellen? Oder den Hund beißen? Erst wenn er sich in Ihr Wadel verbeißt, ist es an der Zeit, zu einer entsprechenden Abwehrmethode (einem Prügel?) zu greifen. Dann müssen Sie zeigen, wer Top-Dog ist und wer Under-Dog!

In den fünfzehn Jahren meiner politischen Mandatarschaft habe ich immer wieder beobachten können, wie es Meister der politischen Taktik und Strategie inszenierten, den politischen Gegner von wesentlichen Aufgaben abzulenken und damit auf längere Zeit vom Zentrum des Geschehens fernzuhalten:

- man sucht irgendein Thema, von dem man sicher sein kann, daß es heftige Gefühlsreaktionen auslösen wird,
- garniert es noch mit ein paar persönlichen Spitzen und
- wirft dem Gegner Ignoranz oder Untätigkeit vor;
- dieser wird dann versuchen, seine sachliche Kompetenz wie auch erfolgreiche Aktivitäten nachzuweisen – um den Vorwurf nicht auf sich sitzen zu lassen. Damit ist er auf einige Zeit beschäftigt.

Gegenstrategie:

- Nicht im Affekt reagieren! Erst einen inneren Distanzierungsschritt.
- Kühl werden und kühl bleiben, kühl überlegen, ob der Vorwurf zutrifft und ob es ernsthafte Nachteile bedeuten würde, dies zuzugeben.
- Wenn nein, dann einfach bestätigen: „Ja, das ist zutreffend. Ich (oder wir, je nachdem) habe mich deswegen entschieden, diesen Aspekt zu vernachlässigen, weil ..." oder „Mir erscheint dieser Aspekt vernachlässigenswert. Wenn Sie wollen, kann ich Ihnen das gerne ausführlich begründen ..."

Wichtig: der wesentliche Eindruck, den Sie hinterlassen, ist der Ihres Stils – nicht der Inhalt Ihrer Rede!

● Wenn aber ja, dann dann bitte genauso! Zeigen Sie keinesfalls, daß Sie an Ihrer Achillesferse getroffen wurden! Sie wurden getroffen und damit basta. Es genügt, wenn Sie es wissen, es muß nicht öffentlich gemacht werden.

● Ist es aber wirklich unabdingbar, daß Sie nachlernen oder nacharbeiten müssen, so soll das für Sie der Hinweis sein, daß Sie zusätzliche Arbeitskapazitäten (Ihre oder fremde) einplanen müssen. Sie müssen also neu strukturieren. Das ist auch kein Grund, die Nerven zu verlieren.

Als Fair Lady unter Unfair Boys

Schminken Sie sich Ihre Heile-Welt-Erwartungen von Fairneß ab.

Die Berufswelt ist – zumindest auf den Ebenen, wo es um Einfluß und viel Geld geht – kein Paradies, sondern ein Dschungel. Und den sollte man und auch frau nur gut ausgerüstet und wohlvorbereitet betreten. Nicht laut singend und durch Unterholz stapfend, damit Tiger und Klapperschlange gleich wissen, wo sie sich ihr Frühstück holen können.

Gegen Unfairneß hilft

● sie als das bezeichnen, was sie ist („Ich finde es unfair, dieses Detail in den Vordergrund zu stellen, –“) und mit einer Begründung zu untermauern („– weil dadurch der Eindruck entstehen kann, daß . . .“) oder

● die Frage stellen, was mit diesem Hinweis beabsichtigt wurde („Mir ist nicht eindeutig klar, was dieser Hinweis in dem Zusammenhang bezweckt?“)

Ich hatte übrigens beim Verfassen dieser Formulierung den Satz ursprünglich mit „Ich verstehe nicht ganz, was . . .“ in meinen Computer getippt, dann aber verworfen: es wäre ein Fehler, durch die Verwendung des Begriffes „Unverständnis“ eine Suggestion zu geben und damit Phantasien von mangelnder Intelligenz auszulösen!

● Im übrigen wiederum: die Erfahrung ernst nehmen, daß frau bei diesem Berichterstatter/Medium/Gesprächspartner in Zukunft zurückhaltend sein sollte.

● Versuchen Sie hingegen selbst, Ihrem Gegenüber respektvoll zu begegnen: wählen Sie für Ihre Botschaften eine möglichst klare und verständliche Form. Trainieren Sie nicht nur, langsam, laut und deutlich zu sprechen, sondern auch Ihrem Gesprächspartner – und Ihrer Gesprächspartnerin! – in die Augen zu sehen. Auch auf die Gefahr, daß Sie dann Gefühle bekommen.

Genau deswegen vermeiden ja viele Menschen Blickkontakt: weil sie sich vor unerwünschten, ablenkenden Gefühlen schützen wollen. Damit schmälern Sie aber einerseits ihre Kapazität, andere zu verstehen: Sie verzichten ja auf eine Fülle zusätzlicher Information. Die Augen sind bekanntlich der „Spiegel der Seele". Andererseits schmälern Sie aber auch Ihre eigene Strahlkraft: Sie werden weniger „spürbar".

Wenn Sie in einer Ansprache eine größere Personenanzahl mit Ihrer Botschaft erreichen wollen,

- wählen Sie ein, zwei, drei Personen in Ihrem Blickfeld aus, mit denen Sie Blickkontakt halten können.
- Suchen Sie sich bitte nicht diejenigen aus, an deren Körperhaltung Sie bereits deren kritische Einstellung Ihnen gegenüber ablesen können!
- Suchen Sie diejenigen, die Ihnen vom ersten Anblick an am sympathischsten sind – Sie können nach dem Prinzip der Gegenseitigkeit darauf vertrauen, daß sie auch Ihnen ein positives Vorurteil entgegenbringen werden.
- Sprechen Sie so, wie wenn Sie nur für diese Elite sprechen würden. Beziehen Sie mit zunehmender Sicherheit (und dem ihr zugrundeliegenden positiven körpersprachlichen Feedback Ihrer Zuhörerschaft) immer mehr Publikum ein. Sie vernetzen sich sozusagen im Laufe Ihrer Rede mit allen Adressaten.
- Scheuen Sie sich nicht, zwischendurch nachzufragen, ob Ihre Ausführungen Ihren Zielen entsprechend ankommen.

„Störungen haben Vorrang"

So lautet ein Grundsatz in der Erwachsenenbildung; er bedeutet, daß zuerst störende Einflüsse beseitigt werden müssen, damit dann konstruktiv gearbeitet werden kann.

Solche Störungen können in der Person des oder der Vortragenden liegen:

- zu schnelles oder zu langsames, einschläferndes oder undeutliches Sprechen,
- schlechte Positionierung im Raum (wenn man mit niemand im Raum Blickkontakt halten kann, weil alle zu weit weg sind – wie im Auditorium Maximum der Wiener Universität oder auf eine traditionellen Bühne – wird man leicht zum Schauobjekt, Gladiator oder Kasperl, und dementsprechend entwickelt sich dann auch die Gruppendynamik);

Sie können aber auch in der Zuhörerschaft ihre Ursachen haben, wenn diese beispielsweise

- von vornherein desinteressiert nur eine Pflichtübung absolviert
- oder mit konkreter Störabsicht gekommen ist,
- wenn Nikotin- oder andere Entzugserscheinungen die Aufmerksamkeit beeinträchtigen
- oder wenn die nächste Klopause dringend fällig ist.

Es können aber auch dritte Ursachen stören: verbrauchte Luft oder schlechte Lichtverhältnisse, Außenlärm oder etwa auch negativ wirkender Raumschmuck.

So entsinne ich mich noch genau eines Seminars, das ich für niederösterreichische Jugendleiter gestaltete; immer wenn wir in einem bestimmten Gruppenraum des Schulungszentrums arbeiteten, sank die Aufmerksamkeit auf den Nullpunkt. In anderen Räumen hingegen jagte ein Hoch das andere. Auf der Suche nach der Antwort, was uns den so behindere, kamen wir auf die Bilder: ein Zyklus von Graphiken, die heidnische Bräuche darstellten.

In einem anderen Seminar, das ich für die Servicebetriebe der Wirtschaftsuniversität abhielt und in dem wir uns mit optimalen Arbeitsbedingungen befaßten, kritisierte eine Teilnehmerin – eine akademisch ausgebildete Farbberaterin – die typischen „Architektenfarben", nämlich abgestufte Brauntöne, und das in der Mitte des Raumes fix verankerte Blumenarrangement: letzteres passe wohl für ein offizielles Arbeitsessen, die Farben hingegen bestenfalls zu einem privaten Tête-à-tête mit Cognacglas und Schmusemusik.

Das falsche Ambiente verkleinert die Wirkung Ihrer Botschaft. Unpassende Aufmachung auch.

Ich erinnere mich an eine Klientin, die neben ihrer sehr belastenden Tätigkeit als Chefsekretärin sehr erfolgreich den Lehrgang für Werbung und Marketing an der Wirtschaftsuniversität absolviert hatte.

Dann bewarb sie sich ein ums andere Mal für Positionen, die für sie wie geschaffen schienen. Besonders, was ihre Vorerfahrungen betraf. Und dennoch erlebte eine Enttäuschung nach der anderen. Im Coaching fanden wir den „Fehler“ schnell heraus: sie sah noch immer aus wie eine Schreibkraft in einem Großraumbüro. Daher wurde sie auch so eingeschätzt.

Nur wenn Sie dank außergewöhnlicher Leistungen und hervorragender Persönlichkeit bereits zur „Marke“ geworden sind, haben Sie Narrenfreiheit! Dann können Sie sich Stilbrüche leisten – denn dann ist das eben Ihre persönliche Eigenart. Vorher sollten Sie eher nicht zu sehr von Ihrer Umgebung – oder Ihrer angepeilten Umgebung – differieren. Denn weder die Erregung besonderer Aufmerksamkeit, die in den Ballsaal oder die Disco paßt, noch die Bescheidenheit, die im vorigen Jahrhundert der „züchtigen Hausfrau wohl anstand“, hat am Arbeitsplatz etwas verloren.

Fast uniform herumzulaufen, wie es in manchen Branchen üblich ist, ist kein Fehler. Selbst wenn das obligate Seidentuch zu weißer Bluse und dunklem Rock vieler absolvierten Betriebswirtinnen auf manche Betrachter und Bewerter genau so fad wirkt wie der Grunge-Look mancher Journalistinnen. Nadelstreifanzüge sind auch nicht das Non plus ultra der Männermode. Dennoch signalisieren sie den Herren. Oder den Mafioso.

Hüten Sie sich vor

- altersunangemessener Mode (wenn eine Fünfzigjährige darauf stolz ist, sich wie eine Dreißigjährige zu kleiden, zeigt das nur, daß sie nicht in Würde altern kann!),
- Baby-Look (z. B. Teddybären am Pullover, auch wenn es sich um Designerware handelt),
- Overdressing (Nie mehr als sieben sichtbare Teile am Körper, Schmuck mitgerechnet. Weniger ist mehr, außer Sie arbeiten in einer Branche, wo Sie sich Gipsy-Look leisten können, weil er zur Werbung gehört),
- zu viel Design (was allzu perfekt ist, löst Beklemmung aus),
- zuviel Kinkerlitzchen (sie lenken von Ihrer Person ab) und
- dem Dynastie-Look (sonst hält man Sie auch für ein Denver-Biest wie die Hauptdarstellerin in dieser TV-Serie).

Trennen Sie sich von allem, was nicht zu Ihnen paßt. Hören Sie lieber auf professionelle Stilberaterinnen als auf Eltern, Freundinnen und schon gar nicht den Mann Ihres Herzens! Alle haben Ihre eigenen Interessen und die sind kaum dieselben wie Ihre.

Wortwahl

„Kleider machen Leute“ heißt es zwar bei Gottfried KELLER und in der Modewerbung. Da aber doch mehr Mitmenschen auditiv sind, können wir den Titel der Novelle abwandeln: „Der Ton macht die Person“. In diesem Sinn sprach mich eine bekannte PR-Expertin vertraulich an, nachdem ich ihr eine befreundete Ärztin vorgestellt hatte: „Sagen Sie doch der jungen Frau, sie möge darauf achten, weniger stark im Dialekt zu sprechen! So hübsch, so gebildet wie sie ist, ist das ein eklatanter Stilbruch!“ Mir war das gar nicht aufgefallen, visuell wie ich bin.

Ein anderer Mißton, den frau sich leicht abgewöhnen kann, ist der „Hiatus“ (lateinisch: Gähnen), das „Äääh“. Meist schleicht es sich ein, wenn man/frau versucht, schneller zu reden als zu denken. Das ist ohnedies ein Kapitalfehler: es gibt wenige Menschen, die dann nicht dumm plappernd oder- bestenfalls gehetzt oder streberisch ehrgeizig („Bitt’ Herr Lehrer, ich weiß was!“) erscheinen.

Anstelle des hektischen Luftschnappens bietet sich ein tiefer Atemzug oder ein sinnierend gesummtes „mhm“ an. Selbst „tja“ klingt noch besser! Eine meiner Klientinnen pflegte bei diesen Notpausen immer die Lippen zu spitzen („Schnoferl machen“ sagen wir in Wien), den Kopf schief zu legen und die Augenbrauen leicht zu runzeln und vermittelte damit das Bild kritischen Nachdenkens.

Andere Dissonanzen werden durch Modewörter geschaffen: „super“, „affengeil“, „megaout“ gehören genausowenig in den Sprachschatz verantwortungsträchtiger Führungskräfte wie „well“ oder „kathexochen“, auch wenn man/frau gerade aus L. A. zurückgekehrt oder einstmals am Schottengymnasium oder im Sacré Cœur maturiert hat.

Etwas anderes beabsichtigt hingegen das der Psychotherapeutensprache entlehnte „Ich denke“: hiermit soll deutlich der individuelle Denkprozeß ausgewiesen und von „meinen“, „glauben“ oder „dafürhalten“ unterschieden werden.

Aus meiner Volksschulzeit erinnere ich mich noch genau, daß die Lehrerin der Nachbarklasse hoch über der Tafel einen Kasten mit einem Gitter angebracht hatte, hinter dem das Wörtchen „Tut" eingesperrt war: so brachte sie den Kindern von Laa an der Thaya, einem kleinen Ort hoch oben an der tschechischen Grenze, bei, etwa „ich gehe" statt „ich tu gehen" zu denken und zu sagen. Auf ähnliche Weise weggesperrt gehören Formulierungen wie:

- „Ich verstehe zwar nichts davon, möchte aber doch sagen ..." (Negativstrategie: Wieder eine Gelegenheit gefunden, sich selber runterzumachen!)
- „Ich bin ‚wahnsinnig' neugierig, begeistert, ..." (Übertreibung)
- „Ich kann nicht ..." (Negativsuggestion, wenn schon über eigenes Nichtkönnen gesprochen werden muß, dann mit der zeitlichen Begrenzung des „noch nicht"!)
- Die „feine englische Art" – Sprechen im Konjunktiv („Würde es Ihnen vielleicht etwas ausmachen ...?"; richtig: „Macht es Ihnen etwas aus ...?")

Gewöhnen Sie sich an, langsam und deutlich zu sprechen und so viel Tiefe wie möglich aus Ihrem Brustkorb herauszuholen und in die Stimme zu legen. Eine recht hilfreiche Übung für mehr Resonanz in der Stimme besteht darin,

- mit der Faust rhythmisch auf das Brustbein zu klopfen (etwa im Takt von „Über Stock und über Steine" aus dem Kinderlied „Hopp hopp hopp, Pferdchen lauf Galopp") und
- dabei in tiefstmöglicher Stimmlage „Ma me mi mo mu" zu „röhren". Je mehr Resonanz Sie im Brustraum spüren, desto besser.
- Verzichten Sie darauf, Ihre Stimmbänder durch Rauchen zu strapazieren. Durch die permanente Reizung verlieren sie nur an Flexibilität.
- Scheuen Sie sich aber auch nicht, wenn es paßt, stimmliche „Paukenschläge" zu setzen. Selbst wenn sofort die (männliche) Verunsicherungsstrategie einsetzt: So ist mir ein Erlebnis aus meiner Zeit als Wiener Bezirksrätin in Erinnerung: damals ging es um die Kommissionierung eines Videoverleihs; die Bewohner des beherbergenden Hauses klagten über die Lärmbelästigung durch die zu späten Stunden vor der Betriebsstätte anhaltenden und startenden Kundschaft. Der „Hausvertrauensmann" ließ dezent durchblicken, daß ein entsprechendes „Bußgeld" die Toleranz der Hausbewohner vergrößern könnte ... Die Forderungen eskalierten und die Tonhöhen auch, in denen die Auseinan-

dersetzung geführt wurde. Ich erhob meine (ohnedies recht tiefe) Stimme und donnerte: „Reden wir doch auch über den vorgegebenen Lärmpegel!“ (Denn nebenan befand sich eine nicht gerade stille Gaststätte und alles auf einer der verkehrsreichsten Straßen Favoritens). Mein Hinweis war wesentlich: sofort konterte der Hausvertrauensmann – nicht auf der Sachebene, sondern mit einem persönlichen Angriff! – empört: „Und das will eine Frau sein!“, worauf ich ihn charmant anlächelte: „Ich will nicht nur – ich BIN eine Frau!“

- Lassen Sie sich nicht durch (männliche) Kritik an den angeblich „schrillen“ Frauenstimmen verunsichern: glücklicherweise haben wir diese hellen Obertöne zur Verfügung und können uns damit Gehör gegenüber den – im wahrsten Sinne des Wortes – gelegentlichen „Untertönen“ der Männer verschaffen, mit denen sie uns „übertönen“ wollen. Jede Sirene, jeder Alarm verwendet diese Frequenzen, um Beachtung zu erzwingen. Seien wir also dankbar, daß uns „Mutter Natur“ diese Signalwirkung geschenkt hat!
- Auch wenn es rund um Sie herum extrem laut (Yang) zugeht und die Herausforderung des „mehr vom selben“ im Raum steht – „kämpfen“ Sie nicht mit! Sie wissen ja: „Yang auf Yang bricht Knochen“!
- Wählen Sie den Weg des Yin – werden Sie leiser, dafür aber intensiver: langsamer, betonter sprechen, festen Blickkontakt halten, tief atmen, ansprechen, was soeben geschieht. Eventuell „verrücken“ („Ich merke, wie wichtig Ihnen die Angelegenheit ist!“). Eine Ausweichmöglichkeit anbieten. Erst wenn Ruhe eingekehrt ist, weiter am Ziel arbeiten.
- Viele Frauen sprechen mit monotoner leiser Stimme und sind sich dessen gar nicht bewußt: sie fahren „untertourig“, nützen die Kapazität ihrer Stimmbänder nicht aus und bekommen auch prompt einen „Muskelkater“, wenn sie sich einmal stimmlich anstrengen müssen. Unsere Stimme gehört aber zu unseren „Körperwaffen“ – wir können damit drohen, angreifen oder uns verteidigen.
- Üben Sie, artikuliert zu sprechen. Am besten, indem Sie Gedichte auf Tonband sprechen, immer wieder, aber mit wechselnden Betonungen.
- Kontrollieren Sie: erstens welcher Sinn jedesmal dabei herauskommt – Sie werden sich wundern, welch unterschiedliche Botschaften sich durch eine einzige veränderte Intonation ergeben. Zweitens, wann Sie sich am überzeugendsten erleben.

Mit Neid, Eifersucht und Rivalität müssen Sie schon rechnen, wenn Sie sich „hervortun". All dies hat wenig mit Ihnen zu tun, sondern mehr mit den frühkindlichen Prägungen der Anderen, mit Geschwisterkonstellationen und dem Verhaltens sowohl des gleich – als auch des gegengeschlechtlichen Elternteiles in der „ödipalen Phase": In dieser erleben Kinder das liebende Bedürfnis, den gegengeschlechtlichen Elternteil umwerben und ganz allein für sich gewinnen zu wollen: „Ich heirate Pappi!" Gleichzeitig treten Beseitigungswünsche gegenüber dem gleichgeschlechtlichen Elternteil auf. Diese machen einerseits Angst (weil Eltern ja als groß und mächtig erlebt werden), andererseits führen sie zum Konflikt mit den gleichzeitig vorhandenen Liebesgefühlen diesem Elternteil gegenüber. Je nachdem, wie „erfolgreich" ein kleines Mädchen in dieser Dreieckssituation aussteigt, wird es sich später als erwachsene Frau in Konkurrenzsituationen verhalten: wenn es ihr gelingt, einen Keil zwischen die Eltern zu treiben, wird sie sich ohne Scheu an „Gebundene" heranwagen; hat sie aber schmerzlich erlebt, keine Chance gegenüber der Mutter zu haben, wird sie unter Konkurrenz leiden; wenn sie erkennt, daß sie – zumindest teilweise – „wie die Mutter" werden muß, um Frau zu werden und dadurch die Bestätigung des Vaters zu bekommen (was FREUD für die gesunde Bewältigung des ödipalen Konflikts hielt) wird sie von anderen Frauen lernen; wie auch immer in der konkreten Familie miteinander umgegangen wurde, es wird sich später wiederholen: frau wird intrigieren, resignieren oder sich selbst weiterentwickeln.

Frühkindliche Verletzungen sitzen tief, eitern – ein Selbstheilungsversuch – und geben regelmäßig das innewohnende Gift ab. Viele derartige Wunden werden durch die Bevorzugung von Brüdern geschlagen und sind damit die Wurzel von Aggressionshemmung (elterliches Verbot!) und Konkurrenzvermeidung (Kleinhirn: Totstellen!) gegenüber Männern.

Das fängt oft mit Verzicht auf „Präsenz" an. Achten Sie einmal, welche Sitzplätze Männer einnehmen und welche Frauen. Wer in der ersten Reihe sitzt und den Vor-sitzenden anstrahlt: es sind die Streber, die Sunny Boys, die

- Gesichtsbad nehmen (visuelle Anker setzen),
- sich permanent zu Wort melden (auditive Anker) und
- sich anbieten, Arbeit abzunehmen (Erleichterung = Lastabnahme = in die Zukunft projizierter kinästhetischer Anker).

Frauen sitzen meist (nicht immer freiwillig) in den Hinterbänken, zögern mit Diskussionsbeiträgen und lassen sich anonym mit Arbeit zudecken, sodaß ihr „persönlicher Beitrag an Zuarbeiten" gar nicht auffällt.

Beanspruchen Sie Raum und Zeit für sich!

■ Kommen Sie, sofern Sie irgendwie einrichten können, eine gute Viertelstunde zu früh, damit Sie die bereits Anwesenden begrüßen und mit Ihnen einige Worte wechseln können.

● Wenn Sie niemand kennen, suchen Sie sich die Ihnen sympathischste Person heraus (es darf auch ein Mann sein!) und sprechen Sie sie an: Stellen Sie sich vor. Fragen Sie, wer Ihr Visavis ist, und auch sonst alles, was Sie wissen wollen.

● Fühlen Sie sich bitte nicht „zudringlich". Solche inneren Nörgeleien gehören in die Kindergartenzeit. Sie sind jetzt kein spontanes kleines Mäderl mehr, das wie ein schweifwedelnder junger Hund Jung und Alt, Lieb und Bös anschnuppert. Sie sind eine kompetente Fachfrau, deren Gesellschaft jeder/m Bereicherung bietet und dürfen daher alle beglücken, die es Ihnen wert erscheinen.

● Vermeiden Sie unterwürfige Formulierungen („Entschuldigen Sie, wenn ich Sie vielleicht stören sollte, aber . . ."), sondern formulieren Sie wahrheitsgemäß, sachlich, aber durchaus freundlich („Ich hoffe, ich störe nicht, ich möchte . . .").

● Falls Sie mit einem Mann konferieren, der Ihnen sehr gefällt und Sie durch sexuelle Phantasien behindert werden: vermeiden Sie Plänkeleien! Sagen Sie – wieder wahrheitsgemäß, sachlich, aber durchaus freundlich – was unmittelbar angesagt ist, z. B.: „Ich möchte in der nächsten Viertelstunde den Akt XXX durchbesprechen – und dann würde ich gerne mit Ihnen einen Kaffee trinken. Haben Sie Zeit?"

Wenn er dreimal keine hat, ist es sicher nicht mehr Zufall, sondern Abwehr. Den Korb müssen Sie einstecken. Männer müssen das auch!

Wenn Sie also in die Öffentlichkeit treten – die kleine in der Firma, die größere in der Branche, die ganz große auf dem jeweiligen Markt –, exponieren Sie sich unvermeidlich: nicht nur mit dem, was Sie aktuell inhaltlich (Sachebene) und formal (Beziehungsebene) herzeigen wollen. Sie „werben“ für sich als „Marke“, gewinnen einen bestimmten „good will“ und treue Kundschaft (Fans), aber auch Konkurrenten.

Aber auch das, was Sie nicht herzeigen wollen, ist wahrnehmbar. Nur rechnen Sie mit „Phantasien“: Von Sigmund FREUD, der ja für größtmögliche „Abstinenz“ der Psychoanalytiker zu ihren Klientinnen plädiert hat (Geschlechtsformulierungen absichtlich!), wird ein Ausspruch kolportiert, es wäre wohl sinnlos, etwas den Klienten gegenüber verhüllen zu wollen, sie würden dennoch die Umrisse erkennen. Ich ergänze: und je nach ihren (ausufernden oder beschränkten) Phantasien vermuten, was darunter ist. So wie die Erwachsenen in „Der kleine Prinz“ von Antoine DE SAINT-EXUPÉRY gleich zu Beginn der Geschichte immer einen Hut wahrnehmen und nie einen von einer Schlange verspeisten Elefanten.

Hinfällig starre ich ins Rad der Zeit.
Wie langsam drehen sich die Sonnenspeichen!
Kein Meister lehrt mich, früh das Ziel erreichen,
doch scheint es oft, als wär ich eingeweiht.

Christine LAVANT, „Die Bettlerschale“

Eine Eigenschaft, die heutzutage kaum jemand gerne herzeigt, die aber pausenlos zugekoppelt wird, ist das Alter. Fast keine Zeitungsnotiz, in der nicht neben dem Namen eine Zahl den – wahrscheinlich ohnedies nicht stattfindenden – Höhenflug der Phantasie stoppt.

Es war einmal eine Zeit, da gehörte die Berufswelt den Männern noch alleine. Da war eine Führungskraft unter Sechzig „jung“. Welche Sensation, wenn ein Minister, ein Bankdirektor oder ein Dirigent altersmäßig noch näher dem Fünfziger als der magischen Weisheitsgrenze war! Heute zählt Alter und daher Erfahrung nur, wenn regelmäßige Filmaufnahmen beim Jogging, Tennis oder Bergsteigen, oder zumindest ärztliche Bulletins bezeugen, daß das biologische Alter dem historischen in Halbzeit nachhinkt! Jung (billig), motivierbar (ausbeutbar, da noch weniger Erfahrung über Negativwirkungen der Selbstausbeutung) und dennoch erfahren sollen Mitarbeiter sein. Weibliche zusätzlich noch so schön, daß man(n) sie „jederzeit über den Laufsteg schicken kann“ (Zitat eines Wiener Landesministers über das Anforderungsprofil von Spitzenfunktionärinnen).

Die Karrierefrau als Sujet der Kosmetikwerbung prägt die Klischees in männlichen Köpfen: „Working girl“, Betonung auf girl. Diese Karrierefrau gelangt relativ schnell (Anfang/Mitte dreißig) ins Mittlere Management und fällt den Männern der Vorgeneration als Exotin auf. Dort bleibt sie dann auch. Die wirklichen Top-Positionen – nicht nur die, die in den Magazinen als solche bezeichnet werden –, die mit Gestaltungsmacht, was die Firmenpolitik betrifft, erreicht eine Frau kaum unter Mitte Fünfzig. Männer übrigens auch nur unwesentlich früher – außer sie nützen den „Abschneider“ über die Politik.

Frauen in dieser Vollblüte beruflichen Kompetenz und Qualität meiden meist die Öffentlichkeit. Sie sind ihre eigenen Erfolge schon so gewohnt, daß sie nicht mehr zum Gackern verlockt werden können, auch wenn sie gerade wieder ein Riesenei gelegt haben. Das Kikeriki auf dem Misthaufen überlassen sie auch lieber den Presseprofis – die werden dafür bezahlt.

Diese Publicityscheu finde ich sehr schade: genau diese Frauen fehlen als Vor-Bilder: Unternehmerinnen, Prokuristinnen, Spitzenbeamtinnen, Wissenschafterinnen, Künstlerinnen. Managerinnen. Wenn ich nicht berufsbedingt in Seminaren, im Coaching, im Networking so viel mit ihnen zu tun hätte, wüßte ich nicht, daß es sie gibt. Aber es gibt sie und sie werden immer mehr. Sie sind klug, routiniert, diplomatisch, gebildet und – attraktiv. Also gefährliche Konkurrenz, wenn nicht mehr.

„Erika Pluhar – eine alternde Schauspielerin“ Dieser Mißton entwischte Burgtheaterdirektor Claus Peymann. Er gehört derselben Generation an. Er altert auch, wie wir alle, aber er verdrängt es offensichtlich, projiziert auf andere: sie, nicht ich.

Wer nicht in Würde altern kann, macht sich lächerlich. Distanzieren Sie sich vom Wettkampf der „schönen Fünfzigerinnen“ mit den flotten Dreißigerinnen – so etwas Ähnliches ist schon auf dem Berge Ida mit Hera, Pallas Athene und Aphrodite schief gegangen. Lassen Sie nicht zu, daß Frauen gegen Frauen ausgespielt werden: Studierte gegen Selfmade Women, Verheiratete gegen Singles, Frauen „mit Schatten“ gegen Kinderlose ...

Alles, was Sie erlebt haben, gibt Ihnen Erfahrung: das ist Ihr Leben. Stehen Sie dazu!

Lassen Sie nicht zu, daß irgendein Schwächling von Kindheits-Ich zu Mammi hinaufrotzt, oder ein Opa Sie zum Mäderl degradieren will.

Kompetenz hat nicht unbedingt mit Alterserfahrung zu tun. Und um Ihr Privatleben zu offenbaren, muß das schon echten PR-Vorteil bringen.

Wenn Ihr Alter nachgefragt wird, sagen Sie es (immer die Wahrheit), aber kühl-distanziert: „Ich bin 49 – weshalb ist das wichtig?"

Geh fort von dort, wo du schläfst.
Reiß aus dem Traumbuch das deutlichste Bild,
ehe es in die Versäumnis gleitet
und seine Wirkung verwirkt ist.
Geh ein in den Zahn der gehäuteten Schlange
mit drei gewaltsamen Atemzügen
und löte dir mittels des gründlichsten Feuers
die Drachenflügel ans Mark,
dann erst versuche die Sonne.
Biete ihr mutig das Bündnis an
im Beisein deiner erwachsenen Kindschaft,
im Beisein vom Vater, vom Sohne, vom Geist
und wider den Einspruch des Mondes.
Lasse der Sonne an Zeit und Raum,
soviel sie bedarf, deine Vielfalt zu schmelzen
und das Wachs meines Markes zu drehen
für das Licht, das nie ausgeht.
Kehre, wenn du im Bündnis bist,
wachsamer heim und entlasse die Flügel,
denn deinen Schultern steht jetzt die Last
der schlafenden Erdkugel zu
und Unruh dem Rad deines Herzens.

Christine LAVANT

Zum Weiterlesen:

Christine LAVANT, „Die Bettlerschale", Otto Müller Verlag 1956

Christine LAVANT, „Spindel im Mond", Otto Müller Verlag, 1959/1986

Rotraud A. PERNER, „Menschenjagd. Vom Umgang mit sozial unerwünschtem Verhalten", Donau Verlag 1992

Christiane OLIVIER, „Jokastes Kinder. Die Psyche der Frau im Schatten der Mutter", dtv 1980/1989

Rainer Maria RILKE, „Das Stundenbuch", Insel 1905/1972

Antoine DE SAINT-EXUPÉRY, „Der kleine Prinz", Die Arche 1945/1983

SELBSTORGANISATION

Über das normalverückte Dasein als Hausfrau und Mutter

„Hab keine Lust mehr, ewig zu entsprechen,
toll zu sein, immer und überall.
Brillieren, faszinieren, konkurrenzieren,
hab keine Lust mehr, einen Weltrekord zu brechen.
Hab keine Lust mehr, keine Lust mehr ...“

Barbara STROMBERGER

Zu den häufigsten Vor-Urteilen, die Frauen auf Erfolgskurs begegnen, gehört das, Mutterschaft und Karriere sei unvereinbar.

Zu dieser Ansicht gelangen alle, die in ihrem Inneren das folgende Phantasiebild hegen: Die junge glückliche Mutter sitzt am Fenster, hat einen Säugling zufrieden an der Brust nuckeln, ein Kleinkind, das ihr mit großen Augen lauscht, während sie ihm ein Märchen erzählt, und ein Schulkind, das in einiger Distanz konzentriert seine Hausaufgaben macht. Moritz VON SCHWIND – der berühmte Illustrator Grimmscher und Bechsteinscher Märchen – läßt grüßen. Es gibt auch eine dunkelgraue Variante dieser rosaroten Kinderlandidylle: da schneidet die verhärmte Mutter der hungrigen Kinderschar sorgenvoll eine Brotscheibe vom Laib.

Ist das erste ein Wunschbild, durchaus vergleichbar den Inszenierungen des Werbefernsehens, so suggeriert das zweite schlechtes Gewissen: Schau, wie sich Dein Mütterlein plagt! Für auditiv betonte Kinder, egal welchen Alters, erfüllen die Muttertagsliedlein des Wunschkonzerts eine ähnliche Funktion.

Wenn wir diese Fremd- oder Autosuggestionen kritisch betrachten, finden wir bald heraus, wem sie dienen: all denen, die damit bestimmtes Verhalten hervorrufen wollen – Müttern, die mehr Lob oder Unterstützung erzielen wollen, Ehemännern (und auch Schwieger-, aber auch eigenen Eltern), die Frauen anspornen wollen, diesem Vorbild nachzueifern, oder die indirekt die Botschaft vermitteln wollen: „Sei froh, daß es Dir so gut geht, schau, wie es anderen geht!“

Aus männlichem Mund hört sich das dann so an: „Ja, wie wollen Sie das denn machen? Haben Sie etwa eine Mutter, die Ihnen die Arbeit abnimmt?" und aus weiblichem: „Wir haben ja auch nicht können, solange unsere Kinder klein waren!"

Es sind primär die Bedürfnisse der Männer, die insgeheim versorgt werden wollen wie kleine Kinder, die in dieser Sichtweise zum Ausdruck kommen. „Er" sagt: „Du vernachlässigst die Kinder!" und meint unbewußt: „Du vernachlässigst mich!"

„Hab keine Lust mehr, was zu überspielen,
beraten, schützen, abrufbar.
Verifizieren, demaskieren, analysieren,
hab keine Lust mehr, tote Herzen aufzuwühlen.
Hab keine Lust mehr, keine Lust mehr ..."

Kinder selber haben andere Bedürfnisse: sie wollen – und brauchen – zwar, daß immer jemand für sie da und verfügbar ist, aber das muß nicht unbedingt die biologische Mutter sein. Sie wollen die Welt und sich selbst erkunden und erfahren. Sie brauchen jemand, der erklärt, ermutigt, tröstet, der die fehlende Struktur einbringt, weil Kinder ja noch ganz weich und formbar sind und daher Halt und Grenzen brauchen, bis sie alt und stark genug sind, daß sie sich dies selbst gestalten können.

Kinder brauchen Anregungen und Freiräume, wo sie sich erproben können. In der Enge der üblichen Zwei- oder Dreizimmerwohnungen ist das Angebot an „Reizen" bald erschöpft, es bleiben nur die Bezugspersonen. Steht aber noch weniger Lebensraum zur Verfügung – übrigens ein klassischer Motivator für Aufstieg (Auf-Stieg!) – führt der dadurch entstehende „Dichtestreß" bald zu Konflikten: zu nah, zu intensiv, zu viel, zu laut ... da bleibt von der Biedermeieridylle wenig übrig! Die stammt nämlich aus der Zeit, in der sich Kinder unbesorgt auf der Straße oder in der Natur, in der nachbarlichen Werkstätte wie im Pfarrhof bewegen konnten: Kraftfahrzeuge gefährdeten ja nicht ihr Leben, und die „anonyme Großstadt" barg noch nicht die Gefahr des unbeachteten Verschwindens.

Geschwister pflegen um Aufmerksamkeit und Zuwendung zu rivalisieren, daher scheinbar ohne Anlaß zu raufen, und vielfach die Hausaufgaben zu verweigern („Wieso ich und der/die nicht?"), wenn jüngere Geschwister gleichzeitig nicht „arbeiten" müssen. Die Vor-Bilder stimmen also nicht. Je näher ihnen ihre Betreuungspersonen stehen –

was ja auch heißt, daß diese sehr persönliche, konkrete Erwartungen und Wünsche an das Kind haben – desto eher wird es zu Konflikten kommen. Größere Distanzen sind förderlicher. Das fängt schon oft bei den Großeltern an. Und je professioneller Erziehung, desto weniger besteht Gefahr, daß im „Wiederholungszwang" die eigenen erlittenen Verletzungen weitergegeben werden.

Wie bei jeder Managementaufgabe – und Familienorganisation ist eine Managementaufgabe! – stellt sich auch hier die Frage des „make or buy": erfülle ich die Aufgabe selbst oder kaufe ich Arbeitskraft zu?

Gehen wir zum Ausgangspunkt zurück und machen wir Bestandsaufnahme: egal, ob Sie

- alleinstehend oder
- in Partnerschaft (mit einem Mann, einer Frau oder mehreren Menschen) leben oder
- auch die Verantwortung für Kinder tragen,

haben Sie neben den Aufgaben und Erfordernissen Ihres Berufes und Ihren Entfaltungswünschen folgende private Bereiche einzukalkulieren:

- Die Regeneration Ihrer Arbeitskraft, dazu gehört vor allem die Sicherung Ihrer existentiellen Bedingungen, ihres physischen, psychischen und sozialen Wohlbefindens und Ihrer geistigen Fitness.
- Alle Art von Wartungsarbeiten und Reparaturen – von der Wohnungsreinigung bis zum Friseur, von der Gesundenuntersuchung bis zum Service Ihres Kraftwagens, von persönlicher Krankheit bis zum Wasserrohrbruch, von Nachfragen in Schule oder Spital bis zur Gerichtsverhandlung.
- Unvorhergesehene oder -sehbare Störungen wie Familienstreits oder Autopannen oder schlichtweg „höhere Gewalt", wie es so schön in der Juristensprache heißt.

Wohin Sie Dienstreisen einordnen, liegt wiederum daran, ob Sie sie positiv oder negativ einschätzen. Meiner Erfahrung nach bedeuten Sie für fast alle Frauen zusätzlichen Streß. Weniger, weil beruflich oder privat weitgehend für die Zeit der Abwesenheit disponiert werden muß, sondern vielmehr deswegen, weil noch immer keine funktionsgerechte standardisierte Kleidung entwickelt wurde und frau daher erst mit zunehmender Erfahrung platz- und pflegesparendes Allround-Dress findet.

Hier empfiehlt sich, was in vielen Ratgeberbüchern zur Geburtsvorbereitung vorgeschlagen wird: soll dort das Gepäck für die Klinik stets griffbereit sein, weil Babys ja oft viel zu früh ans Licht der Welt drängen, sollte hier auch ein Köfferchen mit allem bereitstehen, was frau für den Fall benötigt, daß sie plötzlich verreisen muß: von Pille bis Tampons, vom kompletten Kosmetik- und Maniküresatz bis Strumpfhosen und Reservebrille.

Sie werden mit der Koordinierung Ihrer Obliegenheiten keinerlei Probleme haben, wenn Sie

1. möglichst viel standardisieren und in Routinehandlungen verwandeln,
2. den Ehrgeiz aufgeben, alles „so gut wie möglich" zu machen, und
3. Einsatzpläne für Notfälle bereitgestellt haben.

Sie werden staunen, wieviel Zeit Ihnen dann für das Zelebrieren und Genießen der Verrichtungen bleiben, die Sie wirklich wollen, nicht nur sollen oder müssen.

Am besten machen Sie die Analyse der anfallenden Arbeiten wieder schriftlich und heben sie für regelmäßige spätere Kontrollen auf, um zu überprüfen, ob alles unverändert bleiben kann, oder ob sich an den Grundanforderungen etwas geändert hat und daher eine Korrektur angebracht oder erforderlich ist.

Wenn Sie diese Liste erstellt haben, überlegen Sie:

- Was davon muß/will ich selbst machen?

Selbst machen sollten Sie nur, was wirklich niemand außer Ihnen kann – und das wäre dann eine echte Seltenheit: selbst abschmecken oder designen können ja andere auch, es wird (bestenfalls) halt ein bißchen anders werden. Oder was niemand Anderer machen soll, weil es beispielsweise Ihr größtes und absolut unteilbares Vergnügen ist, die Blumen für den Mittagstisch selbst auszuwählen. Dann jammern Sie aber bitte nicht, Sie hätten so viel zu tun, sondern stehen Sie zu Ihrem Ego und sagen Sie: „Ich will das selber machen!"

Überlegen Sie, wer sonst diese Aufgaben übernehmen bzw. erfüllen könnte. Es genügt schon, wenn jemand anderer die Verantwortung übernimmt. An wen er oder sie dann weiterdelegiert, kann Ihnen egal sein. Erst das Ergebnis sollten Sie wieder bewerten, damit Sie Ihren Kooperationspartnern/innen korrektes Feedback und damit eine Chance für Verbesserungen in der Zukunft geben können.

Wenn das jemand Fernstehender ist, werden Sie wohl einen (mündlichen) Vertrag abschließen:

- wer
- macht was,
- wo,
- wann,
- wie lange,
- mit welchem Ziel,
- in welchem Ausmaß,
- in welcher Form,
- was kann allein entschieden werden,
- wo sind die Grenzen,
- wo muß rückgefragt werden . . .
- und was ist die Gegenleistung.

Scheuen Sie sich nicht, auch bei ehrenamtlichen Dienstleistungen nach Gegenerwartungen zu fragen – Sie ersparen sich späteres Beleidigtsein oder auch Beleidigungen.

Ist es aber jemand Nahestehender, werden solche Absprachen oder Verhandlungen meist viel komplizierter. Die Ursache dafür sehe ich in unausgesprochenen Konkurrenzgefühlen (siehe Geschwisterneid). Ob eigene oder Schwiegereltern – wir sind uns doch einig, daß Väter gleichermaßen wie Mütter zur Erfüllung von Haushaltspflichten zuständig und geeignet sind? – oder Lebensgefährten, alle wollen gebeten und nicht eingeteilt werden. Manche drängen sich allerdings auch unerbeten auf.

- Beim ersten Mal beschreiben Sie bitte möglichst genau Ihr Problem und bitten um Hilfestellung bei der Problemlösung.
- Geben Sie nicht gleich die von Ihnen angepeilte Lösung vor und bitten darum – möglicherweise kommen Ihre Ansprechpartner auf bessere!
- Lassen Sie ihnen daher Bedenkzeit – sie sollen sich nicht vergewaltigt fühlen, sondern nach eigenem Gutdünken entscheiden.
- Daraus ergibt sich, daß Sie vorausdenken und möglichst frühzeitig an Ihre Helfer/innen herantreten sollten. Besonders wenn es Ihr Mann ist! Andere Menschen haben auch Ihre Zeit im voraus verplant; es bedeutet daher großes Entgegenkommen, wenn jemand einen Dienst erbringt ohne daß dies zu seinem Beruf gehört.
- Zerstören Sie mögliche Kooperationsbereitschaft nicht durch

schroffe Forderungen, auch wenn es Ihnen beim Hals heraushängt, abhängig zu sein.

- Wenn Sie Ablehnungen zu hören bekommen, verzichten Sie bitte auf spitze Retourbemerkungen oder blanke Wutausbrüche. Definieren Sie die Absage als eine „derzeitige", daher veränderbare, und bitten Sie, sich alles noch einmal zu überlegen und Ihnen wenigstens mit weiteren Lösungsvorschlägen zu dienen. Viele Menschen, die selber keinen Finger krümmen wollen, sind sehr erfinderisch, wenn es darum geht, anderen Arbeit zuzuteilen.
- Verzichten Sie auf Verbalangriffe wie „Es ist doch auch Dein Kind, also tu Du einmal etwas!" Auf Angriffe bekommen Sie nur Gegenangriffe, Verteidigung, Flucht oder den „toten Mann"!
- Verzichten Sie auf plumpe Schmeichelei und Manipulation. Sie erzielen vielleicht einen kurzfristigen Erfolg, langfristig wird man Ihnen aber den Trick übelnehmen und derartige Kontakte vermeiden.
- Wenn Sie aber ein bestimmtes „Nein" zu hören bekommen – halten Sie sich nicht länger an dieser Stelle auf, sondern versuchen Sie es wo anders, wo Sie mehr Aussicht auf Erfolg haben. Auch „Loslassen" will gelernt sein. Bedenken Sie, daß Sie dieselbe Energie, die Sie an erfolgloser Stelle verschwenden, an einer anderen wahrscheinlich sinnvoller einsetzen können.

Unabhängig davon, ob es sich um die Delegierung von Erziehungs- oder Haushaltsaufgaben handelt, stellt sich die Frage:

- Wann und wie oft muß/sollte die spezifische Aufgabe erfüllt werden?

Davon hängt ab, ob Sie nach Bedarf Kooperationspartner suchen, oder von vornherein in eine feste Zusammenarbeit einsteigen. Bei Raumpflege ist das meist selbstverständlich, bei der Kleiderpflege schon nicht mehr und beim Lebensmitteleinkauf fast nie. Und bei Erziehungsaufgaben denkt kaum jemand weiter als an Oma, Kindergarten und Hort.

Gerade in der Kindererziehung sitzen wir Klischees auf, die nichts mit der Alltagswirklichkeit zu tun haben! Ich habe in meiner gut zehnjährigen Praxis als Projektleiterin im Verein Jugendzentren der Stadt Wien hinreichend Gelegenheit gehabt, in teilnehmender Beobachtung das Verhalten junger Müttern ihren Kindern gegenüber zu erforschen: erste Priorität in ihrer Bedürfnispyramide hatte der Gedanken- und Gefühlsaustausch mit anderen. Gleichsam eine kleine Selbsthilfegruppe gegen Isolation und geistig-seelische Unterforderung. Dann kamen handwerkliche Tätigkeiten wie Putzen oder Nähen, dann Einkaufen und Spazierengehen und zuletzt die eigentliche pädagogische Arbeit.

Der Schluß, es handle sich um Frauen, die zu wenig Information und auch Anleitung zur Förderung von Kindern (egal welchen Alters) besäßen, wäre irrig; ich kenne fast identische Verhaltensweisen von Männern. Und selbst Angehörige pädagogischer Berufe pflegten alles andere eher zu erledigen, als sich ihren Kindern zu widmen.

Ich sehe die Ursache dieser, meiner Ansicht nach völlig sinnwidrigen, Gewichtung darin, daß vielfach nur Hand-Arbeit als Arbeit gewertet wird. Andere, geistige oder emotionale Tätigkeit wird nicht wahrgenommen oder abgewertet wird, weil sie weder schmutzig macht, nicht die Gefahr sichtbarer Verletzungen birgt und auch nicht durch Schwitzen und Schnaufen demonstriert werden kann.

Weiters sehe ich einen Zusammenhang mit dem klassischen Frauenrollenbild und traditionellen Frauenberufen: die Sorge um das leibliche Wohl der Lieben, die Versorgung mit Handwerksprodukten des täglichen Bedarfs und die Reinigung des Hausrats wie auch die Berufe der Köchin, Weißnäherin und Putzfrau werden gedanklich Frauen zugeordnet. Aber auch die „Vor-Bilder“ in den Lesebüchern zeigen noch immer Frauen bei Hausarbeit, Männern hingegen wird etwa das Vorlesen zugeteilt: einerseits, weil sie in früheren Zeiten allein bildungsprivilegiert waren, andererseits, weil es eine Möglichkeit war, sie nutzbringend im Familienverband einzusetzen, während die Frauen eben kochten oder handarbeiteten.

Auch heute noch florieren derartige – unbewußte – Arbeitsteilungen. Weil frau etwas „besser“ – nämlich schneller, weil routinierter – kann, z. B. Zwiebel schneiden, glaubt sie, für diese Arbeit im partnerschaftlichen Wahlfall prädestiniert zu sein; sie nimmt damit dem Mann die Chance, die gleiche Kompetenz zu erlangen, fixiert sich auf bestimmte, möglicherweise sogar geliebte, Tätigkeiten und bleibt ewig im traditionellen Frauenrollenbild.

Besonders kraß wird solche eine Aufgabenteilung, wenn es gilt, Schulaufgaben zu kontrollieren oder auch zu betreuen. Abgesehen davon, daß unser Schulsystem noch immer die unbezahlte Mitarbeit familiärer Nachhilfelehrer/innen von vornherein einkalkuliert – und ich daher politische Aktion für umfassende pädagogische Betreuung in den Lehranstalten für äußerst wichtig halte – finden sich meist die Frauen zu diesen schulischen Hilfsdiensten bereit: „Das Kind soll keinen Nachteil haben!" Erst wenn ihre Belastung zu groß wird, wird der Partner zur Hilfe gerufen. Vor allem mit der autodestruktiven Schmeichelei „Da kenne ich mich nicht aus, da mußt Du her!". Damit wird aber dem Kind eine – geistige – Rangordnung vermittelt: die Mutter als Gesellin, der Vater als Meister.

Im Lesebuch findet sich dasselbe Klischee noch einmal, in den audiovisuellen Medien wohl auch – wen wundert's da, daß es auch im Beruf Platz greift, selbst wenn die Frau die Kompetentere ist?

Besprechen Sie daher diese Aspekte mit Ihrem Partner. Wenn er kooperativ und klug ist, wird er gemeinsam mit Ihnen darauf achten, daß hier Ausgewogenheit herrschen kann und sich nicht ein Elternteil dem anderen „überhebt". Ist er aber weder das eine noch das andere, so bezweifle ich, daß er auch Sie fördern wird.

Möglicherweise empfiehlt sich auch in dieser Frage der Zukauf professioneller Lehrfähigkeit, eventuell im Verbund mit anderen Eltern. Ein Au-pair-Mädchen (wieso nicht Bübchen?) zu finden, das nicht nur Essen wärmt und gelegentlich babysittet, ist ein Glücksfall und ohnedies nur denen möglich, die über reichlichen Wohnraum verfügen. Lehramtsstudenten/innen hingegen könnten hier sogar ein zusätzlich Berufspraktikum erwerben (und nicht nur ein paar Nachhilfestunden geben).

Schonen Sie Ihre Nerven und Ihre Arbeitskraft, wo immer es geht.

Allein wenn Sie in der gewonnen Freizeit *„alle Tage wenigstens ein kleines Lied hören, ein gutes Gedicht lesen, ein treffliches Gemälde sehen und, wenn es möglich zu machen wäre, einige vernünftige Worte sprechen"* (Johann Wolfgang von GOETHE), haben Sie wirklich Ihre Persönlichkeit gefördert und damit alle, die mit Ihnen zusammenleben und -arbeiten.

Erlauben Sie sich bei all diesen Aufgaben ein kleines Brainstorming:

- machen Sie völlig kritiklos eine Liste all dessen, was Ihnen als Alternative einfällt,
- machen Sie eine Pause und beschäftigen Sie sich mit etwas ganz Anderem,
- dann kehren Sie wieder zu Ihrer Liste zurück und bewerten Sie die einzelnen Punkte nach Ihrer Sinnhaftigkeit, Realisierungsmöglichkeit, Kosten und möglichen Negativfolgen.

● Dann reihen Sie sie: die Lösungen mit dem höchstmöglichen Nutzen zuoberst (oder umgekehrt, wie Sie wollen), die schlechtesten Lösungen zuletzt.

Lassen Sie sich nicht durch Werbestrategien davon abhalten, Ihr eigenes kritisches Denkvermögen einzusetzen: auch wenn alle davon schwärmen, wie billig („kostengünstig“) bestimmte Lebensmittel, Elektrogeräte oder Kleidungsstücke sind – Sie sind kein Strotter am Rande des Verhungerns und daher auf Ausschuß angewiesen! Und selbst wenn Sie sich ausrechnen, daß zwei Dutzend Kleinkinderjeans beim Verschleiß ihrer Junioren wieder ein halbes Jahr Kleidungssorgen überbrücken (vorausgesetzt, das Längen- und Breitenwachstum Ihrer Sprößlinge hält sich an Ihren Versorgungsplan!) – Ihre Arbeitszeit ist wahrscheinlich ein vielfaches von dem wert, was Sie durch die Expedition ins Shoppingparadies abzüglich Benzinspesen ersparen würden!

● Vorratshaltung hat ihre Tücken. Was Lebensmittel anbelangt, bekommen Sie Information nicht nur über die einschlägige Verwaltungskörper – Konsumentenschutz ist eine der Aufgaben des Gesundheitsressorts! – und die Verbraucherorganisationen. Der Verein für Konsumenteninformation beispielsweise wird von der Bundesarbeitskammer gesponsert. Auch der Zivilschutzverband informiert gerne. Lassen Sie sich ohne Bedenken deren Broschüren zusenden.

Zu wissen, daß Sie für Notfälle vorgesorgt haben, ist ein beruhigendes Gefühl. Nur wundern Sie sich nicht, wenn bei Ihnen zu Hause die Getreidemotten umherflattern, falls Sie Ihre Notvorräte alternativ in Körndln lagern. Vorräte gehören auch regelmäßig kontrolliert, erneuert und die alten verbraucht. Wenn Ihnen das alles keinen Spaß macht, suchen Sie die passende Kooperation – vom alternativen Zustelldienst bis zur begeisterten Heimköchin; sie wird möglicherweise dankbar sein, wenn sie für Geld und gute Worte für Sie ein paar Portionen zum Tiefgefrieren mitkochen kann.

Wir alle brauchen einander.

Unabhängigkeit ist ein illusorisches Ziel. Meist entwickeln wir es aufgrund erlittener Verletzungen: wir hoffen dann, „mit denen nichts mehr zu tun haben“ zu brauchen. Denn von anderen abhängig zu sein, beweist uns, daß wir weder die großen Übermenschen sind, noch die Superheldinnen, die mit allen Drachen fertig werden.

Sie brauchen für Ihren leibseelischen Ausgleich einen Ort und Menschen, zu denen Sie sich zurückziehen können, auch wenn es Ihnen gerade einmal nicht so gut geht. Und irgendwann einmal brauchen Sie auch ein Helfersystem: nicht alles, was man an persönlichen Dienstleistungen braucht, kann man kaufen und Sie wollen doch nicht ein weibliches Zerrbild des Bonzen mit dem dicken Scheckbuch werden, der meint, aufgrund seiner finanziellen Potenz auf jedwede Mitmenschlichkeit verzichten zu können – oder?

Selbst wenn Sie tolle Umsätze machen oder auch ein exklusives Gehalt bzw. hervorragende Honorare auf Ihr Konto buchen – die Wahrscheinlichkeit ist ziemlich groß, daß Sie auch mit Fremdkapital arbeiten werden. Und viele Frauen wundern sich, wieso Sie trotz Ihrer Eigenschaft als potentielle „erste Kundin" nicht dic Informationen oder Konditionen bekommen wie irgendeine weniger zahlungskräftige Kollegin.

Der Ton macht die Musik, sagt der Volksmund, und so manche irrte, wenn sie meinte, ein Paukenschlag sei die richtige Geschäftsanbahnung. Gerade im sensiblen Bankbereich kommt es auf die Ouvertüre an!

Fangen Sie daher frühzeitig an, sich in Ihrer Hausbank über alles Mögliche beraten zu lassen. Informieren Sie sich aber auf jeden Fall auch über die Angebote der Konkurrenz. Halten Sie engen, kooperativen Kontakt zu der Person, die Sie als Kundin betreut. Lassen Sie sie an Ihren Plänen teilhaben. Demonstrieren Sie, daß auf Sie Verlaß ist: eventuell sogar dadurch, daß Sie einige Zeit, bevor Sie einen großen Kredit in Anspruch nehmen wollen, ein kleinen Kreditrahmen beanspruchen und mit pünktlicher Abdeckung Ihre Vertrauenswürdigkeit beweisen.

Sollten Sie einmal infolge Zeitdruck oder sonstiger „atmosphärischer Störungen" so (stress)„geladen" sein, daß Sie nicht dem Vorbild damenhafter Nonchalance entsprechen, entschuldigen Sie sich ruhig das nächste Mal: wir können alles korrigieren, vor allem schlechtes Benehmen. Erklären Sie Ihren Kooperations- und sonstigen Partner/innen, was die Ursache Ihrer Entgleisung war und bitten Sie um Nach-Sicht.

„Die Hast ist der Erzfeind der Qualität."
(Beau Brummel)

Zeitdruck ist der größte Feind jeglicher human relations. Leider sind besonders Frauen dafür anfällig; weil sie alles besonders gut machen wollen, neigen sie dazu, sich einerseits die Latte zu hoch zu legen und andererseits zu viel in ihren Tag hineinzupacken. Das, was dann meist auf der Strecke bleibt, ist die Muße, Freundschaften zu pflegen und die eigene Gelassenheit.

Dabei ist die Freundschaftspflege nicht nur als Basis von gegenseitiger Unterstützung in Notfällen und als vertrauliche Informationsquelle zweckmäßig, sondern als ausgleichende Übung in Zuhören, Einfühlen, Mitschwingen, sich Öffnen und Hingeben unerläßlich. Sind Sie allerdings in einem Beruf wie ich tätig, in dem Sie das alles den ganzen Tag professionell tun, brauchen Sie zum Ausgleich Freunde und Freundinnen, die echt an Ihnen und Ihrem Innenleben interessiert sind, Ihnen zuhören, und denen Sie durch Ihr Abgeben etwas „geben", sonst endet Ihr Energieaustausch wieder nur professionell in Ihrer Supervisionsleistung.

Menschen, auf die die Diagnose Arbeitssucht zutrifft, vermeiden zwischenmenschliche Kontakte, die Nähe bedeuten. Bestenfalls inszenieren sie eine „Pseudonähe". Politiker beispielsweise, die sich scheinbar interessiert nach dem Befinden des alten Mutterls erkundigen oder reihenweise kleine (oder auch ältere) Mädchen abküssen. Sie haben auch keinerlei schlechtes Gewissen, daß sie vielleicht die Menschen brüskieren, von denen sie geliebt werden, weil ja „leider so viel zu tun ist".

Menschen, die wirklich überlastet sind, ächzen auch unter diesen Arbeitsbergen und bemühen sich redlich, temporäre Arbeitsungleichgewichte so schnell wie möglich zu beseitigen. Gefährlich werden solche Situationen, wenn man(n) oder frau beginnt, sich mit der einseitigen Ausrichtung ihres Zeitvolumens auf Berufsarbeit gemütlich einzurichten: dann kommt nämlich der notwendige Ausgleich zu kurz.

Wir haben nur ein bestimmtes Quantum an Energie und das ist nicht vermehrbar.

„Da der Mensch nicht über unbegrenzte Quantitäten psychischer Energie verfügt, muß er seine Aufgaben durch zweckmäßige Verteilung der Libido erledigen. Was er (nämlich ‚der Mann'; R. A. P.) *für*

kulturelle Zwecke verbraucht", schrieb Sigmund FREUD 1930 in „Das Unbehagen in der Kultur", „*entzieht er großenteils den Frauen und dem Sexualleben: das beständige Zusammensein mit Männern, seine Abhängigkeit von den Beziehungen zu ihnen entfremden ihn sogar seinen Aufgaben als Ehemann und Vater.*" Das entsprach der Geschlechterorganisation der Jahrhundertwende.

Heute trifft diese Aussage genauso auf Frauen zu. Wenn wir ein ausbalanciertes Leben anpeilen, muß auf Spannung Entspannung folgen wie aufs Einatmen das Ausatmen. Auf Zeiten der Aktivität müssen Zeiten der Ruhe folgen, auf Tempo Muße, auf Alleinsein Gemeinsamkeit, auf Entfernung Annäherung – und wieder umgekehrt.

Regelmäßiges Eintauchen in die private Peergroup, sei es nun eine Gruppe alter Schulfreunde/innen, Sportkameraden/innen oder die fröhliche Runde beim Heurigen, weckt und regeneriert schlummernde Energien und hilft, unnütze Tagesreste aus dem Beruf abzubauen. Vorausgesetzt, Sie verstehen diese Freizeitaktivität nicht als Pflichtübung, neuerlich „aktiv" sein zu müssen. Wettläufe oder Tennismatches zu Tagesausklang sind daher nicht unbedingt die beste Form, zur Ruhe zu finden.

Am besten sind wohl körperorientierte Meditationsformen geeignet, den Tag zu beenden. Tai Chi, Yoga, die „Fünf Tibeter" . . . es gibt vielerlei Zugänge, vom Schwimmen bis zu Atemübungen, von Callanetics bis zum Geschlechtsverkehr.

„Ich will jetzt endlich einmal heißgeliebt
am Boden liegen können,
zügellos und frei mir jede verpönte Haltung gönnen,
möchte schockieren, brüskieren, genieren
und rücksichtslos die dunklen Seiten zelebrieren!
Denn: Ich hab keine Lust mehr, keine Lust mehr, . . ."

Ja, Sie haben richtig gelesen. Auch der Energieaustausch zwischen Mann und Frau reinigt und erneuert – vorausgesetzt, beide stimmen sich meditativ aufeinander ein, „erkennen" einander (durchaus im biblischen Sinn) und wagen es, sich ineinander zu verströmen. Das wäre dann auch das, was im Christentum das „Sakrament der Ehe" genannt wird: ganzheitliche Paarbildung, die Rekonstruktion der PLATONSCHEN „Kugelmenschen". Mit dem, was in Pornofilmen an

Slapsticks und an Show abgezogen wird – mit der schnellen „action“, mit „Der Quicky hat wieder Saison“ – hat das allerdings wenig zu tun.

Viele berufsorientierte Frauen klagen darüber, daß ihr Partner sie nach einem anstrengenden Arbeitstag noch als Geliebte fordere. Sie definieren also seine Annäherungsversuche als Aufforderung, einer Pflicht nachzukommen, fühlen sich unter Druck, verspannen sich und wollen alles nur so schnell wie möglich hinter sich gebracht haben, wenn überhaupt.

Die alternative Sicht wäre es, zu erkennen, daß der energiegeladene Mann die Frau mit seiner Bioelektrizität neu aufladen könnte – sofern sie seine „Hingabe“ annehmen will.

Viele Frauen erleben aber seine „Strahlkraft“ wie tausend Nadelstiche – was nur zeigt, wie sehr ihr Energieniveau abgesunken ist. Ist sie nämlich selbst hocherregt, ist sie auf demselben Energieplateau wie der paarungsbereite Mann, fällt ihr keinerlei Differenz mehr auf. Es gibt ja auch keine mehr. Es liegt am Manne, diesen (seit den Labor-Untersuchungen von MASTERS & JOHNSON vor allem im Zeitaufbau nachgewiesenen) Erregungsunterschied zu überbrücken: es kann immer nur der Schnellere sich „schnell“ verlangsamen, nicht die Langsamere sich „schnell“ beschleunigen. Das sollten wir zumindest von der Gangschaltung beim Autofahren her wissen.

Der zelebrierte Zärtlichkeitsaustausch mit dem vertrauten Partner bis zur leidenschaftlichen Verschmelzung wäre wohl eine ideale Form, in den Armen des Geliebten geborgen Nachtruhe zu finden. Aber auch hier eilt unsere Sehnsucht oft der Wirklichkeit mit Alkoholdunst, Schnarchen oder nächtlichen Leseorgien entgegen. Solche Ent-Täuschungen stärken nicht die Lebens- und Handlungsfreude, sondern eher die Flucht in die Arbeitssucht.

Hier empfehle ich das Abgehen vom Grundsatz „Nicht so gut wie möglich, sondern so gut wie nötig“! Zusammenschlafen, um Konflikte zu vermeiden, ist entschieden zu wenig Argument, einen „Eindringling“ zu dulden! Daher sind in diesen Zweifels-Fällen getrennte Schlafzimmer, allenfalls sogar getrennte Wohnungen ernsthaft in Erwägung zu ziehen.

Wenn Sie die Männlichkeit nicht nur innen (in sich), sondern auch außen (in der leibhaftigen Ergänzung) suchen, sollten Sie sich die besten Bedingungen schaffen, die es nur geben kann. Lieber einen Babysitter bestellen (also „buy“ statt „make“) und ab ins Hotel Orient!

„Ich will auch endlich einmal kopflos mich als Ich erleben,
Hilfe erhaltend, mich in feste, warme Arme legen,
will explodieren, liquidieren, inhalieren
und hemmungslos die Grenzen ausprobieren.
Denn: Ich hab keine Lust mehr, keine Lust mehr ...“

Überdenken Sie alle Arbeiten, die zu Hause anfallen: was dient

- der Regeneration Ihrer Arbeitskraft allein,
- der anderer,
- Ihrer Persönlichkeitsentwicklung,
- der anderer,
- der Entwicklung Ihrer Nachkommen,
- dem „Pflanz“ (Imponiergehabe – Protzverhalten),
- Konsumzwängen (Alle haben, daher muß ich auch.Abwehr von Isolations- und Minderwertigkeitsgefühlen)
- Dem Prämieneinkommen tüchtiger Vertreter ...

und

- was dient Ihrer Lebensfreude?

Traute Häuslichkeit heißt nicht, daß dort Prinzipien wie Mitarbeiterbesprechungen, Arbeitspausen oder Teamarbeit keine Berechtigung hätten. Wenn Sie ein Familienteam bilden wollen, überlegen Sie:

- Kinder sind meist klüger, als wir glauben (wahrhaben wollen);
- Kinder lernen aus Nachahmung; wir sollten sie daher gut anleiten und dann nachahmen lassen;
- es stärkt das Selbstbewußtsein der Kinder, wenn sie etwas gut erledigen konnten und belobt wurden;
- es hilft ihnen, Selbst- und Fremdvertrauen zu entwickeln, wenn ihnen im Falle von Fehlhandlungen gezeigt wird, wie sie es besser machen können (positiv „verrücken“);
- sie werden motiviert, zu helfen, wenn sie dafür Anerkennung bekommen.
- All das gilt auch für Männer!
- Übrigens: Männer sind meist gar nicht so „faul“, wie wir vorurteilen, sondern „sparen“ Bewegungen (positive „Verrückung“). Das sollten wir abschauen!

In diesem Zusammenhang erzähle ich gerne eine Begebenheit, als ich einmal künftige psychoanalytische Sozialtherapeuten/innen ausbildete: Die Oberlichte im Sozialtherapeutischen Institut war offengeblieben und der Novembertag regnerisch-frostig. Die Frauen froren. Ich schaute flüchtig zum Fenster und schnappte sofort einen Sessel (Visuelle sind bekanntlich oft vorschnell!), um hinaufzusteigen. Dann kam ich drauf, daß ich noch immer zu klein war, um zur Oberlichte zu gelangen. Einer der Männer blickte mit dem „faden Aug'" im Raum umher, holte hinter dem Kasten einen Besen hervor, ging langsam hin und stippste das Fenster zu: Männerökonomie. Damals habe ich mir vorgenommen, Männerfaulheit nachzuahmen. Seitdem schaue ich immer erst, ob es nicht eine bessere, kräftesparendere Lösung gibt.

So klug „Sprachfasten" oft ist – Teamgespräche, auch in der Familie, sollten wie ein üppiges Buffet gestaltet werden: je mehr Informationen Sie einander geben, je mehr Sie sich aufeinander abstimmen, desto mehr Zeit ersparen Sie an Gegenreden, Widerständen, Fehlhandlungen. Wenn Ihre Familie merkt, daß es für sie Vorteile hat, wenn sie mitgestaltet, wird sie das auch hinreichend tun („gerne" wäre unnötigerweise zu viel verlangt!).

Das gilt auch für Sie: wo Sie absolut keinen Vorteil dabei haben, dürfen Sie getrost verweigern.

„Hab auch keine Lust mehr, ewig zu verstehen,
abgeklärt die große Kluge sein.
Kurieren, kompensieren, differenzieren,
hab keine Lust mehr, jedem alles nachzusehen.
Hab keine Lust mehr, keine Lust mehr . . .
Hab keine Lust mehr, ewig mich zu zügeln,
anspruchslos und angepaßt
egalisieren, mystifizieren, interpretieren,
hab keine Lust mehr, Launen Fremder auszubügeln.
Hab keine Lust mehr, keine Lust mehr,
hab keine Lust mehr."

Barbara STROMBERGER

Zum Weiterlesen:

Sigmund FREUD, „Das Unbehagen in der Kultur", Fischer 1953

Marina GAMBAROFF, „Sag wie sehr liebst Du mich. Frauen über Männer", Rowohlt 1987

William H. MASTERS & Virginia E. JOHNSON, „Die sexuelle Reaktion", Rowohlt 1966/1970

Tor NORRETRANDERS (Hg.), „Hingabe. Über den Orgasmus des Mannes", Rowohlt 1983

Rotraud A. PERNER, „Wenn die Schnecken Trauer tragen", in: „ZEIT Erleben Zwischen Hektik und Müßiggang", Tagungsband der 12. Goldegger Dialoge 1993

Rotraud A. PERNER, „Zeugin der Lüste. Lust und Frust der Rundfunksexualberatung", Edition Tau 1991

Barbara STROMBERGER, „Saitenweise Texte 1986–1991" Edition Fidibus 1991

LEITEN

Frauen leiten anders, nämlich an

„Wenn du Menschen führst – verführe sie nicht!"
Peter PAWLOWSKY, „Zu jeder Stunde finde ich ihn – Ignatius von Loyolas gehorsame Freiheit"

Einen wesentlichen Schritt auf Ihrem Weg zur Spitze stellt immer die Herausforderung dar, Menschen anzuleiten und zu leiten. Dabei möchte ich offen lassen, ob es sich dabei um die Topposition in einem hierarchisch gegliederten Unternehmen, Ihr persönliches Spitzenformat oder im gegenteiligen Fall sogar Ihre Persönlichkeitsveränderung in Richtung einsame Resignation bis Verbitterung handelt.

Den Begriff „Führen" gebrauche ich ungern, erstens, weil ich keine – unbewußten – Erinnerungen und damit Suggestivbilder an „den Führer", „Duce" oder „Conductator" auslösen möchte, und zweitens, weil mir selbst dann auch immer Assoziationen wie „an der Nase herumführen" oder „verführen" in den Sinn kommen.

Überhaupt hat es die Vorsilbe „ver" in sich: sie bedeutet nur zu oft den Irrweg zum richtigen Vorgehen. Ich weiß schon, daß es auch ein „verleiten" gibt; dennoch unterscheidet sich dessen Inhalt quantitativ deutlich von der Verführung und eben deswegen habe ich das Wort auch mit dem anderen, „anleiten", verbunden. Ich betone dies deshalb so ausdrücklich, weil mir als überzeugter Neurolinguistin jegliche Wortwahl sehr am Herzen liegt, und ich hoffe immer, daß mein Unbewußtes meiner bewußten Absicht nicht in die Quere kommt.

Wenn Sie sich noch nie bewußt mit Theorien bzw. praktischen Übungen zu Führungsstilen, Führungseigenschaften und Dynamik von Gruppengeschehen beschäftigt haben, werden Sie wohl wie immer unbewußt den Vorbildern Ihrer frühen Kindheit nacheifern. Möglicherweise werden Sie auch im Wiederholungszwang agieren.

Je nachdem, in welcher Zeit, in welcher Region und nach welchen Glaubenssätzen Sie erzogen wurden, werden Sie andere Regieanweisungen mitbekommen haben: haben Sie Ihre primäre Sozialisation in der Zeit vor 1968 erhalten, werden Sie – vorausgesetzt Sie haben diese

Prägung noch nie kritisch hinterfragt und sich von ihr befreit – wahrscheinlich „Zucht und Ordnung“ für unabdingbar halten. Pünktlichkeit, Disziplin und Gehorsam werden wichtige Werte für Ihre Selbststeuerung sein und diese Werte werden Sie auch als gut für andere befinden.

Gehören Sie jedoch zu denjenigen, die die Ideologie der „68iger-Bewegung“ – der antiautoritären Erziehung, der Emanzipationsbewegungen bis hin zur sogenannten sexuellen Revolution und der Protestbewegungen – zu ihrem Credo erhoben haben, wird Ihnen Selbstbehauptung wichtiger sein als Unterordnung unter vorgegebene „höhere Ziele“, Kreativität (samt unvermeidlichem Chaos) wichtiger als nachvollzogene Perfektion (samt beinhalteter Ordnungsstrukturen) und sinnliche Wahrnehmung wichtiger als Selbstschutz durch Zu-Machen.

Sind Sie der nächsten Generation zuzurechnen, werden Sie entweder ein „Yuppy“ (Young Urban Professional) sein und als Einzelkämpferin versuchen, sowohl durch besondere Anstrengung in überdurchschnittlich risiko –, aber auch erfolgsträchtigen Unternehmungen als auch durch besondere Investitionen in Ihre Qualifikation die Konkurrenz zu überrunden. Oder Sie haben sich der „No Future“ – Geisteshaltung angeschlossen und zweifeln, ob überhaupt noch irgendeine Anstrengung Sinn hat, und wenn überhaupt, dann die, an der Basis, nämlich Mutter Natur zu pflegen und damit möglicherweise vor einem sicheren ökologischen Tod zu retten.

Wenn Sie diese Veränderungen des „Zeitgeists“ in ihrer historischen Dimension betrachten, merken Sie auch, wie analog die Führungsstile wechseln und damit auch die Eigenschaften und Fähigkeiten, die von der jeweiligen Person erwartet und gefordert werden; ob nämlich größtmögliche Distanz und strikte Anordnung für effizient angesehen werden oder eher Nähe und Eingehen aufeinander und die Berücksichtigung der Beiträge der Mitarbeiter/innen, hängt von den „geheimen Zielen“ – wie autoritärem Gehorsam oder antiautoritärer Partizipation – ab.

Sie können demnach den

- autoritären vom
- kooperativen und vom
- Laissez-faire-Führungstyp unterscheiden.

Der autoritäre Führungsstil pocht auf klare Strukturen, Kompetenzen und Sanktionen.

Damit ich nicht mißverstanden werde, möchte ich deutlich machen: so wie jeder Organismus eine Struktur braucht – der Mensch sein Rückgrat und seine Knochen, der Krebs seine Schale – benötigt auch jedes Gemeinwesen – ob Verwaltungskörper wie Bund, Gemeinde oder eine Sozialversicherungsanstalt, eine Firma, eine Schule, ein Krankenhaus ... – zu seinem Funktionieren eine klare Struktur:

- Aufgabenverteilungen
- Zuständigkeiten
- Verhaltensregeln
- und Richtlinien, was im Falle des Nichteinhaltens von Vereinbarungen zu geschehen hat.

Anderenfalls ist für die Personen an den Schlüsselstellen der Organisation das Scheitern vorprogrammiert.

Strukturen engen oft ein, nehmen Frei-raum. Sie gewähren aber auch Schutz. Strukturen können als Behinderung vermittelt und erlebt werden, aber auch als Sicherheit und Unterstützung.

Ich habe Hymnen, die ich schweige.
Es gibt ein Aufgerichtetsein,
darin ich meine Sinne neige:
du siehst mich groß und ich bin klein.
Du kannst mich dunkel unterscheiden
von jenen Dingen, welche knien;
sie sind wie Herden und sie weiden,
ich bin der Hirt am Hang der Heiden,
vor welchem sie zu Abend ziehn.
Dann komm ich hinter ihnen her
und höre dumpf die dunklen Brücken,
und in dem Rauch von ihren Rücken
verbirgt sich meine Wiederkehr.

Rainer Maria RILKE

Der Unterschied im Leitungsverhalten besteht darin, wie rigid bis flexibel die jeweiligen „Leader" mit dem Netzwerk, das aus Zielen, Spielregeln, Ressourcen und damit auch den Menschen, die all das mit Leben erfüllen sollen, umgehen.

Dazu ein kleiner Exkurs in die Philosophie der Polarität rigid-flexibel: Wenn ein gesundes Baby zur Welt kommt, ist es noch ganz weich und formbar. Sogar seinen Schädel kann man leicht zusammendrücken, weil die Fontanellen noch offen sind. Seine Haut ist gut mit Feuchtigkeit versorgt und daher pfirsichsamten, seine Augen sind wach und offen. Es muß gestützt und gehalten werden, weil sein Knochengerüst wie auch seine Muskulatur, diese Aufgaben noch nicht von alleine erfüllen können.

Mit zunehmendem Alter erstarken die Knochen, werden härter. Auch die Muskeln werden kräftiger. Je mehr ein Kind seinen Willen, seine Widerstandskraft trainieren darf, desto kraftvoller und damit auch ich-stärker wird es als Erwachsene/r sein.

Ob nun ein Mensch schon frühzeitig – körperlich wie auch geistig – „erstarrt", „starrsinnig", „starrköpfig", „hartherzig", „hartleibig" wird, hängt davon ab, wie oft er oder sie sich dazu entschließt, „die Ohren steif" zu halten, sich zu „versteifen", „zu" zu machen und was es sonst noch an Formen gibt, sich leibseelisch totzustellen oder überhaupt Gefühle und Empfindungen abzutöten.

Viele Menschen verknöchern mit zunehmendem Alter so sehr, daß dann (in geistiger und psychischer Hinsicht) von Altersstarrsinn gesprochen wird. Eine physische Entsprechung könnte in Gelenksversteifungen und Lähmungen erblickt werden, wobei es mir in diesem Zusammenhang um chronische „Haltungen" geht, nicht um Organneurosen, die einen sekundären Krankheitsgewinn mit sich bringen (z. B. somatisiert anstatt verbalisiert Widerstand leisten zu können).

Wir können den menschlichen Lebenslauf daher durchaus mit dem eines Baumes vergleichen: zu Beginn eine saftige, biegsame Pflanze, bedarf ein Bäumchen oft der Stütze, um aufrecht wachsen zu können; mit zunehmender Härte wird diese Hilfe unnötig, der Baum wächst und entfaltet sich, trägt Früchte und pflanzt sich fort. Wird er aber zu stark verletzt, sodaß seine Selbstheilungskräfte nicht ausreichen, zu stark beschnitten, bekommt er zuwenig Licht, Raum oder Nährstoffe, trocknet er aus – wie auch unsere Haut im Alter, wenn wir sie nicht hinreichend pflegen –, wird brüchig – wie vielfach auch unsere Knochen – und ragt irgendwann als dürre Baumleiche gen Himmel, während wir in der Totenstarre flach am Boden liegen.

Nun kennen wir aber alle Menschen, die bis ins hohe Alter körperlich wie geistig beweglich bleiben und damit auch offen und im Austausch mit anderen. Wenn wir herauszufinden versuchen, was ihr „Rezept" gegenüber den anderen ausmacht, so können wir eine außergewöhnliche Neugier (somit ein Zuwenden, in Bewegung bleiben) und Anpassungsbereitschaft (also zumindest ein auf andere zugehen, Kontakt aufnehmen und in Beziehung treten) beobachten: sie üben ihre Flexibilität.

Frauen dürfen gesellschaftlich toleriert beweglich sein. Sie sollen sich ja – so die konservative, männerbegünstigende Zielsetzung – den Männern anpassen. Von Männern hingegen wird Härte erwartet: sie sollen sich durchsetzen.

Damit stoßen wir wieder auf die Geschlechterpolarität, die sich ja auch in Aufbau und Funktion der Genitalien ausdrückt: hätte der Mann nicht die Starrheit der Erektion verfügbar, könnte er die Körpergrenze der Frau nicht durchstoßen, wäre ihre Scheide nicht flexibel, könnte kein Kindeskopf durchgleiten. Leider wird von beiden Geschlechtern oft der polare Ruhezustand mißdeutet: die zarte Sensibilität des entspannten Penis wird oft als Schwäche diskriminiert, die Verschlossenheit der unerregten Vagina hingegen zu Lasten weiblicher Begehrlichkeit und Lust als idealer Dauerzustand propagiert. Welch unentwirrbare Doppelbotschaften!

Wenn wir nun davon ausgehen, daß ein ausbalancierter Mensch beide Seiten gleich-gültig verfügbar haben kann (und auch soll), heißt das, daß Männer sich um die Integration ruhender Wachsamkeit zu bemühen haben – also einer Form von „Empfänglichkeit", Frauen wiederum um die Starrheit des Position-Beziehens und Wider-Stehens.

Auf das Arbeitsfeld „Menschenführung" übertragen, heißt dies: ein starr-autoritärer Führungsstil kann als „männlich" im Sinne der Polarität bezeichnet werden, ein kooperativer und auch der alles hinnehmende Laissez-faire-Führungsstil als „weiblich". Natürlich gibt es genauso autoritäre Chefinnen, die einseitig Regeln aufstellen und jeden Verstoß, ohne die Ursachen und Absichten zu hinterfragen, gnadenlos ahnden, wie kooperative Bosse, denen die Ansichten und Überlegungen ihrer Mitarbeiter/innen wirklich wichtig sind und die sie ernst nehmen und berücksichtigen.

Druck erzeugt Gegendruck, das lernen wir schon im Physikunterricht in der Mittelschule. Zeitdruck erzeugt Druck bei denjenigen, die ihn spüren, und meist geben sie ihn unhinterfragt weiter. Sie kennen sicher den Comic-Strip „Chef schreit mit Mann, Mann schreit mit Frau, Frau schreit mit Kind, Kind schreit mit Hund".

Eben weil viele von uns diesen autoritären Führungsstil, der mit Befehlen und Strafen Gehorsam beansprucht, ohne – wie die echte Autorität – durch Persönlichkeit Achtung und den Wunsch, genauso wie sie zu sein, zu erwerben, von Eltern, Pädagogen und anderen Ausbildnern – sei es beim Bundesheer, sei es im Betrieb – nur zu genau kennen, erliegen sie der kompensatorischen Nachahmung. Wir schaffen an und demütigen, drohen oder benachteiligen, schreien oder ätzen und zerstören so die Leistungsmotivation, die Kooperationsbereitschaft, die Arbeitsqualität und die Gesundheit ihrer „Untergebenen".

Ich erinnere mich an einen Chirurgen, der erst im Coaching erkannte, woher die Ablehnung seiner – wie er meinte doch sehr liebenswürdigen – Person herrührte: als ich ihn nämlich darauf aufmerksam machte, daß er von den assistierenden Operations- und nachbetreuenden Krankenschwestern nur als dem „Personal" sprach. Das ist Überheblichkeit im wahrsten Sinn des Wortes – einer hebt sich über die anderen, ohne zu erkennen, daß alle gemeinsam am Gelingen einer Aufgabe arbeiten.

Im Sinne der Transaktionsanalyse erkennen wir in diesem Umgangsverhalten Menschen, die sich die Geisteshaltung des „nörgelnden Eltern-Ichs" zu eigen gemacht haben und dementsprechend chronisch „von oben herab" agieren. Sie bekommen daher notgedrungen die Palette der Reaktionsweisen des Kindheits-Ich: Angst und Unterwerfung, List und Lüge oder Rebellion. Sie bekommen sicher keine „gleichwertige" Mitarbeit von aufrichtigen, weil aufrechten Menschen.

Leiten heißt fördern.

Leiten heißt: den Mitarbeiter/innen Anleitung sowie Zeit und Raum zu geben, ihre Aufgaben optimal zu erfüllen und sich optimal weiterzuentwickeln. (Unter optimal verstehe ich die für die Zielsetzung hinreichende Entsprechung von Aufwand und Ergebnis.) Dazu gehört,

- klare Beschreibungen des Zieles und des Qualitätsstandards der erwarteten Leistung zu geben,
- klare positive Bewertungen („Ja, so habe ich mir das vorgestellt!" – nicht heuchlerisch: „Das ist ja wundervoll, wie Sie das gemacht haben!") zu geben, wenn dies erreicht ist und

● ebenso klare konstruktive Kritik bei mangelhaften Ergebnissen („Mit diesem Ergebnis bin ich nicht ganz zufrieden; ich habe mir nämlich folgendes erwartet ... Was vermuten Sie sind die Ursachen? Wie könnten diese Ursachen beseitigt werden? Was kann ich zu Ihrer Unterstützung beitragen?") zu geben und
● gemeinsam daran zu arbeiten, die erwünschten Verbesserungshandlungen zu finden.

Sie steht mir nicht im Licht,
sie soll dort ruhig bleiben,
solange sie den Platz zu brauchen glaubt.
Ganz ohne Tun wird sich's,
wenn's sein soll, zeigen.

Barbara STROMBERGER,
„Kommen Zeichen, kommen Weichen"

Leiten heißt nicht: beweisen müssen, daß man/frau besser ist als die Mitarbeiter/innen.

Es ist kein Fehler, wenn frau die Arbeit, die sie anleitet, nicht selbst aus dem ff beherrscht. Es ist aber auch kein Fehler, wenn sie es kann. Wichtig ist, daß sie die Arbeit kennt, versteht, weiß, welcher Standard zumutbar ist und wo Störungen auftreten können. Wesentlich wichtiger ist, daß sie merkt, wenn jemand Schwierigkeiten bei der Arbeit hat, egal, ob dies individuelle oder soziale Ursachen hat, und die Fähigkeit besitzt, solche Schwierigkeiten in einer Weise anzusprechen und aufzulösen, die weder die Selbstachtung und damit Arbeitsfähigkeit einer Einzelperson noch des Teams gefährdet oder gar zerstört.

Auch hier bewährt sich das Prinzip
● aussprechen, was aufgefallen ist (Ist-Zustand),
● aussprechen, was als Ziel angepeilt war (Soll-Zustand),
● auffordern, gemeinsam zu überlegen,
○ was beseitigt gehörte (die Fehlerquelle gewesen sein könnte) oder
○ was zusätzlich notwendig gewesen wäre (was gefehlt hat), um das vorgesehene Ziel zu erreichen und vor allem auch
● fragen, was frau selbst (aber auch die Person, die angeleitet wird) dazu hätte beitragen können.

Viele Frauen scheuen sich, so konkret Position zu beziehen. Sie fürchten, dadurch in Konflikt zu den Mitarbeiter/innen zu kommen und Kooperationsbereitschaft zu verlieren; sie meinen, sie wären dann zu hart, anmaßend, autoritär oder aber zu wenig freundlich, nachsichtig oder fürsorglich.

So schwindeln sie sich dann mit verwaschenen Aussagen um mögliche Konfrontationen herum und flüchten notfalls zur übergeordneten Instanz („Pappi") um sich zu beklagen oder auch Hilfestellung zu bekommen.

Immer wieder berichten mir Frauen in leitenden Positionen im Coaching, daß sie Widerstände oder sogar Arbeitsverweigerung von ihren Sekretärinnen oder auch Schreibkräften erlebten. Immer versuchen sie es zuerst durch freundliches, gutes Zureden und bei Mißerfolg dieser Strategie durch Appellation an ihre Vorgesetzten. Beides finde ich nicht zielführend.

Im ersten Fall sehe ich wirklich keinen Grund, freundliche Miene zum bösen Spiel zu machen. Überlegen Sie:

Arbeitswiderstand kann geleistet werden auf der

- sachlichen Ebene (wenn etwa eine juristisch inkorrekte Lösung aufgetragen wurde) oder auf der
- emotionalen Ebene (wenn einem der Ton des Auftrags, die Umgangsform der auftraggebenden Person oder diese prinzipiell auf die Nerven geht) oder
- auf der Beziehungsebene (wenn abstrakt eine Frau oder konkret Sie nicht als „übergeordnet" akzeptiert wird).

Erkennen Sie, daß es sich um Widerstand auf der Sachebene handelt, können Sie sachlich bleiben und

- gelassen dankbar sein, daß Sie auf eine Verbesserungsmöglichkeit aufmerksam gemacht wurden, oder
- zu Ihrer Sachentscheidung stehen und betonen, daß Sie die Verantwortung tragen, oder
- einen klaren Dienstauftrag formulieren.
- Erst wenn dies alles nichts fruchtet, ist – bitte ohne vorhergehende Androhung – die nächsthöhere Instanz (unter Dokumentation der bisherigen Vorgangsweise!) anzusprechen, um sich deren Rückendeckung für durchzuführende Negativfolgen zu versichern.

Sie können aber auch auf die Beziehungsebene überwechseln und

- sich deutlich freuen, daß Ihre Mitarbeiter so vif mitdenken, oder
- deutlich zeigen, daß Sie betroffen sind (wovon auch immer, das müssen schon Sie wissen: von Ihrem Fehler, vom Mißtrauen, von dem

Zeitverlust, . . .) und ebenso deutlich machen, warum Sie dennoch bei Ihrer Entscheidung bleiben oder weshalb Sie Ihre Entscheidung ändern. Vergessen Sie nicht: es ist Stärke, seine Schwächen zugeben zu können!

- Auf jeden Fall paßt es, „Zeit zu schinden“: mit wenigen klaren Sätzen ausdrücken, daß Sie die augenblickliche Lage wahr – und zur Kenntnis nehmen. Kündigen Sie aber an, daß Sie alles noch genauer überdenken werden. Tun Sie es dann aber auch wirklich – Sie müssen damit rechnen, daß Menschen, die „den Sklaven Tropfen für Tropfen aus sich herausgedrückt haben“ (TSCHECHOW zitiert nach Arno GRUEN), auf diesen Punkt wieder zurückkommen werden!

Erkennen Sie hingegen, daß es sich um Widerstand auf der Beziehungsebene handelt,

- bleiben Sie unbedingt auf der Sachebene!
- Lassen Sie alle persönlichen Angriffe beiseite,
- arbeiten Sie die sachlichen Kritikpunkte heraus und
- gehen Sie fair und ausführlich auf diese ein.
- Scheuen Sie sich nicht, bis zu Ihrem Arbeitsauftrag, Dienstanweisungen oder gar gesetzlichen Bestimmungen zurückzugehen.
- Wichtig ist, daß Sie keinen Schritt weichen. Denken Sie an bellende Hunde: ein Tröpfchen Angstschweiß und der Hund hat schon gewonnen! Es wird ja Ihr höchstpersönliches Kraftpotential abgetestet: lassen Sie sich einschüchtern, werden Sie aggressiv oder „halten“ Sie?

Vorbildhaft reagierte eine meiner Klientinnen, die eine leitende Position im universitären Bereich bekleidet.

Auf den rotzigen Brief eines Kollegen *„an alle Frauen des Arbeitskreises für Gleichbehandlungsfragen“* des gemeinsamen Hauses, der mit den Worten *„Vieles ist einfach eine Frage des Stils! Es tut mir leid feststellen zu müssen, daß Sie ein so wichtiges Anliegen wie . . . so miserabel vertreten“* begann, unter anderem mit dem Angriff fortsetzte, *„es genügt nicht . . . sich auf das Zitieren von Paragraphen zurückzuziehen“* und listig mit *„Ich möchte nicht pauschal urteilen, Sie selbst müssen wissen, wer in ihrer Gruppe den schlechten Ton angibt und das Niveau der Auseinandersetzung bestimmt“*, antwortete sie damenhaft gelassen: *„Es ist verständlich, daß man mit dem Ergebnis einer demokratischen Wahl . . . nicht einverstanden ist, wenn man einen anderen Ausgang sehr gewünscht und sich dafür eingesetzt hat. Daß Du dies in der gegenständlichen Form zum Ausdruck gebracht* *hast, muß als Dein Stil zur Kenntnis genommen werden. Entkleidet man Dein Schreiben seines emotionalen Gewandes, so bleiben 3 sachliche Aussagen, zu denen ich Stellung nehmen will.*" Dann folgen Punkt für Punkt seine Angriffe, aber kurz und präzise versachlicht, wie z. B. „*Daß jemand vor einer weitreichenden Entscheidung die dafür maßgeblichen Gesetze zitiert, erscheint mir hilfreich.*" Zuletzt „verrückt" sie seine Schlußattacke und schließt freundlich: „*Es freut mich, daß Du Dich für die Belange der Kolleginnen an ... interessierst und hoffe Dich bei gegebenem Anlaß an unserer Seite zu finden. Mit freundlichen Grüßen ...*"

Über den weiblichen Umgang mit Konflikten

Männer sind auf Hierarchie orientiert, Frauen auf symmetrische Beziehungen, lauten die Ergebnisse zahlreicher soziolinguistischer Untersuchungen wie den von Deborah TANNEN. Daraus könnte frau leicht den Fehlschluß ziehen, daß sie, wenn sie hierarchisch oder statusmäßig übergeordnet ist, akzeptiert wird. Mitnichten!

So zeigt Claudia HUMMEL anhand einer Diskussion im Schweizer Fernsehen, wie die statushöchste Person in der Runde, eine Stadträtin, sich entschuldigt, wenn sie gegen eine Höflichkeitsregel verstößt, die Männer aber keineswegs: selbst wenn sie jemand – und auch die ranghöhere Person – stark angreifen, entschuldigen sie sich nicht.

Frauen wird dann oft – von Frauen – vorgeworfen, sie hätten „Angst vor Liebesverlust", wenn sie bewußt oder unbewußt auf Grenzverteidigung verzichten. Das stimmt zwar bedingt, hilft aber nicht weiter: zu dem Engegefühl „Angst" kommen dann nämlich noch Schuldgefühle, daß frau überhaupt solche Gefühle hat. Eine typische Regression, ein Rückfall ins Kindheits-Ich.

Eher selten machen sich Frauen klein (stimmlich, mimisch, gestisch), weil ihnen ihr/e Konfliktpartner/in so wichtig ist, daß Verlust der bisherigen Nähe auf Dauer das Wohlbefinden bedroht.

Wenn Sie nicht gerade zu den Frauen gehören, die streitlustig keine Gelegenheit auslassen, verbales Ping Pong zu spielen, wird jede Konfliktaustragung Ihr Wohlbefinden verkleinern: weil sie Ihr aktuelles Kraftbudget verändert.

Kurzfristig kostet jeder Konflikt Energie – das ist normal: nämlich das Bißchen mehr für die Konfliktlösung oder für das Aushalten der Spannung, wenn der Konflikt nicht so bald gelöst werden kann/soll (für die sogenannte Ambiguitätstoleranz).

Viele Frauen machen sich klein, weil diese Reaktion auf eine Konfliktansage dem traditionellen Frauenrollenbild entspricht: „Sei schön und halt' den Mund!" Sich groß machen – Energiezuwachs demonstrieren – entspräche nur zu sehr den animalischen Drohgebärden, höre ich dann oft, wenn ich Konfliktlösung trainiere, und die überläßt frau nur zu gerne dem „Tier im Manne" (samt Reptiliengehirn).

Es gibt aber wie immer auch hier die Mittellösung, sich nicht zusammenzuziehen (Totstellen), aber auch nicht aufzublähen (Drohgebärde mit nachfolgendem Kampf oder Flucht):

- so weit wachsen, daß frau Überblick hat. Entweder greifen Sie wieder zu den Keksen von Alice im Wunderland, oder Sie erlauben sich, gedanklich aus Ihrem Körper emporzuschweben und „von oben" auf die aktuelle Situation „herabzublicken" (eine Form von Supervision).
- Dabei gewinnen Sie den Abstand, den auch eine Regisseuse hat, die ihrem Star Regieanweisungen gibt.
- Geben Sie sich anschließend die Anleitungen, die Sie für richtig finden, damit Ihr Star (nämlich Sie) die aktuelle Szene so gut wie möglich durchspielt. (Allein durch die Suggestion zu dieser gedanklichen Distanzierung sind Sie automatisch gezwungen, die Position der Kleinheit aufzugeben, Sie gewinnen nicht nur Raum, sondern auch Zeit. Niemand zwingt Sie, sofort zu kontern!)
- Dann lassen Sie sich Zeit und atmen ein paar Mal tief und ruhig: entweder Ihre Energie beginnt wieder zu fließen (das ist der Weg aus der Blockade) und Sie können Ihr Visavis ruhig ansehen und die Fragen stellen, die nötig sind, damit Sie sich auf der „Reise zum Ziel", nämlich Konfliktbereinigung, auskennen. Daher formuliere ich umgekehrt: je mehr Information, desto weniger Aggression. Oder Ihre bereits hochlodernde Energieflamme (Körper macht sich kampfbereit) beruhigt sich zu einem beständig und kraftvoll fließenden Energiestrom: der ist nicht nur mit dem Frauenrollenbild vereinbar, sondern auch über das bioelektrische Kraftfeld spürbar. Er wird bei den anderen bremsende Reaktionen hervorrufen: wir alle merken nämlich sehr genau, wo Kraft ist und Ruhe. Dann reagieren wir mit Respekt.

Oft handelt es sich aber um die Angst des kleinen Mädchens vor dem Verlust der Liebe der Eltern, die meinen, mit „bösem Blick“ und „scharfer Stimme“ das erwünschte Verhalten herbeizaubern zu können. Nur: so lernt das kleine Kind nur, daß es vor den Eltern Angst haben muß – sonst nichts.

Befürsorgen Sie Ihr „Inneres Kind“!

Wenn Sie merken, daß Sie solch eine alte Angst mit sich herumschleppen (Herz zittert, Hirn sagt, das ist doch unnötig!), ist es Zeit, Ihrem „Inneren Kind“ endlich das zu geben, was es damals gebraucht hätte:

- Machen Sie sich eine Notiz und warten Sie auf eine Gelegenheit, in der Sie ungestört sind. (Routiniers, die schon sehr geübt sind in dieser „Heilungsmethode“, werden Sie auch in Gedankenlänge anwenden können!)
- Entspannen Sie sich und stellen Sie sich die Frage, woher Sie dieses Gefühl kennen.
- Schalten Sie Ihr Hirn aus, warten Sie ab, was Ihnen einfällt.
- Wenn Ihnen Gedanken dazwischen funken, wenn Sie merken, daß Sie anfangen, in Ihrer Biographie herumzusuchen, lassen Sie die „Gedankenvögel vorüberziehen“ . . . und warten weiter.
- Bleiben Sie ruhig und entspannt, bis Ihnen eine Situation einfällt.
- Versuchen Sie dann, diese Szene vor Ihrem geistigen Auge zu sehen.
- Schauen Sie das „Innere Kind“ an und fühlen Sie, wie es ihm geht.
- Erlauben Sie sich mitzufühlen. (Wenn Sie ungestört weinen können, erlauben Sie es sich – Tränen reinigen!)
- Treten Sie als Erwachsene zu Ihrem „Inneren Kind“ ins Bild, sodaß Sie sich daneben sehen können.
- Geben Sie dem „Inneren Kind“, was es braucht: die Worte, die Sätze, die Berührungen, die es damals nicht bekommen hat. Sie werden schon spüren, was richtig wäre: den „Großen“ zu sagen, daß sie sich inkorrekt verhalten, dem „Inneren Kind“ zu erlauben, auf Sie hinaufzuklettern und sich bei Ihnen geborgen zu fühlen, oder loszuschreien, oder aufzustampfen – was immer es will. Sie sagen ihm, daß es das tun darf, was es braucht.

Mutter, dein Kind ist ein großer
ast- und triebloser Baum.
Mutter, dein Kind sucht noch immer
verzweifelt die Nahrung,
die Offenbarung, den Erfüllungsschlüssel
vom Zärtlichkeitstraum, Zärtlichkeitstraum.
Barbara STROMBERGER, „Weiß Gott, warum ..."

Joyce Hocker FROST zeigt auf, daß Mädchen gezielt dazu erzogen werden, Konflikte zu vermeiden bzw. geringere Aktivität in Konfliktsituationen zu entwickeln. Daher greifen Frauen in Konfliktsituationen auch häufig zu Taktiken, die eher bei Kindern angemessen sind wie Wutanfälle oder Schmollen. Oder sie geben auf. Als Chefin sind Sie aber eine „Elternersatzfigur" und daher wird von Ihnen Souveränität erwartet. Sie werden sich also damit abfinden müssen, daß vielfach die anderen regredieren und kindliche Verhaltensweisen an den Tag legen. Es liegt an Ihnen, daß Sie dann hilfreich sind, daß Ihre Mitarbeiter/innen wieder ins Erwachsenen – Ich hineinfinden (ohne ihr Gesicht zu verlieren).

„*Wer imstande ist, sich zu ändern und anzupassen, ist mit größerer Wahrscheinlichkeit erfolgreich in Konfliktsituationen*" schreibt FROST und meint mit Anpassung keineswegs, das zu tun, was die anderen wollen, sondern der Situation angemessen zu reagieren. In diesem Zusammenhang spricht sie von „rhetorischer Sensibilität", die sie folgendermaßen charakterisiert:

- Das eigene Rollenverhalten als Reaktion auf das Verhalten anderer ändern und das auch akzeptieren zu können,
- Zu vermeiden, sich auf einen einzigen Kommunikationsstil festzulegen und daher anpassungsfähig zu sein,
- Gruppendruck und Ambiguität auszuhalten,
- Gespräche so steuern zu können, daß sie sachbezogen verlaufen: das Ziel bleibt, Probleme zu lösen (und nicht, sich emotional zu erleichtern) und
- klar und verständlich zu bleiben.

Was zu nah ist, sehen wir nicht gut.

Eine leitende Position einnehmen bedeutet, Überblick zu erlangen, zu bewahren und zu vermitteln. Dazu sollten Sie weder „in die Luft gehen" noch zu den „Niederungen (menschlicher Unzulänglichkeit) herabsteigen", sondern auf dem Niveau bleiben, von dem aus Sie alles gut wahrnehmen und geschützt in Kontakt bleiben können.

Was zu nah ist, sehen wir ebenso wenig scharf wie all das, was zu weit weg ist. Halten Sie nur Ihre Hand ganz dicht vors Gesicht – Sie können sie dann spüren, aber sehen können Sie nur mehr eine dunkle Fläche, an deren Rändern möglicherweise durch Ringe ausgelöste Lichtreflexe Helligkeit vermitteln.

Überblick ist aber nicht mit Herabblicken zu verwechseln!

„Herabblicken schafft Distanz.", schrieb ich in meinem Beitrag „Blick-Muster" in Sabine PERTHOLDS Film Schau Buch „Rote Küsse", *„Je größer die Distanz, desto weniger kann ich etwas, jemand erkennen. Dazu brauchen wir Nähe, Beziehung."*

Es ist schwer, Menschen, die einem nahestehen, zu schädigen; zu erleben, wie sie leidend reagieren, geht uns dann nämlich „nah" oder sogar „unter die Haut". Dagegen fällt es meist auch Nicht-Sadisten leicht, über andere, zu denen keine „Beziehung" besteht, wie über Sachen zu verfügen.

Verschwisterungsaktionen mit Mitarbeiter/innen, wie sie sich häufig aus Betriebsfeiern ergeben, vermitteln höchstens Pseudonähe, aber sicher keine bessere Zusammenarbeit. Diese setzt nämlich Respekt voraus. In diesem Begriff steckt wiederum die Wurzel „sehen" (lateinisch „specere") und wenn Sie daran denken, wie wenig Menschen einander wirklich ernsthaft ansehen, wie wenig Menschen auch wirklich „Ansehen" genießen, dann können Sie um ein anderes Mal erkennen, wie sinnhaft unsere Sprache aufdeckt, was wir oft gar nicht zur Kenntnis nehmen (wollen).

Den richtigen Abstand zwischen Nähe und Distanz zu finden, setzt Zeit und Fingerspitzengefühl voraus.

- Grundsätzlich beginnt jede, und damit auch die Arbeitsbeziehung mit Distanz – Kennenlernen, Erfahrungen miteinander machen, das dauert.
- Der nächste Schritt besteht in der Feinabstimmung: wer hat wo

seine/ihre Prioritäten, wo seine/ihre wunden Punkte, wo seine/ihre Grenzen?

- Was davon kann respektiert werden, wo werden Ihre Interessen berührt, wo verletzt?
- Grundsätzlich: Körpergrenzen sind immer zu respektieren! Selbst wenn jemand betont, ihm/ihr mache es nichts aus, berührt (betatscht, umarmt, gerempelt) zu werden – Berührungen zwischen Menschen im Machtungleichgewicht sind immer eine primitive Dominanzdemonstration dessen, der oder die sich damit einen Platzvorteil herausholen will. Dazu zählt sowohl die klassische sexuelle Belästigung am Arbeitsplatz wie auch notorische Begrüßungsküssereien. Lassen Sie derartige „Spiele“ am Arbeitsplatz nicht zu, Sie ersparen sich spätere Troubles!

Erinnern Sie sich noch an die Unterschiede zwischen visuell, auditiv oder kinästhetisch betonten Menschen? Sie können sicher damit rechnen, daß es zwischen zwei gegensätzlichen Mitarbeitern bei zu viel (räumlicher wie zeitlicher) Nähe häufig Konflikte gibt!

Visuelle haben meist sehr ausgeprägte optische Vorstellungen, wie es an ihrem Arbeitsplatz ausschauen soll, gelten dann auch oft als Pedanten, vor allem, wenn es Männer sind, bei Frauen paßt Ordnungsliebe ja ins traditionelle Rollenbild! Außerdem pflegen sie auch durch ihr schnelleres Tempo auf Kollegen/innen Druck auszuüben. Gehören Sie dazu? Gehen Ihnen langsam bedächtige Kinästhetiker/innen auf die Nerven? Stört Sie deren „gemütliches“ Chaos, besonders wenn es Frauen sind. Denn bei Männern wird Unordnung dem traditionellen Rollenbild entsprechend toleriert, es gibt ja meist noch immer eine Mammi oder Lebenspartnerin und im Büro die (weibliche) Reinigungsbrigade, die hinter ihnen wegräumt und so erspart, die Verantwortung für ihre Spuren zu übernehmen!.

Visuelle pflegen auch durch ihre „herzlose“ Sachlichkeit wenig zum Betriebsklima beizutragen. Sie haben andere Prioritäten: Welches Bild intern wie extern geboten wird. Weniger wichtig ist, ob sich alle wohl fühlen, sie selbst inbegriffen.

Dafür schauen sie aber auch auf ihre Kollegenschaft, daß „alles seine Ordnung hat“, während Auditive mehr darauf hören, was geredet wird und sich so manches „nicht länger anhören“, „nicht sagen lassen“. Kinästhetiker neigen dazu, sich zu verzetteln: eben weil ihnen die „human relations“ so wichtig sind und sie ohnedies eher dazu neigen, auf alles sehr „einzugehen“, kommt es oft zu Verzögerungen und ausgleichend dazu zu „Ho-ruck-Aktionen“. Sie gelten oft als unzuverlässig, sind es aber nicht. Sie sind nur anders als die häufig dominierenden Visuellen, die mit ihrem raschen Überblick und Eiltempo schneller ans Ziel gelangen, dabei aber oft auf Wesentliches nicht achten – weil sie sonst ja langsamer werden müßten. Das widerspricht aber ihrer Dressur.

Denn Dressur ist es, Training, angelernte Beschleunigung einzusetzen, um leistungsstärker oder erfolgreicher in Konkurrenz zu sein.

Die Kunst, Menschen zu optimalen Leistungen zu motivieren, besteht darin, deren besondere Begabungen zu erkennen (was Zeit braucht), und sie dann begabungsgemäß heranzuziehen. Es ist ziemlich sinnlos (und meist auch nur versteckter Sadismus), viel Zeit darauf zu verwenden, jemandes Schwächen zu Stärken umwandeln zu wollen: die Energie, die darauf verwendet würde, fehlt bei der weiteren Entwicklung der bereits vorhandenen Stärken. Und die machen ja den Wettbewerbsvorteil aus.

Viel wichtiger ist, anderen zu helfen, daß sie sich nicht durch ihre Schwächen blockieren lassen. Vor allem Kinästhetiker, die sich ja alles gleich „zu Herzen nehmen“, neigen zu derartigen Gefühlsreaktionen. Visuelle sehen und Auditive hören sich ohnedies das alles erst mal an.

Hier empfiehlt sich die klassische Beratungstechnik:

- Entängstigen („Sie sind unsicher, ob ...? Mir ist das nicht so wichtig, wichtig ist mir ...“),
- fehlende Informationen ergänzen („Ich bin nicht sicher, ob Sie informiert wurden, daß ...“, „Hat/habe man/ich Ihnen gesagt, daß ...“)
- passende Suggestionen setzen („Es ist mir aufgefallen, daß Sie großzügig (statt ‚ungenau‘) gearbeitet haben. Das genügt nämlich wirklich!“),
- allenfalls konkrete Anleitungen und Aufträge („Ich vermute, Sie wissen nicht, wie wir das handhaben. Für die Zukunft bitte so ...“).

So wie Sie sich in der Zusammenarbeit mit anderen Menschen leichter tun, wenn Sie erkannt haben, wer visuell, auditiv oder kinästhetisch betont denkt und handelt, und sich demgemäß anpassen,ist es hilfreich, Anregungen aus der psychotherapeutischen Fachliteratur zu beziehen. So finden wir bei dem Psychoanalytiker Fritz RIEMANN eine Typologie von Verhaltensweisen, die manche Eigenheiten im Arbeitsstil (und die daraus wiederum folgenden Streitigkeiten mit den Kollegen/innen, die polar anders sind) erklärt:

- „Schizoide“ sind und arbeiten gerne allein; RIEMANN vergleicht ihre Lebens-art mit der Erddrehung um die eigene Achse: sie rotieren quasi um sich selbst. Dementsprechend sind sie häufig kontaktarm. Nähe jeglicher Art irritiert sie eher, als daß sie dadurch angespornt würden. Sie mögen isolierte Arbeitsbedingungen, leiden in Großraumbüros (verspüren unbewußt Angst vor den anderen), und zusehen darf man nur aus „respektvoller“ Entfernung, wenn überhaupt.
- „Depressive“, erscheinen eher als Trabanten anderer, sie drehen sich um die Achse einer anderen Person, brauchen Gemeinschaft. Sie arbeiten nicht so gut, wenn sie allein in einem Zimmer sind, zumindest die Tür zu den anderen muß offen sein. Sie neigen dazu, andere häufig ohne Notwendigkeit aufzusuchen, lieben Konferenzen und Teambesprechungen und kränken sich – deprimiert, „niedergeschlagen“ zu sein ist ihre Form, Angst auszudrücken –, wenn niemand Zeit (und Aufmerksamkeit) für sie hat.
- „Zwanghafte“ streben nach Dauer und Beständigkeit, nach Ordnung. RIEMANN zieht bei ihnen den Vergleich mit der Schwerkraft, die zentripetal „sammelt“. Veränderungen machen ihnen Angst und lösen daher fürs erste einmal Widerstand aus.
- „Hysterische“, die nach Veränderung streben, wären im Sinne der Polarität danach eher der Fliehkraft zuzuordnen. Sie sind flexibel Herausforderungen und Risken gegenüber. Struktur und Ordnung wird vielfach bekämpft, weil damit ihre Angst vor der Enge gemildert werden kann. Zentrifugal suchen sie die Weite, oft symbolisiert durch „Höhenflüge“, Abstürze inbegriffen.

Wenige Menschen sind von vornherein imstande, ohne Hilfe diese Gegensätzlichkeiten zu überbrücken. Zu sehr sind wir alle dazu erzogen, uns gegen die anderen durchsetzen zu sollen:„Sei so wie ich (es will)“.

Dabei liegt das Geheimnis wie immer in ausgleichender Kommunikation: Einander zu sagen, wieviel Nähe gerade noch ertragen wird. Um mehr Distanz zu bitten. Oder umgekehrt: Mitzuteilen, daß man mehr Gemeinsamkeit braucht, und daß zu große Distanz Mängel an Information bringt. Oder um mehr Struktur zu bitten, damit die Unsicherheiten beseitigt werden können. Oder um mehr Freiräume, damit Innovationen entwickelt werden können.

Wenn Sie diese Dolmetscherfunktion ausüben und damit konfrontiert sind, daß sich zwei Gegner/innen feindselig gegenüberstehen,

● suchen Sie immer das übergeordnete gemeinsame Ziel (z. B. daß die Arbeit reibungslos abläuft).
● Dann stellen Sie Fragen („Was ist Ihnen dabei wichtig?“, „Worum geht es Ihnen dabei?“, „Was konkret ist es, was Sie stört?“), die dahin führen, daß jede Partei sich zu diesem oder einem ähnlich vereinenden Ziel bekennt.
● Dann erkunden Sie, was jeweils (vom anderen) benötigt wird, um das eigene (in Wirklichkeit gemeinsame) Ziel erreichen zu können.
● Versuchen Sie zu einer Art Vertrag zu kommen: auf eine bestimmte Zeit hin zu vereinbaren, gegenseitig diese Hilfen zu erbringen (was jeweils einer vom anderen als Entgegenkommen wünscht). Nach Ablauf dieser Zeit überprüfen, ob das hilfreich war oder ob neu verhandelt werden muß, um eine bessere Kooperationsabsprache zu finden.
● Scheuen Sie diesen Zeitaufwand nicht – Sie gewinnen dadurch Vertrauen: Sie bemühen sich wirklich und schaffen nicht nur an oder erteilen Rat- Schläge. Dadurch ersparen Sie Zeitverlust durch Fehlleistungen, Sabotage oder „Innere Emigration“.

Zum Weiterlesen:

Arno GRUEN, „Der Verrat am Selbst. Die Angst vor Autonomie bei Mann und Frau“, dtv 1986

Joyce Hocker FROST: „Der Einfluß weiblicher und männlicher Kommunikationsstile auf Konfliktstrategien“ in: „Frauenrollen, Kommunikation und Beruf“, Schriftenreihe Internationales Zentralinstitut für Jugend- und Bildungsfernsehen Nr. 14, K. G. Saur 1983

Claudia HUMMEL, „Sie haben jetzt ja lange geredet, Frau Lieberherr“ in: Senta TRÖMEL-PLÖTZ (Hg.), „Gewalt durch Sprache. Die Vergewaltigung von Frauen in Gesprächen“, Fischer 1984

Rotraud A. PERNER, „Blick-Muster“ in: Sabine PERTHOLD (Hg.), „Rote Küsse. Film Schau Buch“, konkursbuchVERLAG CLAUDIA GEHRKE 1990

Fritz RIEMANN, „Grundformen der Angst“, Ernst Reinhardt Verlag 1984

Rainer Maria RILKE, „Das Stundenbuch“, Insel 1905/1972

Barbara STROMBERGER, „Kommen Zeichen, kommen Weichen“, in: Barbara STROMBERGER, Texte Saiten Weise 1986–1991, Edition Fidibus 3/1991

Barbara STROMBERGER, „Weiß Gott, warum . . .“, in: Barbara STROMBERGER, Texte Saiten Weise, 1986–1991, Edition Fidibus 3/1991

Deborah TANNEN, „Du kannst mich einfach nicht verstehen. Warum Männer und Frauen aneinander vorbeireden“ Kabel 1991

GEFAHREN

Von Innerer Emigration, Negaholismus und Burn Out

Meine Zeit ist stehngeblieben,
doch ich will ihr das verleiden,
geh jetzt zähe Ruten schneiden,
früher hat sie mich getrieben.

Nicht so sehr durch ihre Eile –
o, sie trommelte nur träge,
doch ich lief auf einer Säge
mitten durch die Stundenpfeile.

Alles war so eingerichtet,
daß ich mich zerfleischen mußte
und mein Herz die Ampel rußte
um den Stoß, den sie geschlichtet.

Immer war ich am Verbrennen
und zugleich bis an die Brauen
eingetunkt in feuchtes Grauen,
ohne je den Sinn zu kennen.

Christine LAVANT, „Spindel im Mond“

Wie bei allem im Leben laufen wir auch im Beruf Gefahr, uns und unseren Input und Output falsch zu dosieren oder auch falsche Dosierungen zuzulassen.

Wir können

- zu wenig, zu langsam, zu distanziert oder
- zu viel, zu schnell, zu intensiv arbeiten,
- zu klein, zu schwach oder
- zu groß, zu stark auftreten,
- unsere Aufgaben zu oberflächlich oder zu tiefschürfend erledigen,
- zu vertrauensselig oder zu mißtrauisch oder
- zu feig oder zu risikofreudig agieren und
- anderen zuviel zuzumuten oder uns zuviel zumuten zu lassen.

Die häufigsten „Störungen“, die sich aus diesem Fehlverhalten für uns (oder gleichzeitig auch für andere) ergeben können, sind

- Innere Emigration,
- Negaholismus, Streß und Burn Out,
- Statusspiele aller Art,
- Nichterkennen von Strukturmängeln und
- Hilflosigkeit gegenüber Psychoterror (Mobbing).

Hinter all diesen Sicht- und Verhaltensweisen stecken wieder die erlernten Modelle aus früher Kindheit, wo Eltern noch allwissende und -mächtige Götter sind. Oder aus Schule und anderen Indoktrinierungssystemen. Später werden diese dann von der bevorzugten Tageszeitung bis zur politischen Partei der Wahl oder der jeweiligen Glaubensgemeinschaft abgelöst. So erwerben wir ein Sammelsurium von „Glaubenssätzen" oder „Mythen", die als Gebote oder Verbote eingespeichert wurden.

Zu den klassischen Glaubenssätzen im Wirtschaftsleben gehören beispielsweise: „Wirtschaft" umfaßt nur, was Geldeswert besitzt oder bestimmt – Wirtschaftswachstum, Geldwertstabilität, Vollbeschäftigung.

Alles Unbezahlte wie etwa die Reproduktion der Arbeitskraft oder die Arbeitsbedingungen und damit auch die „human relations", wird höchstens von kritischen Alternativdenkern/innen als „Schattenwirtschaft" dazureklamiert. Oder der Mythos von der Unvereinbarkeit von Karriere und Mutterschaft. Oder der, daß Hausarbeit Frauensache sei. (Seit der Familienrechtsreform 1978 sind es Mann und Frau zu gleichen Teilen, falls sie sich nicht anders geeinigt haben.)

Innere Emigration

Wenn wir unsere altgewohnten Reaktionen auf Mißerfolge und Enttäuschungen analysieren, finden wir auch Glaubenssätze, z. B. den, daß man durch Beleidigtsein effizient seinen Willen durchsetzt.

Ein anderes Beispiel findet sich bei Joyce Hocker FROST: sie befragte Männer in Arbeitsgruppen, „*was Frauen in Konflikten gut machen*" und bekam zur Antwort, „*das Zeigen von Emotionen sei ein wirkungsvolles Mittel, das Frauen deshalb einsetzen, weil Männer nicht damit fertig werden, wenn Frauen weinen*".

Einer der hilfreichsten Sätze in meinem nun schon fast dreißigjährigen Berufsleben war der meiner Zimmerkollegin in der Volkswirtschaftlichen Abteilung der Oesterreichischen Nationalbank. Sie sagte mir am Tag meines Dienstantritts: „Dafür, ob Sie sich bei der Arbeit langweilen oder gefordert fühlen, sind Sie selbst verantwortlich! Es liegt an Ihnen, ob Sie Ihre Arbeit spannend machen!"

Heute füge ich hinzu: „vor allem sollten wir darauf achten, niemand soviel Macht über uns zu geben, daß er oder sie uns die Arbeitsfreude zerstören kann!"

Wenn sich frau schon der Magen umdreht, wenn sie das Büroekel sieht, und sich Brechreiz ankündigt, wenn sie seine Stimme hört, ist es Zeit, sich zu distanzieren: nicht blitzartig ins Gefühl oder in den Affekt abzustürzen, sondern sich im Stillen die äußeren wie die inneren Beobachtungen zu bestätigen: „Er/sie kommt zur Tür herein und mein Magen signalisiert mir, daß ich jetzt aufpassen soll." Durch diese Bekräftigung der Wahrnehmung – und das Außerachtlassen von Interpretationen, Vermutungen und Unterstellungen – kann frau den Beobachtungsakt abschließen, sich entspannen und der Arbeit zuwenden.

Verwendet frau ihre Energie aber dazu, sich unnötig lange mit dem Störenfried zu beschäftigen (sich zu kränken, daß er uns kränken will, sich zu ärgern, daß er uns ärgern will und so fort), wird frau bald energielos sein. So öffnen wir ihm nur die Tür zum Schaltkasten unserer Gefühlsreaktionen.

Lassen wir die Türe zu! Es genügt, wenn wir bemerken, daß jemand Zugang zu unseren „Sicherungen" sucht.

Wenn frau erlaubt, daß solch ein „Energiesauger" sein Selbstwertgefühl an ihr stabilisiert, wird sie sich unentwegt in Deckung bringen müssen. Sie wird Orte und Zeiten möglicher Begegnung vermeiden. Sie wird weniger präsent sein. Sie hat dadurch weniger Chancen, sich zu profilieren. Aus diesem chronischen Rückzug folgen notwendigerweise veränderte Ziele: primär Selbstbehütung statt Selbstentfaltung.

In weiterer Folge schwindet das Engagement, weil ja immer mehr Energie aufs Auftanken der verbrauchten Kräfte verwendet werden muß. Um noch mehr Unlust zu vermeiden, wird immer mehr nach Möglichkeiten der Lustgewinnung gesucht. Die werden wahrscheinlich außerhalb des Arbeitsfeldes liegen. Irgendwann wird keinerlei Interesse an der Arbeit mehr spürbar sein.

Innere Emigration ist der Schlußpunkt des desinteressierten Rückzugs von Motivation, Engagement und Aktivität. Ausgangspunkt bildet meist die Geisteshaltung des „Negaholismus", des chronischen „Schwarzsehertums", der nicht nur das eigene Denken vergiftet, sondern auch das der anderen „vergraut".

Negaholismus

Die klassischen Mythen und Strategien der Negaholiker lauten:

- „Ich bin zu ... (ungebildet, unbeliebt,alt, ...)" statt „Da werde ich noch einiges dazulernen müssen" oder „Da werde ich mir wohl besser Verbündete suchen" oder „Das werde ich wagen, auch wenn ich die älteste bin" oder „die anderen jünger sind!"
- „Ich kann nicht" statt „Ich kann noch nicht"
- „Ach das war gar nichts! Ich muß noch besser werden!" statt „Das ist mir gut gelungen!" „Mal sehen, ob die nächsthöhere Stufe auch erreichbar ist!"
- „Ich werde nie so gut sein wie ..." statt „Aha! So macht die das! Das will ich auch versuchen!"
- „Erst muß ich noch., dann darf ich erst ..." statt „Muß ich das unbedingt jetzt? Nein, meine Erholung ist wichtiger!"
- „Ich komme einfach nicht dazu, ..." statt „Jetzt will ich erst einmal das machen und später dann erst das ..."
- „Schon wieder habe ich ..." statt „Das nächste Mal will ich ..."
- „Es geht alles schief!" statt „Da muß sich irgendwo ein Fehler eingeschlichen haben. Ich werde ihn finden und korrigieren!"
- „Immer vergißt Du auf mich!" oder „Nie werde ich gefragt!" statt „Ich möchte, daß Du mich einbindest!" oder „Ich ersuche Dich, mich immer zu fragen!"
- „Hätte ich bloß ..." statt „Diesmal habe ich mich dafür entschieden, aber das nächste Mal werde ich genauer prüfen, wenn ich meine Entscheidung fälle"
- „Das brauche ich gar nicht erst zu probieren ...", „Da wird bestimmt nichts draus ..." statt „Das will ich nicht probieren, weil ..." oder „Da bin ich vom Erfolg nicht hundertprozentig überzeugt ..."

Sie merken wieder einmal deutlich an Wortwahl und Satzbau, wie alte „Flüche" aus der Kindheit weiterwirken. Und Sie erinnern sich wahrscheinlich auch an mutige kleine Kinder, die sich mit untrüglichem G'spür für das innewohnende Gift gegen solche Sätze zu wehren versuchten ... und die dann herb „abgestellt", „mundtot gemacht" wurden. „Sei nicht frech!", „Rede nicht zurück!"

Das Wort
wird doch nur
andre Worte nach sich ziehn,
Satz den Satz.
So möchte Welt,
endgültig,
sich aufdrängen,
schon gesagt sein.
Sagt sie nicht.

Worte, mir nach,
daß nicht endgültig wird
– nicht diese Wortbegier
und Spruch auf Widerspruch!

Ingeborg BACHMANN, „Ihre Worte"

Kindern wird immer wieder befohlen, höflich zu sein.

„Höflichkeit" bedeutet die Summe der Mythen und Spielregeln bei Hofe. Sie dienten primär dazu, das Leben des Fürsten (Königs, Kaisers) zu schützen. Er galt als „heilig", seine „Unter-Tanen" sollten sich möglichst klein und hilflos ihm gegenüber fühlen. Dazu dienten alle möglichen Grußrituale, die vor allem beweisen sollten, daß der „Grüßer" keine Waffe verbirgt (z. B. die offene Hand zeigen), Bewegungsgebote (z. B. nicht den Rücken zeigen dürfen, im Stehen warten müssen etc.) sowie Sprachregelungen (Wer darf als erster sprechen, wer muß warten, bis er gefragt wird u. s. w.). Ähnliche Verhaltenscodices haben wir auch heute noch in anderen feudal geprägten Organisationsformen (Schule, Kirche, Gericht; auch manche Ärzte lieben derartige Spielregeln!).

Wenn Menschen zur „Höflichkeit" gedrillt werden, werden sie insgeheim zu Unterwerfung dressiert.

Ich finde Höflichkeit nicht mehr zeitgemäß. Sie sollte durch Freundlichkeit ersetzt werden.

Genügt es denn nicht, anderen Menschen, so frau Lust dazu hat, freundlich zuzunicken, anstatt, weil es „so gehört", Ältere zu grüßen, auch wenn diese den Gruß nicht erwidern, sondern grantig schweigen?

Eine andere zeitgemäße Alternative wäre Funktionalität: z. B. dem Platz zu machen, der schwer zu tragen hat.

Sogenannte Autoritätspersonen (oder solche, die es sein wollen und außer mit dem Hinweis auf ihr Alter keinen Anspruch zu erheben wagen) benützen gerne solche nörgelnden Sprachmuster, um sich „Gehör“ zu verschaffen. Lassen Sie sich nicht durch deren Negaholismus anstecken!

Gefühle sind ansteckend. Nur zu schnell stimmen wir uns auf gleiche Wellenlängen ein! Wenn im Büro eine über Arbeitslast zu jammern anfängt, wird nach einiger Zeit schon eine andere in den Chor einfallen.

Verkörpern Sie Wagemut und Vertrauen!

Wenn Sie zu solcher Selbstsabotage neigen, werden Sie sie wahrscheinlich auch „verkörpern“. Achten Sie daher nicht nur auf Sprache und damit Ihre Geistes –, sondern auch auf Ihre Körperhaltung!

- Wenn Sie sich bei der typisch depressiven Körpersprache ertappen (Kopf gesenkt, Mundwinkel fallend, Schultern leicht vorgezogen hängen lassen, Brustkorb eingesunken, flache Atmung, schlurfender Schritt . . .), versuchen Sie ins Gegenteil auszuweichen.
- Richten Sie sich auf,
- stellen Sie sich vor, Sie strecken jemand Großem (Engel?) die Arme entgegen,
- spüren Sie die Freude, daß Sie geholt werden, gerade Sie!
- Achten Sie auf Ihre Gangart. Die Fersen kaum vom Boden zu heben, heißt Energie zurückhalten.
- Achten Sie auf Ihren Sprechrhythmus. Atmen Sie zügig, aber gelassen. Lassen Sie Ihre Energie frei fließen (nicht sprudeln).
- Denken Sie an eine Situation, in der Sie sich vital und hoffnungsfroh gefühlt haben . . . und holen Sie sich aus der Erinnerung die Bewegungsanleitung für die Gegenwart.
- Achten Sie auf die „Zeit“, an die Sie denken: Vergangenheit ist vergangen; lassen Sie sie los! An Abgeschlossenes zu denken ist nur konstruktiv, wenn Sie sich aus Ihrer Biographie positive Gefühle herbeizaubern wollen, oder wenn Sie Fehler zu analysieren haben.

Sollten Sie Zwangsgedanken haben oder mit konkreter Trauerarbeit nicht zurande kommen, holen Sie sich psychotherapeutische Unterstützung. Sie müssen nicht alles alleine bewältigen! Sie dürfen sich auch helfen lassen!

Was die Zukunft bringt, wissen Sie noch nicht. Wenn Sie außerhalb von bewußt initiierten Planungsprozessen ständig daran denken müssen, was wohl alles passieren könnte (Horrorvision!), spielen Sie wieder eine Bezugsperson aus früher Kindheit nach, wollen sich Aufmerksamkeit erschleichen oder stehen unter Zwang.

Verschwenden Sie ihre Zeit nicht auf Gedankenausflüge in Vergangenheit und Zukunft, wenn Sie stattdessen die Gegenwart er„leben" können!

- Achten Sie auf Ihre Sprache! Bauen Sie sich keine geistigen Sackgassen, sondern konstruieren Sie „Perspektiven". Das Wörtchen „noch" vor der Mauer „nicht" und dem Abgrund „nicht mehr" gibt Freiraum!
- Überprüfen Sie, was reine Phantasie ist und was beobachtete Realität! Fragen Sie mit Beifügung des Wortes „konkret": „Was konkret stört mich?" „Worüber konkret bin ich ärgerlich?" Dann wissen Sie auch schon, wo Sie mit Ihren Änderungsbestrebungen ansetzen müssen.
- Betrachten Sie Ihre „Innere Stimme" als Freundin, die Sie warnt. Bedanken Sie sich bei Ihrer Freundin für jegliches Warnsignal. Behandeln Sie sie gut. Sie dürfen Sie aber durchaus bitten, weniger streng mit Ihnen umzugehen.
- Streichen Sie Formulierungen wie „Ja, aber ..." aus Ihrem Sprachschatz! Verwenden Sie Ihre Energie nicht darauf, zu beweisen, daß etwas nicht geht, sondern herauszufinden, wie etwas geht!
- Meiden Sie Gift und zwar nicht nur die Suchtgifte: Paracelsus hat darauf hingewiesen, daß man sich mit allem vergiften kann, es komme nur immer auf die Dosis an. Der Übergang von Medizin zum Schadstoff kann wirklich winzigst sein. Und auch Worte und Sätze, Beziehungen und persönliche Ausstrahlung können schädigen: Was kränkt, macht krank. Vermeiden Sie, was Ihnen nicht wohltut, gehen Sie in Distanz, verringern Sie die Frequenz oder die Dosis.
- Suchen Sie konkrete Menschen, Lebewesen, Dinge und Ereignisse, über die Sie sich freuen können!
- Gehen Sie liebevoll mit sich um! Streben Sie nach Mittel-Maß statt nach Perfektion.

Bleiben Sie offen!

Perfekt sein, heißt abgeschlossen sein. Abgeschlossen im Sinne von fertig, aber auch im Sinne von Zu.

Daß Frauen kollektiv mehr nach Perfektion streben als Männer im Durchschnitt, hat wohl mehrere Ursachen: zum einen wiederum das Bemühen, zugeschriebene Minderwertigkeit zu überkompensieren. Das hat sich fast zu einem Modetrend ausgewachsen: Frauen wollen (sollen) zeigen, daß sie die besseren Männer sind.

Oder will frau endlich die Liebe, Aufmerksamkeit und das Lob bekommen, daß sie als kleines Mädchen nur zu oft entbehren mußte? Oder daß Brüdern und Schulkollegen all dies unverdient in reicherem Ausmaß zuteil wurde?

Wir können aber auch interpretieren, daß Perfektionsstreben den Versuch darstellt, sich vor unbewußten sadistischen Tendenzen der Eltern – insbesondere situativen oder chronischen Frauenhaß männlicher, Selbsthaß weiblicher Bezugspersonen – zu schützen.

Offen sein und bleiben bedeutet Austausch mit anderen und damit das Zulassen von mehreren Möglichkeiten bei gleichzeitigem Ausschluß von anderen. Das birgt natürlich Risken: neue Weltbilder gefährden altvertraute Ansichten, Kritik kann von außen her eindringen, Selbstkritik von innen nach außen schlüpfen.

Zu sein bedeutet, nur die bisher praktizierten Verhaltensweisen zuzulassen. Jede Neuerung wirkt bedrohlich: es bleibt alles beim Alten.

Sigmund FREUD hat bereits darauf hingewiesen, wie Lebewesen in geschlossenen Systemen an ihren eigenen Ausscheidungsprodukten sterben. Heute erleben wir diese Gefährdung durch mangelnden Austausch (Entsorgung) global.

Je mehr Sie sich abschließen, auf ein bestimmtes Ziel konzentrieren, alles rings herum vergessen, keinen Stoff-Wechsel mehr pflegen, desto größer ist die Gefahr, daß plötzlich all Ihre Ressourcen aufgebraucht sind: Sie brennen aus.

Burn Out

Üblicherweise geht dem Ausbrennen ein

- fulminanter Start

voraus: frau ist voller Ideen, hochmotiviert und engagiert. Sie scheut keine Mehrdienstleistungen, ist voll mit ihrer Arbeit identifiziert, ignoriert Warnzeichen ihres Körpers, Negativsignale der Kollegenschaft (die sich oft bedroht fühlt) und die Mahnungen der Nahestehenden (Partner) und glaubt, über ein unerschöpfliches Kraftreservoir zu verfügen.

Dann kommt eine

- Zeit der Stagnation,

wo scheinbar nichts mehr weitergeht. Die psychische Belastbarkeit nimmt ab. Dauerstreß erschöpft die Kraftreserven, das Immunsystem wird schwächer, Pessimismus und Unzufriedenheit führen zu Leistungsabfall. Die ersten Zweifel tauchen auf. Erwartete Anerkennung bleibt aus. Schrittweise schwindet Idealismus, Energie und Lebenssinn. Die Negativbotschaften der Kollegen gehen auf die Nerven. Schuld sind immer die anderen. Eigene Möglichkeiten, etwas zu ändern, werden nicht wahrgenommen. Daher folgt schrittweiser Rückzug und Isolation. Absenzen vom Arbeitsplatz werden häufiger und es entstehen erste gesundheitliche Probleme.

Anschließend folgen

- Rückschläge:

Die Arbeit wird immer mehr in Frage gestellt, Phantasien über Berufswechsel oder neue Studien geben oft Anlaß, zusätzliche Arbeit aufzuhäufen. Die enttäuschten Hoffnungen sind unübersehbar. Ein Gefühl der Hilflosigkeit macht sich breit. Manche Frauen greifen zu Alkohol und/oder Medikamenten.Mit den Kollegen gibt es heftige Konflikte, der Körper reagiert mit psychosomatischen Symptomen.

Schließlich wird frau

- apathisch:

Nichts freut sie mehr. Frau sieht keine Chance, etwas zu verändern. Sie zieht sich immer mehr zurück. Erst der vollkommene körperliche und psychische Zusammenbruch setzt der scheinbar unentrinnbaren Situation ein gnädiges Ende. Endlich kann frau aufhören, sich versetzen lassen oder den Beruf wechseln.

Woran merken Sie, daß Sie absturzgefährdet sind? Rückzugsphasen sind doch auch notwendiger Ausgleich zu intensivem Engagement? Gleichgültigkeit ist doch auch gelungene Mitte zwischen polaren Extremen?

- Leichtigkeit und Souveränität geht verloren. Alles wird schwer.
- Sie schirmen sich gegen zwischenmenschliche Kontakte ab. Kritik wird unerträglich. Sie halten weniger aus und möchten am liebsten ganz allein für sich sein (arbeiten).
- Leibseelische Müdigkeit ist auch durch ausgiebige Ruhepausen nicht kompensierbar. Ab und zu explodieren Sie ohne eigentlichen Anlaß.
- Sie verlieren Ihren Humor und werden zynisch. Gelegentlich ertappen Sie sich bei Mordwünschen gegenüber Kollegen oder Kunden.
- Sie werden immer häufiger krank und flüchten sich auch zunehmend in Krankenstand, wo Sie früher trotz Fieber gearbeitet hätten.
- Zunehmend ist Ihnen alles egal, sie merken selbst, daß Sie depressiv sind. Jetzt ist es höchste Zeit, psychotherapeutische Hilfe in Anspruch zu nehmen. Selbstschädigungsgefahr!

Was kann frau also tun, um nicht auszubrennen?

Zuerst einmal: nicht brennen. Je mehr wir uns an Ideen und Projekten entflammen, desto gefährdeter sind wir. Je wohler wir uns in unserer Privatwelt fühlen, desto weniger besteht die Gefahr, sich ganz an den Beruf zu verlieren.

Pflegen Sie Hobbys, Freund- und Liebschaften und sich selbst: durch regelmäßiges Wellnessprogramm, Sauna, Massage, Gymnastik, Sport, und vergessen Sie auch Ihren Geist nicht. Auch Hirn und Seele wollen genährt werden. Gehen Sie zu Ausstellungen, in Konzerte, ins Theater, Kino . . .

Gehen Sie, damit Sie sich entsprechend anziehen müssen, damit Sie „sehen und gesehen" werden, etwas zur Vernetzung mit neuen Bekanntschaften und gegen Ihr mögliches Fachidiotentum machen, und weil Sie damit auch in ein anderes „morphogenetisches Feld" (Rupert SHELDRAKE) eintreten.

Überprüfen Sie Ihre Arbeitsbedingungen:

- Sind die Aufgaben (Ziele) klar?
- Sind die human relations hinreichend gut?
- „Funktionieren" die Personen, von denen Sie abhängig sind?
- Können Sie im Mangelfall Einfluß nehmen?

Überprüfen Sie Ihren Arbeitsstil:

- Nehmen Sie sich zuviel vor? Haben Sie Überblick?
- Werden Sie konkret behindert (sabotiert)?
- Haben Sie ausreichende Arbeitsmittel? Glauben Sie, alles ohne die Ressourcen, die andere einfordern, schaffen zu können? Gönnen Sie sich Zeit?
- Werden Sie leicht enttäuscht, ungeduldig, zornig, wenn etwas nicht gleich so geht, wie Sie es wollen?
- Bekommen Sie genug Anerkennung? Können Sie sich selbst loben?
- Drängen Sie sich vor? Behindern Sie andere?
- Sind Sie neidisch?

Gier, Trägheit, Geiz, Zorn, Stolz und Neid: die sieben Todsünden. Sie entsprechen auch den Aufgabenstellungen, die ein Kleinkind in den Phasen seiner psychosexuellen Entwicklung bewältigen sollte:

- in der oralen (Mund-) Phase sollte die Gier und Ungeduld dem Wartenkönnen und dem Vertrauen weichen, die träge Sattheit der Neugier und Spielfreude,
- in der analen (After-) Phase sollten Geiz und Zorn der Bereitschaft zum Loslassen, Austausch und der Begegnung mit anderen Platz machen,
- in der phallischen (Penis-) Phase sollte Stolz und Übertrumpfen der Anderen zur Fähigkeit des (sich und andere) Lobens und der Kooperation mutieren,
- und in der ödipalen (Rivalitäts-) Phase geht es um Respekt. Achtung des größeren Ganzen.

So wie wir immer und überall Gefahr laufen, in alte unbewältigte Konfliktmuster dieser Phasen zurückzufallen, besteht diese Gefahr auch am Arbeitsplatz und besonders in Krisenzeiten. Wir können diese Gefahren als von außen auf uns zukommend erleben, aber meistens ruhen sie auch in uns selbst und warten nur auf einen Anlaßfall, hochzusteigen.

Wenn frau lernt,

- jede Situation als Herausforderung für einen Lernschritt zu deuten,
- die Wachstumschance zu erkennen (was kann ich dazuerwerben, das ich bis jetzt noch nicht konnte),
- und den Schritt zu mehr Ganzheit zu wagen,
- wird sie den Slalom zwischen den polaren Verhaltensmöglichkeiten ohne größere (eigene wie fremde) Verletzungen überstehen.

Zum Weiterlesen:

Ingeborg BACHMANN, „Ihre Worte“, in: Ingeborg BACHMANN, „Gedichte, Erzählungen, Hörspiel, Essays“. Piper 1964

Cherie CARTER-SCOTT, „Negaholiker: Der Hang zum Negativen. Wege aus der Selbstblockade“, Campus 1990

Joyce Hocker FROST, „Der Einfluß weiblicher und männlicher Kommunikationsstile auf Konfliktstrategien“, in: „Frauenrollen, Kommunikation und Beruf“, Schriftenreihe Internationales Zentralinstitut für das Jugend- und Bildungsfernsehen Nr. 14, K. G. Saur 1983

Christine LAVANT, „Spindel im Mond“, Otto Müller Verlag, 1959/1986

NETZWERKARBEIT

Wie Frauen einander fördern können

„Hinter jeder erfolgreichen Frau steht eine Frau – und wieder eine Frau, und wieder eine Frau . . .“

Wenn Sie on the top oder wo auch immer Sie hin wollten, gelandet sind, werden Sie sich zuallererst einmal richtig wohl fühlen und das sollen Sie ja auch.

Dann allerdings besteht die Gefahr, daß Sie in narzißtische Größenphantasien und/oder schulkindhaftes Konkurrenzdenken verfallen und meinen, Sie hätten sich allein alle Erfolge zu verdanken und müßten jetzt vor allem darauf achten, daß Ihnen niemand Ihren Platz an der Sonne streitig macht oder ins Notizbuch guckt.

Sie werden sich vielleicht als „Einzelkämpferin“ definieren und nostalgisch an all die Behinderungen und Anfeindungen zurückdenken, die Sie überwinden mußten, um Ihre Position zu erlangen. Und wenn Sie von einer anderen Frau um Rat oder Auskunft gefragt werden, werden Sie möglicherweise im „Wiederholungszwang“ agieren und erlittene Demütigungen weitergeben. Vielleicht halten Sie es aber auch nur für notwendig, „Respektabstand“ herzustellen . . . wo Sie doch jetzt oben sind, da könnte ja sonst jede kommen . . .

Verzichten Sie auf derartige Überheblichkeiten. Wir müssen (traditionell-konservativen) Männern nicht alles nachmachen: derartiges Imponiergehabe mag zwar unter Rivalen angebracht sein, unter Partnern ist es destruktiv. Denken wir wieder über unsere genetischen Programmierungen nach: Tiermännchen, die um ein und dasselbe Weibchen streiten, werden ihre Kampfrituale zelebrieren, einerseits, um herauszufinden, wer der Schwächere (früher Erschöpfte) ist, andererseits um ihre eigenen Stärke vor der Umworbenen zu demonstrieren und den Unterlegenen zusätzlich zu blamieren.

Bei Menschenfrauen kann man(n) sich nicht so sicher sein: solche Protzerei kann auch auf die Nerven gehen, und außerdem neigen Frauen mit Helfersyndrom dazu, sich mütterlich-liebevoll dem Verlierer zuzuwenden. Immerhin gibt es genügend Vor-Bilder für derartiges

Samaritertum: von Florence Nightingale bis Mutter Teresa spenden gütige „Schwestern“ Männern und Kindern Nahrung und Trost. Wenn wir in unserem geistigen Archiv aber nach Bildern suchen, die darstellen, wie eine Frau einer anderen etwas Gutes tut, werden wir keine derartigen finden. Weder für Maler noch für Fotografen war dies ein interessantes Motiv. Was wir finden, sind jüngere oder ältere „Zofen“, die kleiden und schmücken,

Darstellungen von Hexen und – lesbischen Szenen. Männerphantasien.

Wieder kommen wir zu dem Resümee, daß wir selbst Vorbilder sein und Vor-Bilder schaffen müssen. In diesem Fall Modelle kongenialen Zusammenspiels.

Männer werden von frühester Jugend an auf folgende Tugenden trainiert:

- Klare Definition des „Gegners“.
- Einhaltung bestimmter Rollen im Team (Sturm, Verteidigung, Verbindungsmann, Torwart, Teamchef, Coach).
- Einhaltung der jeweiligen Hackordnung und Signale (Gelbe Karte, Rote Karte).
- Rückendeckung, Elfmeterriege, Diskretion, Loyalität.

Darin sehe ich auch den geheimen Sinn im getrennten Turnunterricht: Aktives Fußballspielen übt dieses Rollenverhalten, passives Zusehen verankert und vertieft es im Unbewußten.

Der klassische Turnunterricht für Mädchen konzentriert sich hingegen auch Einüben von Anmut und Einsamkeit (jede für sich mit dem Medizinball). Wenn schon Kampfsport (Völkerball), dann zur Aktivierung des Kreislaufs, aber keineswegs zum Erlernen von Kampfstrategien.

Deswegen dürfen Frauen auch nicht zum Militär: nicht nur, daß das geistige Bild der schlammbedeckt dahinrobbenden Frau in krassem Gegensatz zu den männlichen Idealbildern koketter, romantischer oder mütterlicher Weiblichkeit steht. Frau könnte da ja auch Angriffs- und Verteidigungstechniken lernen und sie dann gegen den Pascha zu Hause anwenden. Vor allem aber könnte sie sich Verbündete suchen.

Fast jeder Mann hat seine Peer Group, und wenn es nur die in seiner Stammkneipe ist. Dort kann er sicher sein, ein offenes Ohr für seine Sorgen und Aggressionen zu finden; und wenn es nur das professionelle des Mannes oder der Frau hinter der Theke ist. Dort bekommt er zusätzlich „informelle Informationen": wo es billige Reifen fürs Auto gibt, wo Radarfallen plaziert sind und oft auch, wo welcher Job frei wird.

Gebildetere Männer sorgen bereits frühzeitig vor und schicken ihre Söhne in „Männerbünde", damit sie mit „alten Herren" in Kontakt kommen und sich als förderungswürdige Assistenten profilieren können. Im Gegenzug suchen die Senioren in Studentenkreisen Nachwuchs für ihre Organisationen und damit Verbreiter der dahinter steckenden Ideologie, Adjutanten für ihre „non profit", aber publicityträchtigen Aktionen und oft auch Mitarbeiter für ihre beruflichen Aufgaben.

Frauen sind in diesen „Burschenschaften" nur als Begleiterinnen bei offenen Veranstaltungen zugelassen. *„Macht ergibt sich durch Ausschluß"* formuliert Elke MÜLLER-MEES in Hinblick auf männliche Geheimzirkel. „Frauen gemeinsam sind stark" lautet demgegenüber ein Slogan der autonomen Frauenbewegung. Sie versucht in diesem Sinne auch auf hierarchische Unterordnung zu verzichten: daher werden Dominanzversuche aufgezeigt, auch wenn sie von „starken" Frauen stammen.

Hierarchie bedeutet vertikale Ordnung und damit Distanzierung: wer ganz oben ist, kennt „die Basis" meist nur mehr vom Hörensagen, auch wenn er sich von Zeit zu Zeit huldvoll unters „gemeine Volk" mischt (selbstverständlich von Leibwächtern abgeschirmt). Männer neigen zur Errichtung derartiger Strukturen, wie zahlreiche Untersuchungen immer wieder aufzeigen (FAUSTO-STERLING, GILLIGAN, TANNEN), und es ist müßig, die Ursache in genetischen oder sozialen Programmierungen zu suchen. Immerhin haben sich Frauen bis vor wenigen Jahrzehnten auch dieser „Not-wendigkeit" unterworfen.

Horizontale Ordnung bedeutet, daß keine/r dem/der anderen über- oder unterlegen sein soll: Nähe ist daher möglich.

„Die Maske fällt, es bleibt der Mensch,
und alles Heldentum entweicht."
Jean-Jacques ROUSSEAU

Frauennetzwerk ist symmetrisch, nicht hierarchisch. Nicht eine „Macherin" oben „macht" was für eine unten (umgekehrt erkennen wir das

Funktionieren der Arbeitsorganisation), sondern Frauen versuchen, einander bei der Bewältigung gemeinsamer Probleme zu unterstützen.

Es ist erst wenige Tage her, daß mich ein Mitarbeiter eines Frauenmagazins zum Thema „Frauenvereine" interviewen wollte. Ob ich ihm nicht ein paar Frauen nennen könne, die ihren Aufstieg einer Frauenorganisation verdankten . . . Ich dachte nach: die von ihm genannten Frauenorganisationen kannte ich vor allem als Mildtätigkeitsvereine, in denen etablierte Karrierefrauen Teile ihres beachtlichen Einkommens wohltätigen Zwecken (vor allem für kranke oder behinderte Kinder) spendeten. Dann erforschte ich mein Gedächtnis nach spektakulären Frauenkarrieren: ich fand keine einzige, die auf „Anschub" durch Personen oder Personengruppen gründete! All die zahlreichen Freundinnen, Kolleginnen, Klientinnen hatten sich zäh und unbeirrt von Störversuchen mit ihrem Fachwissen, Engagement und besonderer Zuverlässigkeit dorthin entwickelt, wo sie schlußendlich unvermeidbar waren: an die Positionen, wo sie wahrhaftig die Besten waren.

So drängt sich leicht der Gedanke auf, daß wir endlich so weit sind, daß man(n) erfolgreichen Frauen nicht mehr das Märchen andichten kann, sie hätten übers Bett Karriere gemacht. Daher werden jetzt andere Mythen erfunden: man(n) denkt, Frauen ahmten das „Old Boys Network" nach und damit die Karriere übers Stockbett im selben Internat, die Mitgliedschaft im selben Verein oder das Frequentieren derselben Lokale.

Frauen knüpfen „kleine Netze"

Frauen suchen etwas ganz anderes als Männer, wenn sie sich in Frauengruppen zusammenschließen: sie wollen sich „selbst erfahren".

Primär suchen Frauen Gedankenaustausch über ihre konkrete Situation, ihre Erfahrungen und ihre Verhaltensmöglichkeiten mit einem „kompetenten Gesprächspartner" – und der kann nur eine andere Frau sein. Männer würden versuchen, frau zu beweisen, daß sie kompetenter sind als sie. (Elke MÜLLER-MEES spricht vom *„Trauma, besser sein zu müssen als die Frau"*.)

„Ich bin doch kein Chauvi
sagte der Patriarch
Ich erlaube doch meiner Frau arbeiten zu gehen
Ich bin kein Softy
sagte der Macho
Ich lasse meinen Tränen nicht gleich freien Lauf
obwohl es mich sehr betroffen macht
wenn ich emotional abgelehnt werde
Ich bin kein Macho
sagte der Durchschnittsehemann
zu seiner Frau
und fragte sie
über das Sexualverhalten ihrer Freundin aus
Ich bin kein Patriarch
sagte der Softy zu ihr
schaltete die Waschmaschine auf Sockenwaschen
nahm sich Ribiselsaft aus dem Kühlschrank
und setzte sich gemütlich hin
um am dam des zu sehen
in ihrer Wohnung
Ich bin ein Feminist
sagte Herr Borneman
und klärte uns Frauen
über unsere Sexualität auf."

Traude ZEHENTNER

Netzwerkarbeit bringt Vorteile. Das erkennen die meisten Frauen erst viel später. Primärer Grund für Zusammenschlüsse ist meist ein konkretes Problem, zu dessen Bewältigung Hilfe gesucht wird: fürs erste Erfahrungsaustausch, dann Information, zuletzt Unterstützung. Bei Männern liegt es umgekehrt: eigene Erfahrungen werden verschwiegen, Informationsnachfrage ist verboten (kaum ein Mann fragt in unbekannten Gegenden nach dem Weg oder schaut in die Landkarte, das muß schon die Beifahrerin tun, er könnte ja sonst seinen Nimbus verlieren!), aber ein aggressives „Hör' mal, könntest Du nicht . . ." ist meist mit Männerstolz vereinbar.

Zwölf Vorteile von Networking

■ Aufbrechen von Isolationen – frau ist nicht mehr allein mit ihrer Erfahrung.

Erinnern wir uns wieder an den Satz „Macht ergibt sich durch Ausschluß", erinnern wir uns aber auch an den Slogan der frühen Arbeiterbewegung, „Wissen ist Macht“: wer von Informationsquellen ausgeschlossen ist, bleibt im Zustand des unwissenden Kindes, dem man(n) alles einreden kann.

Frauenselbsterfahrungsgruppen gaben den Anstoß zum Abbruch der Schweigemauer: machten das Ausmaß von Gewalt gegen Frauen in der Familie offenkundig, von Vergewaltigungen, von sexuellen Mißhandlungen in der Kindheit, zeigten auf, wie wenig das Ideal der Geborgenheit auf die Durchschnittsfamilienbeziehungen zutrifft. Ungläubigkeit und heftige Proteste waren die Folgen; dennoch scheint diese Phase von „Das Imperium schlägt zurück“ vorbei zu sein.

Jetzt geht es um Gewalt gegen Frauen in Aus- und Fortbildung, beim Zugang zu Arbeitsmöglichkeiten und in der Arbeitswelt. Nach der Enttarnung des angeblich sorgsamen Vaters wendet sich die detektivische Aufmerksamkeit jetzt der „Fürsorgepflicht des Arbeitgebers“ zu: wie weit sorgt er für Gleichbehandlung, Gewaltfreiheit (z. B. in der Sprache) und Schutz vor sexueller Belästigung am Arbeitsplatz?

Lassen Sie sich nicht mit Hinweisen auf Ihre Berufsvertretung abspeisen oder auf den Rechtsweg verweisen. In meiner langjährigen Erfahrung als beobachtender Politikerin wie als beratendem Coach wurde mir immer wieder der Beweis erbracht, daß auch in Betriebsräten und Gewerkschaften Männer sitzen, die ihre „Hilfestellung“ mit sexuellen Anbiederungen oder sexistischen Ausfällen verbinden.

Es sind immer dieselben! Nur wir Frauen glauben hartnäckig, wir wären erstens die einzigen, denen solche „Unschicklichkeiten“ passieren, und zweitens selber daran schuld. Wir verharren in unserer anerzogenen Aggressionshemmung und verzichten darauf, uns gegen diese Form von Gewalt zu wehren, weil wir sie meist als „normal“, sprich üblich, erleben, Angst vor den Gegenstrategien haben und außerdem über keine Modelle verfügen, wie wir uns wehren und dennoch fair bleiben können. Hier bewährt sich wieder die Exorzismus-Technik: aussprechen, was wahrgenommen wird (wurde). Selbstbehauptung üben. Für Öffentlichkeit sorgen. Solidarität einfordern.

Seminare oder andere öffentliche Veranstaltungen speziell für Frauen haben immer auch den Sinn, näheres Kennenlernen und intimeren Erfahrungsaustausch zu ermöglichen. Sie können darauf vertrauen, daß die Trainerin oder die „Gastgeberin/nen“ versuchen werden, Kontakte zu ermöglichen und allfällige krasse Unterschiede z. B. in Herkunft oder Bildung zu überbrücken. Jede ist wichtig!

Erfahrung von Akzeptanz, Verständnis und Zuspruch.

Der humanistischen Psychologie von Carl R. ROGERS verdanken wir die Erkenntnis, daß persönliche Entwicklung stattfindet – wenn Menschen in ihrem So-Sein akzeptiert werden,

- wenn ihnen ein Mindestmaß an Empathie (Mitfühlen) zeigt, daß sie wirklich verstanden werden, und
- wenn sie nicht belogen werden: wenn sie sicher sein können, ehrliche, „authentische“ Rückmeldungen zu erhalten.

„weil du mich
so wie ich bin
nicht aushältst
soll ich es aushalten
nicht so zu sein
wie ich bin?“
Traude ZEHENTNER

In Frauengruppen gibt es schon gelegentlich Einzelpersonen, die versuchen, ihre Lebensform als einzig richtige darzustellen, aber denen wird meist unmittelbar widersprochen. Die Symmetrie der selbstorganisierten Gruppe unterbindet Dominanzbestrebungen à la „Große Mutter macht das schon für Dich, Dummerle“ oder „Vater weiß alles besser“. Statt dessen werden Schwierigkeiten als Schwierigkeiten anerkannt und Lösungsmöglichkeiten gleichberechtigt nebeneinandergestellt. Der jeweiligen Frau wird Mut zugesprochen, ihre eigene „Lösung“ herauszufinden. Es wird ihr vielleicht auch konkrete Hilfe angeboten, wenn sie sie in Anspruch nehmen mag – sie wird ihr keinesfalls aufgedrängt.

- Konkretes Feedback.

Hand aufs Herz: sagen Sie immer Ihre ehrliche Meinung? Oder schweigen Sie lieber, um nicht zu verletzen? Um Konflikte zu vermeiden? Um Ihr Image als „allzeit zufriedenes Mägdelein“ nicht zu gefährden?

Kennen Sie andererseits auch das ungute Gefühl, sich nicht auszukennen, wie Sie bei jemand anderem „angekommen“ sind, sozusagen ins Leere zu reden?

Kontakt haben heißt, daß Berührung stattfindet. Wenn Sie nicht reagieren, weiß Ihr/e Gesprächspartner/in nicht, ob und was er oder sie bei Ihnen ausgelöst hat. Umgekehrt können auch Sie nie sicher sein, ob Sie verstanden wurden, wenn Sie keine Rückmeldung bekommen. Bitten Sie daher darum!

Üben Sie, Feedback zu geben und anzunehmen. Sie gewinnen dadurch Profil und die Erkenntnis, wem Ihre Ansichten gefallen und wem nicht.

Sie werden wohl einige Zeit brauchen, um sich daran zu gewöhnen, immer „Stellung zu beziehen". In Frauengruppen können Sie zumindest sicher sein, daß kein Möchtegernpascha Profit aus allfälligen Differenzen zieht.

- Multiplikation und Intensivierung von Kontakten.

Je mehr Frauen Sie kennen (aktiv wie passiv), desto mehr Möglichkeiten haben Sie, Frauen zu fördern und selbst von Frauen (auch professionell) gefördert zu werden: bevorzugen Sie bitte Ärztinnen, Rechtsanwältinnen, Steuerberaterinnen, Psychotherapeutinnen ...

Das soll aber nicht heißen, daß jetzt die Welt der Dienstleistungsberufe polar in eine weibliche und eine männliche aufgeteilt werden soll. Sie sollten nur im Frauennetzwerk nachfragen, welcher Mann frauenfreundlich ist und welcher nicht. Sie sollten erkunden, wer sexuelle Abstinenz gegenüber Klientinnen einhält und wer bekannt dafür ist, Rollenkonfusion zu betreiben: mal angeblich selbstloser Berater (Vaterfigur!), dann wieder Eigeninteressen verfolgender „Liebhaber". Achtung, Inzestsituation!

Sie können weiters bei Bedarf auf Bekannte zurückgreifen und müssen sich nicht erst zeitaufwendig zur Ansprechpartnerin durchkämpfen und lange Erklärungen abgeben, wer Sie sind und was Sie wollen.

- Austausch von Informationen (Vorbilder, Verhaltensmodelle, Warnung vor Gefahren), daher Vergleichsmöglichkeiten.

Wir alle haben die Wahl, einander zu beneiden, zu rivalisieren, hinterrücks zu intrigieren, oder sich was voneinander abzuschauen, nachzuahmen und gegebenenfalls offen zu konkurrieren („Ich möchte Dich informieren, daß ich mich auch um diesen Auftrag bemühen will. Sollen wir bis zur Entscheidung unsere Kontakte einschränken? Oder wollen wir unsere Erfahrungen austauschen? Wie stellst Du Dir den Umgang mit dieser Konkurrenzsituation vor?")

- Veränderung der eigenen Einstellung gegenüber Frauen

Unsere Selbstbilder und Fremdbilder werden in unserer „Primärsozialisation" in der Familie geprägt. Von dort stammen dann auch unsere Vorurteile. Nun wurde aber jede Generation unseres Jahrhunderts mit einer anderen Ideologie oder Gegenideologie indoktriniert (z. B. mit Unterwerfung unter Feudalhierarchien in der Monarchie, Selbstorganisation im Erstarken der Arbeiterbewegung, rassischer Überheblichkeit im Faschismus, antiautoritärem Denken in der Zeit der Studentenrevolten und der sexuellen Revolution, Kritik an patriarchalen Strukturen durch die Frauenbewegung, weiteren Emanzipationsbestrebungen in Partizipationsmodellen). Dementsprechend änderte sich auch das jeweilige Frauenidealbild, immer rascher, bis zum Saisonwechsel je nach Modediktat.

Nur „in Beziehung" zu realen Menschen kann Klischeedenken als solches erkannt und verworfen werden: wenn frau sich nämlich gegen Zuschreibungen wehren kann. Was Harry MERL über die Familie schreibt, gilt daher auch für die „Frauenfamilie":

„– Jede einzelne lernt sich als ICH gegenüber den ANDEREN zu erkennen, d. h. als von den anderen verschieden.
– Jede einzelne lernt ihre eigenen GRENZEN und die der anderen kennen.
– Jede einzelne lernt ihre Zugehörigkeit, bzw. das Maß ihrer ZUGEHÖRIGKEIT kennen.
– Jede einzelne lernt im Zusammenspiel ihre Rolle kennen.
– Jede einzelne lernt dabei ihre RECHTE und VERPFLICHTUNGEN kennen.
Diese Faktoren ergeben das, was für jede IDENTITÄT bedeutet. Sie bedeutet nach der biologischen Geburt SOZIALE GEBURT."
(Ich habe mir gestattet, die sprachliche Verwendung männlicher Bezugsworte durch weibliche zu ersetzen.)

In dem Ausmaß, in dem eine Frau sich selbst in ihrer individuellen Eigenart erkennt und bestätigt, kann sie auch andere Frauen in deren individueller Eigenart erkennen und bestätigen. Sie wird weniger anfällig sein, Frauen als „anders, daher zweitrangig" zu definieren, wie es jahrhundertelang in der männerzentrierten Gesellschaft unbestritten üblich war.

● Bildung von Informationszentralen (z. B. Jobbörsen, Starthilfen, Pannendienste).

Im Wiener Club Alpha („Frauen für die Zukunft", 1010 Stubenbastei 12) wurde eine Tochter geboren: Beta, die Jobbörse. Was im kleinen Kreis der (funktionalen) Familie selbstverständlich ist, nämlich Bekannte um Arbeitsmöglichkeiten für Verwandte zu befragen, wurde hier im größeren Kreis der Frauenfamilie nachgeahmt: frau wußte eben, wer auf Arbeitssuche war. Frauen, die Mitarbeiterinnen suchten, machten kein Geheimnis daraus. So ergaben sich die passenden Kooperationen fast von selbst. Daß dies von der staatlichen Arbeitsmarktverwaltung eine Zeit lang negativ bewertet, als Konkurrenz eingestuft und mit juristischen Schreckschüssen geahndet wurde, amüsiert zwar Kenner der „österreichischen Seele", die Frauen, die hier selbstlos Selbsthilfe organisierten, hat diese (typisch männliche) „Du sollst keine anderen Götter haben neben mir"-Reaktion stark demotiviert.

Auch hier hat sich Netzwerkarbeit bewährt: es braucht eine Vielzahl von Helferinnen, Informationen (Proteste, Richtigstellungen) zu verbreiten, schützende Hände gegen über der Staats-Gewalt zu aktivieren und die Initiatorinnen zu beruhigen und zu stützen. Zu nahe liegt das Verhaltensmuster (Kleinhirn! Kindheits-Ich!), sofort aufzugeben.

Wir müssen immer damit rechnen, daß egal, was Frauen initiieren, auf jeden Fall versucht wird, dies abzuwerten, zu behindern oder zu verbieten. Das hat mehrere Ursachen:

- Den Kampf der immer und überall widerstreitenden polaren Kräfte, die einerseits auf Veränderung und andererseits auf Bewahren des alten Zustands gerichtet sind.
- Die Angst vor dem Neuen, Unbekannten.
- Die Angst vor Kontrollverlust und möglichem Chaos.
- Die Angst vor Machtverlust (Kastration).

All diese Ängste können/dürfen distanziert beobachtet und auch respektiert werden. Je ruhiger frau bleibt, desto mehr Zeit hat man(n), sich den entstehenden Zustand kennenzulernen und sich an seine Existenz zu gewöhnen (wie an ein Kind).

Ähnliche Situationen ergeben sich, wenn eine Frau neu in eine bestehende Gruppe kommt, z. B. ein neues Betätigungsfeld in Besitz nehmen will, oder wenn gewohnte Organisationsformen aus welchen Gründen auch immer zusammenbrechen.

Traditionell wird noch immer bei den eigenen Eltern oder bei Elternersatzfiguren Hilfe gesucht; diese freuen sich dann meist, ihre eigenen Rezepte oktroyieren zu können, im besten Wissen und Gewissen, so wie sie es in ihrer Generation gelernt und erfahren haben.

Netzwerkarbeit heißt aber auch, einer Kollegin rasch auszuhelfen, wenn sie seelische Unterstützung oder – wie trivial – einen Babysitter braucht. Es gibt immer mehrere alternative Lösungsmöglichkeiten. Es liegt an uns, zumindest unsere Intuition und Kreativität zur Verfügung zu stellen.

Unabdingbar ist gegenseitige Unterstützung dort, wo Frauen wenig oder keine Informationen haben, wieviel Geld sie für welche Leistung, welches Produkt verlangen können.

Ich halte es für ganz wichtig, einander offen Auskunft über Verdienstchancen und diesbezügliche Verhandlungsstrategien zu zu geben. Meine Erfahrung ist, daß Frauen in Honorargesprächen immer weniger herausholen als vergleichsweise Männer, weil sie nicht zu „pokern", zu „lizitieren" verstehen (und das auch nicht wollen). Als Gegenmaßnahme hilft, sich bestmöglich zu informieren und Minimalgrenzen festzulegen. Männer werden Ihnen in solch einem Fall nur begründen, warum sie ein Anrecht auf mehr Geld haben. Frauen werden Ihnen sagen, worauf Sie aufpassen müssen und Sie bitten, Ihnen wieder Rückmeldung zu geben, wie es Ihnen ergangen ist. Dann lernen nämlich wieder alle voneinander.

- Gegenseitige (vor allem sprachliche) Rückendeckung

Daß Männer (oft unbewußt) Sprachmuster anwenden, die Frauen „mundtot" machen sollen, ist zwischenzeitlich durch umfangreiche linguistische Forschung und Literatur belegt. Aber auch wenn frau noch so vertraut mit diesen Erkenntnissen ist, besteht doch die Gefahr, daß sie selbst (unbewußt) solche Dominanzgesten nachahmt und einer anderen Frau voll in den Rücken fällt.

Und selbst wenn Ihnen die Ansichten der Kollegin ganz schwer auf die Nerven gehen, lassen Sie sich bitte nie, nie, nie dazu hinreißen, Sätze wie „So ein Blödsinn!" zu sprechen! Und wenn Ihnen solch ein Versprecher passiert, nehmen Sie ihn sofort zurück: „Jetzt habe ich mich geärgert – entschuldigen Sie bitte die unqualifizierte Äußerung. Konkret stört mich an Ihrer Aussage . . ."

Sie haben so viele sprachlichen Möglichkeiten, sich von den Ansichten einer anderen Frau zu distanzieren und diese gleichzeitig als denkenden Menschen mit dem Recht auf eigene Anschauungen zu bestätigen! Sie brauchen nur das nörgelnde Eltern-Ich zu vermeiden!

Wenn Sie im Erwachsenen-Ich sprechen, bieten sich Formulierungen wie „Das findet nicht meine Zustimmung", „Diese Position ist mir neu. Ich brauche mehr Information, um sie für mich bewerten zu können", „Ich sehe das ganz anders und kann das folgendermaßen untermauern ...", „Ich nehme da einen ganz anderen Standpunkt ein und begründe den folgendermaßen ..." oder nur: „Ich habe da andere Erfahrungen", an.

Ich erinnere mich an einen Diskurs mit der Wiener Kulturkritikerin Karin RICK. Ich hatte damals in einem Artikel zu Gewalt in der Ehe eine unorthodoxe Sichtweise publiziert und einige Negativfolgen zu tragen, daher war ich dementsprechend frustriert. Ich empfand ihre Formulierung, „Mir hat der Artikel auch nicht gefallen", als sehr hilfreich gegenüber den Abwehrhaltungen anderer Frauen, die sich inhaltlich gar nicht auseinandersetzen wollten.

Innerhalb des Frauennetzwerks können wir vereinbaren, daß immer eine Beobachterin auf destruktive Sprachmuster achtet und sofort Hinweis gibt. Dazu gehört auch, wenn Frauen sich z. B. als „Lehrer" oder „Journalist" bezeichnen und damit ihr Geschlecht verleugnen.

- Abwehr von Entsolidarisierungsversuchen.

„Karrieremänner" verdanken ihren Aufstieg meist einer ehelich angetrauten professionellen Hausfrau, die ihnen Alltagsbelastungen fernhält; daher kennen diese „Kollegen" kaum andere Organisationsformen und diskriminieren im Sinne von „Aber meine Frau macht das nicht so ..."

Sätze, in denen eine Frau als Musterbild propagiert und andere als Versagerinnen definiert werden, sollten sofort als das offenbart werden, was sie sind: bestenfalls persönliche Vorliebe, schlimmstenfalls unterschwelliger Diskriminierungsversuch.

- Demonstrierte Solidarität (vor allem bei „Hexenjagden")

Wenn Masken fallen, kommen oft Häßlichkeiten zum Vorschein. Häßlich bedeutet, daß etwas gehaßt wird.

Diese Zeilen schreibe ich Anfang Oktober 1993. Ende August erfuhr die Öffentlichkeit, mit welch sexistischen Zurufen und technischen Tricks Abgeordnete christlicher und sozialdemokratischer konservativer Parteien in parlamentarischen Unterausschüssen Mandatarinnen oppositioneller Alternativparteien daran hindern, ihre Expertisen abzugeben. (ÖVP-Abgeordneter Paul Burgstaller zu Grün-Abgeordneten Dr. Terezija Stoisits, nachdem ihr das Mikrofon weggeschaltet wurde: „In den Mund nehmen und fest daran lutschen!")

In der Folge recherchierte die Profil-Redakteurin Christa Zöchling weitere sexuelle Belästigungen von Politikerinnen und wurde unter anderem einer unveröffentlichten sozialwissenschaftlichen Studie habhaft, in der eine SPÖ -Abgeordnete den derselben Partei zugehörenden Sozialminister „outete“: Er habe ihr seitlich ins Rückendekolleté auf den Busen gegriffen, sagte sie. Wie zu erwarten, dauerte es nur wenige Tage und die „Verräterin“ war ebenfalls aus der Anonymität gerissen. Von da an jagte eine Zeitungsmeldung die andere: sie habe sich beim Minister entschuldigt; sie habe sich nicht entschuldigt; es täte ihr nur leid, daß alles an die Öffentlichkeit gezerrt worden sei.

Recherche ergab, der Verfasser der fatalen Studie sei ein Konkurrent um einen Listenplatz und habe tendenziös indiskret gehandelt; sie im O-Ton: sie bleibe bei ihren Anschuldigungen.

Kommentare dazu: man(n) wolle eine unliebsame Mandatarin loswerden; warum die Frauenministerin nicht tätig werde. Als diese sich dann doch eine Aussage abringen läßt, kritisiert der (all-einende) Parteivorsitzende, in seiner Partei werde er nicht dulden, daß ein Minister den anderen via Fernschreiben zum Klagen oder Rücktritt auffordere.

Ein Musterbeispiel mißlungener Kommunikation: nicht der Täter, das Opfer ist schuld. Die Problematik ist vielschichtig, daher will ich versuchen, die einzelnen Teile sachlich aufzulisten:

- Verletzung 1: eine (noch) nicht zur Veröffentlichung bestimmte wissenschaftliche Arbeit wird tendenziell publiziert. (Indiskretion)
- Verletzung 2: darin wird eine Behauptung öffentlich gemacht, die als Beispiel für eine Untersuchung und nicht als Anschuldigung gedacht war. (Mißverständnis)
- Verletzung 3: ohne einen der Beteiligten mit der neuen Situation zu konfrontieren (die Frau war ja zu diesem Zeitpunkt offenbar unbekannt), wird weiterrecherchiert, ohne daß klargelegt ist, wer welches Interesse an der Herstellung solcher Öffentlichkeit hat. (Neuerliche Indiskretion, Aufhussen?)
- Verletzung 4: die beiden Kontrahenten verabsäumen es,die Situation als „Doppelmühle“ (keiner kann gewinnen, an beiden wird irgend etwas Negatives hängen bleiben) zu definieren und sich zu solidarisieren, sondern gestalten einen „Entweder – oder“ Konflikt: eine/r muß Unrecht haben. (Polarisierung, Kriegserklärung)
- Verletzung 5: der Versöhnungsversuch einer „übergeordneten Autorität“ (Parteivorsitzender) wird medial als „Entschuldigung der

Frau" polarisiert, damit kommt sie in eine für sie (und ihre Hinterfrauen) untragbare Situation. (Attacke aus dem Hinterhalt)

- Verletzung 6: die „übergeordneten Autoritäten" (Frauenministerin, Parteivorsitzender) verabsäumen es, dem „Streit der Kinder" im liebevollen Eltern-Ich zu begegnen, sondern wählen das drohende bzw. aggressiv-verärgerte Eltern-Ich. (Eintritt in den Krieg)

Es besteht die Gefahr, daß

1. der Parteivorsitzende nur auf das aktuelle Geschehen reagiert und nicht zu dem Punkt zurückgeht, wo das Auseinanderdividieren der beiden Pole begann (2. Indiskretion),
2. daher den „Schuldigen" an der Konfliktsituation in einer der beiden „Streitparteien" sucht, anstatt dort, wo offensichtlich das Interesse am Thema zu orten ist (wo er aber wenig Zugang hat, daher auch nicht „erfolgreich" sein kann),
3. die Konfliktdynamik immer mehr Personen und damit generelle Dimensionen umfaßt („Die Sache der Frauen", „Die feministischen Attacken auf die Männer"), daher ideologisch wird, und
4. daß der Parteivorsitzende als Mann parteilich zum Mann hilft (und damit Märtyrerinnen produziert).

Eine Chance zur Regelung dieses Konfliktes bestünde darin, seine Struktur aufzudecken: daß Angriff, wenn er nicht kritisch analysiert wird, automatisch zu Gegenangriff, Verteidigung, Flucht oder Totstellen führt. Totstellen wäre in diesem Fall eine durchaus sinnvolle Reaktion gewesen: beide Angegriffenen (Frau wie Mann) hätten sich wehren können, „in den Krieg geschickt" zu werden und statt dessen nach Ablauf der Zeit, die nötig ist, damit sich wieder ein „kühler Kopf" einstellt, eine friedliche Vereinbarung suchen.

Auch hätte aufgezeigt werden können, wie durch diese Medienjagd eine Frau in ihrer Geschlechtlichkeit bloßgestellt wird: entweder als armes Hascherl, das sich gegen unerwünschte Berührungen nicht wehren kann, oder als raffinierte Schauspielerin, die sich so darstellt, wie es gerade in ihren Karriereplan paßt, oder als rachsüchtige Megäre, die nachträgt. Ebenso der Mann: er kann sich aussuchen, ob er als unbeherrschter Grapscher, ausbeuterischer Sexmaniac, unernster Späßetreiber oder unreflektierter Macho gelten will.

Aber auch Netzwerkarbeit wäre sinnvoll gewesen: Frauengruppen hätten z. B. fordern können, daß sexuelle Belästigung am Arbeitsplatz nicht personalisiert thematisiert werden sollte. Damit fällt sie nämlich dem Augenblick anheim.

Statt eine „Übermutter" zu bedrängen, endlich ein Machtwort zu sprechen (Mutter ist immer für alles zuständig, daher auch an allem schuld!), hätten Wissenschafterinnen soziologisch fundierte Stellungnahmen abgeben können, Leserbriefschreiberinnen hätten das Alltägliche an diesen „Über-griffen" aufzeigen können. Und vor allem hätten auch Männer motiviert werden können, sich von ihren Geschlechtsgenossen zu distanzieren.

Auf jeden Fall wäre dieser Konflikt der Musteranlaßfall für Coaching gewesen – und zwar für alle Beteiligten.

- Advertising (Frau promotet andere Frauen)

Wenn Sie eine andere Frau vorstellen können, tun Sie es: Sie haben damit die Gelegenheit, eine „gute Tat" zu begehen, nämlich, sie positiv zu präsentieren.

Viele Frauen haben von klein auf die demonstrierte Enttäuschung zu dulden gehabt, kein „Stammhalter" zu sein; oder sie sind schon als Mädchen mit Sätzen wie „Komm Dir nur nicht gut vor!" in ihrem Selbstwert verletzt worden; oder ihre Partner haben an ihnen herumgenörgelt, um ihr eigenes schwaches Selbstgefühl dadurch aufzubauen. Jede positive Zuschreibung, sofern sie wahr ist und keine plumpe Schmeichelei, wird ein Tröpfchen Gift aus der Seele dieser Frau entfernen.

Und so wie im Märchen die aus Fallen befreiten Tiere zu treuen Helfern in der Not werden, wird Ihnen die Wohltat nach dem Gesetz der Resonanz irgendwann vergolten werden. Und wenn es nur durch die Etikettierung ist, daß sie das Positive in anderen Menschen wahrnehmen können.

- Bildung von Seilschaften (eine Frau holt eine andere nach).

Jede von uns hat ihre persönlichen Leitsätze. Ich zum Beispiel stehe zu dem Satz: Wer mehr hat als Darbende, hat auch die Verpflichtung zu teilen. Besitz, Informationen, auch Arbeit.

Ob Sie nun Ihr Revier öffnen, ob Sie unterrichten (im wahrsten Sinn des Wortes), oder ob Sie versuchen, wo es nur geht, Partnerinnen einzubinden, alles sind Formen der Anteilnahme. Wir alle brauchen einander, wir sind soziale Wesen. Erinnern wir uns: Gesundheit wird von der Weltgesundheitsorganisation WHO nicht nur als Freisein von

Krankheit und Behinderung, sondern als „vollkommenes körperliches, psychisches und soziales Wohlergehen" beschrieben.

Wir sollten uns daher nicht nur für unsere eigene Gesundheit sorgen, sondern auch für die anderer einsetzen. Immerhin hat eine allfällige Störung der einen auf die andere großen Einfluß.

Meisterinnenprüfung in Frauensolidarität?

Immer wieder betone ich, wie wichtig es ist, andere Menschen nicht durch Überheblichkeit klein zu machen. Tun Sie es bitte auch nicht – vor allem dann nicht, wenn Sie an einer „Schlüsselposition" sitzen, z. B. als Chefsekretärin, oder stehen, z. B. wenn Sie eine solche Pförtnerin passieren wollen.

Wenn Sie das Vorzimmer der Macht beherrschen, besteht die Gefahr der Identifikation mit der Macht (und damit die Abwehr eigener Kleinheitsgefühle). Sie werden dann möglicherweise im Tonfall des kühl-distanzierten oder ärgerlichen Eltern-Ichs sprechen, wenn Sie von einer Frau kontaktiert/„belästigt" werden.

Ist die andere Frau auch Sekretärin, besteht die Gefahr von destruktiven Statusspielen: welche hat den statushöheren Chef? Die läßt dann die andere warten ... und denkt nicht daran, daß sie diese Frau in ihrer Arbeit behindert, in ihrem Wohlbefinden schädigt, oder auch sich selbst einen Negativpunkt in der Bewertung ihrer sozialen Fähigkeiten einhandelt. „Das ist mir egal!" habe ich dann beim Besprechen solcher „Miß-Töne" gehört, „Mit der habe ich doch nie wieder zu tun!"

Irrtum, diese Frau kann wechseln, sich weiterentwickeln, Glück haben, was auch immer und auf einmal Ihre Chefin sein.

Bei allem Respekt vor Ihren negativen Gefühlen – Gefühle haben ist eines, Verhalten etwas anderes. Wenn Ihnen eine andere Frau auf die Nerven geht, dann sagen Sie es ihr direkt, sonst wird sie es nie wissen und sich nie auskennen!

(Und zwar bitte nicht mit einer Verbalattacke wie „Sie gehen mir auf die Nerven!" sondern als Information: „Ich möchte Ihnen gerne sagen, weswegen ich Ihnen gegenüber Vorbehalte habe ..." oder „Sie werden vielleicht schon gemerkt haben, daß ich Ihnen gegenüber sehr reserviert bin. Das hat damit zu tun, daß ...")

Es kann aber auch sein, daß die andere Frau – so wie ich etwa –

Wenn Sie sich im Ton vergreifen, korrigieren Sie, sobald es Ihnen auffällt. Falls es eine Erklärung gibt, geben Sie sie ab („Verzeihen Sie, daß ich so viel Unruhe ausstrahle, aber ich stehe unter enormer Anspannung").

Viele Menschen werden schrill, wenn sie unter Zeitdruck stehen. Oft empfinden sie es dankbar als Hilfe, wenn ihre Gesprächspartner/innen eine Bemerkung machen wie „Ich habe mitbekommen, daß Sie unter Zeitdruck stehen – ich bemühe mich, so schnell wie möglich zu sein" (Verstehen, Yin). Demonstrierte Langsamkeit („Na, der werde ich's zeigen! Was glaubt die denn, wo wir sind! Ich lasse mich nicht hetzen!") ist eine stillschweigende Kampfansage (Yang).

Es ist nicht wichtig, „wichtig" zu sein. Wichtig ist, „ganz" und „da" zu sein.

„Wer andere erkennt, ist gelehrt.
Wer sich selbst erkennt, ist weise.
Wer andere besiegt, hat Muskelkräfte.
Wer sich selbst besiegt, ist stark.
Wer zufrieden ist, ist reich.
Wer seine Mitte nicht verliert, der dauert."

LAOTSE

Zum Weiterlesen:

Harry MERL, „Das Wohl der Kinder ist das Wohl der Familie" in: Bundesverband der Österr. Pflege- und Adoptivelternvereine (Hg.), „Ein Netzwerk für Kinder", Tagungsband 1992

Elke MÜLLER-MEES, „Was heißt schon Männersache! Wider die Mechanismen des Machterhalts", Ariston 1989

Carl R. ROGERS, „Entwicklung der Persönlichkeit", Klett-Cotta 1982

Traude ZEHENTNER, „Bauchgedanken Kopfgefühle", Frischfleisch 1988

Wenn Sie mir schreiben wollen, so tun Sie dies bitte an:

Mag. Dr. Rotraud A. PERNER
1013 Wien, Postfach 23

Schreiben Sie bitte auch, wenn Sie Unterlagen über mein Leistungsangebot zugesendet erhalten wollen:

● Coaching für Führungskräfte und Teams
● Supervision
● Lebens- und Sozialberatung für Einzelne, Paare, Teams
● Gesundheitspsychologische Beratung
● Psychotherapie
● Seminare zur Persönlichkeitsentwicklung
○ Rhetorik
○ Charisma
○ Kreativität
○ Effizienz
○ Kooperation
○ Konfliktlösung
○ Gesprächsführung mit schwierigen Menschen
○ Öffentlichkeitsarbeit
● Ausbildung in Sexualpädagogik und Sexualberatung
○ Methodenintegrative Psychosexualtherapie
○ Gesprächsführung für Gesundheitsberufe